e-Trade

전자무역론

정용균

도서출판
청람

머리말 preface

전자무역분야는 이천년대 들어 급격한 기술의 발전에 따라 많은 변화와 발전이 진행되고 있다. 본서는 전자무역분야의 발전내용과 저자가 전자무역론을 강의하는 과정에서 얻은 경험을 담고자 하였다. 본서의 특징은 다음과 같다.

첫째, 종래의 전자무역교과서는 무역자동화, 무역거래알선사이트, 전자결제분야를 중심으로 전개되었다. 그러나 블록체인이 출현하면서 스마트계약이 새로운 화두로 떠오르고 있으며, 마케팅분야에서는 플랫폼마케팅이 부상하고 있다. 또한 해외직구와 디지털무역이 새로운 무역 유형으로 부상하고 있다. 본서는 무역현장의 이러한 상황을 반영하여 가능한 다양한 이슈들을 포함시키려 노력하였다.

둘째, 본서는 각 장마다 실습문제를 배치함으로써 학생들이 전자무역 관련 주제에 관하여 이론뿐만 아니라 실습을 할 수 있도록 노력하였다.

셋째, 각 장의 말미에 개별적으로 미주와 참고문헌들을 배치하여, 원하는 경우 보다 깊이 있는 학습을 하도록 준비하였다.

넷째, 각 장 말미에 연습문제를 배치하여 학생들이 내용을 이해하는 데 도움이 되도록 하였다. 본서는 대학생 및 전자무역에 관심을 가지는 분들이 전자무역절차 전체를 개관하도록 서술하였다.

본서의 각 장에서 서술한 내용은 대부분 새로운 기술과 통상규범이 출현함에 따라, 이를 소개한 여러 교수님들이나 전공자들이 집필한 논문 및 저서와 자료들을 참조하였음을 밝혀둔다. 이 자리를 빌어서 선배 학자들에게 감사를 드리고자 한다. 또한 한국무역학회, 한국통상정보학회, 국제e-비즈니스학회, 한국인터넷전자상거래학회, 한국중재학회, 한국조정학회, 한국태국학회, 한국외대 동남아연구소 등 여러 학회 세미나에서 도움을 주신 모든 교수님들께도 감사를 드리고자 한다.

또한 졸고를 출판해주신 도서출판 청람의 이수영 대표님과 직원분들에게 감사를 표하고자 한다. 이 저서가 나오기까지 조언을 아끼지 않고, 삽화를 그리는 데 동참해준 가족들에게 감사하는 마음을 전하고자 한다. 가족의 도움이 없었더라면 이 책의 기안과 완성은 어려웠을 것이다. 본서가 조금이라도 전자무역 전문인력 양성에 도움이 되기를 바라며 이 글을 마치고자 한다.

2019년 9월 춘천 서재에서

정용균

차례 contents

Chapter 04 | 바이어 발굴과 무역거래알선사이트

Chapter 05 | 무역계약 : 전자계약과 스마트계약

Chapter 07 | 전자물류와 e-SCM

Chapter 08 | 전자결제

Chapter 09 | 국경 간 B2C 전자상거래

Chapter 10 | 디지털무역

Chapter 01

디지털경제와 제4차 산업혁명

제1절 | 제4차 산업혁명

제2절 | 디지털경제의 출현

제3절 | 전자상거래

제4절 | 전자무역

> 농업혁명, 산업혁명 이후 제3의 물결이 오고 있다.
>
> – 엘빈 토플러, 미래학자

인간사회의 변화는 기술변화가 촉진한다. 농촌사회에서는 농부가 멀리 자동차를 타고 직장에 출근하지 않았다. 대부분의 근무처, 즉 텃밭은 집 근처에 있었다. 그러나 공장이 들어서고 제조업이 번성하면서, 공장이 토지가격이 저렴한 도시 교외에 세워지게 되자, 근로자는 아침에 집에서 나와서 버스나 지하철, 승용차 등으로 회사로 출근하게 되었다. 그러나 최근 정보통신혁명이 진행됨과 동시에 오피스빌딩 임대료가 비싸지자, 집에서 일하면서 휴대폰으로 상사, 동료와 통화하고, 보고서는 이메일로 상사에게 보내고 있다. 미국의 일부 기업은 직장에는 절반 정도의 인력만 출근하게 하고 나머지는 집에서 일하게 하는 재택근무를 시키고 있다. 따라서 다시 근무지와 주거지 간 공간적 격차가 줄어들고 있다. 이처럼 기술변화는 경제구조 자체를 변화시킨다.

제1절 제4차 산업혁명

1. 배경

인터넷 및 ICT의 급속한 발전과 더불어 디지털경제는 최근 글로벌경제의 화두로 급부상하고 있다. 정보통신기술은 전 사업에 걸쳐 활용되어 생산성 향상에 영향을 주므로 범용기술이라는 명칭을 얻고 있다. 디지털재화의 급속한 확산성은 디지털경제가 국경을 초월한 글로벌 차원에서 전개되는 현상과 밀접한 연관성이 있다.

작은 스타트업기업이 개발한 소프트웨어나 게임, 서비스가 글로벌 앱마켓에 출시되어 빠른 속도로 시장을 넓혀가는 것은 이제 흔한 현상이 되었다. 이에 따라 스타트업이나 소기업 시장 확대를 통해 글로벌 대기업 규모로 성장하는 시간이 매우 짧아지고 있다. 예컨대 공유경제기반서비스를 기반으로 하는 우버(Uber)의 경우 전 세계 68개국 400여 개 도시에서 서비스를 제공하고 있으며, 출범 7년차인 2016년 3월 현재 기업가치는 625억 달러에 달하여 미국의 전통 있는 자동차기업인 포드(524억 달러), 제너럴모터스(471억 달러)의 기업가치를 뛰어넘고 있다.[01]

2. 제4차 산업혁명의 양상

1) 빅데이터

'빅데이터'란 기존의 관리 및 분석체계로는 감당할 수 없을 정도의 거대한 데이터의 집합을 지칭한다.[02] 실시간 연결과 소통의 '스마트혁명'으로 데이터는 폭증하고, 기존의 데이터 저장 · 관리 · 분석기법은 한계와 도전에 직면하게 되었다. 데이터는 정보사회를 움직이는 핵심연료인 만큼 빅데이터로의 환경변화는 정보사회의 패러다임을 견인할 정도의 큰 힘을 발휘하게 되었다. 위키피디아에서는 "기존 데이터베이스 관리도구의 데이터 수집 · 저장 · 관리 · 분석의 역량을 넘어서는 대량의 정형 또는 비정형 데이터 세트 및 이러한 데이터로부터 가치를 추출하고 결과를 분석하는 기술"로 정의하고 있으며, 이와 같은 정의를 살펴볼 때 빅데이터란 엄청나게 많은 데이터로 양적인 의미를 벗어나 데이터분석과 활용을 포괄하는 개념으로 사용하고 있다.[03]

2) 사물인터넷

사물인터넷(Internet of Things: IoT)은 각종 사물에 센서와 통신기능을 내장하여 인터넷에 연결하는 기술을 의미한다. 인터넷에 연결된 데이터를 주고받아 스스로 분석하고 학습한 정보를 사용자에게 제공하거나 사용자가 이를 원격 조정할 수 있는 인공지능기술이다. 여기서 사물이란 가전제품, 모바일 장비, 웨어러블 컴퓨터 등 다양한 임베디드시스템이 된다. 사물인터넷에 연결된 사물들은 자신이 구별할 수 있는 유일한 아이피(IP)를 가지고 인터넷에 연결되며 외부환경으로부터 데이터를 취득하기 위하여 센서를 내장할 수 있다. 모든 사물이 해킹의 대상이 될 수 있어 사물인터넷과 보안이 함께 발전해야 하는 구조이다.[04]

3) 블록체인

블록체인은 거래와 관련되어 생성된 데이터들을 시간적인 순서에 따라 차례대로 연결하고, 연결된 정보를 거래 당사자들이 공유하고 관리한다는 점에서 분산형 원장(distributed ledgers)으로도 불리고 있다. 블록체인은 분산화된 P2P(Peer-to-Peer)방식에 암호화기술을 적용하기 때문에 중앙기관의 인증이나 공증 없이 안전한 거래가 가능하다는 특징이 있다.[05] 또한 블록체인 2.0이라고 할 수 있는 스마트계약이 가능하다는 점에서 미래 잠재력이 크다고 할 것이다.

빅데이터(big data)의 활용과 위험

■ 활용

빅데이터는 차세대 ICT산업을 이끌어 갈 핵심동력으로 주목받고 있는데, 가장 주된 요인은 대규모의 정보를 활용하여 새로운 분석이 가능하고, 이를 통해 새로운 비즈니스를 창출할 것으로 기대되고 있기 때문이다. 미국은 9.11테러 사건 이후 테러 범죄 방지를 위한 빅데이터를 수집, 분석, 예측할 수 있는 체계를 도입하였으며, 국내외 금융기관의 자금세탁 및 테러자금 조달 색출을 강화하였다.[06] 의료분야의 경우, 에이즈 등 질병 분포현황 데이터를 수집하고 있다. 영국은 2012년 공공정보 공개와 데이터를 이용한 가치창출을 위해 데이터전략위원회(Data Strategy Board)를 설립하였다.[07] 싱가포르는 국가위험관리분야에 빅데이터를 활용하고 있다. 특히 2004년부터 RAHS(Risk Assessment & Horizon Scanning)시스템을 활용하여 질병, 금융위기 등 모든 국가위험을 수집 · 분석하고 관리함으로써 사전에 위험을 예측함으로써 대응방안을 모색하고 있다. 우리나라는 의료, 복지, 교육 등 국민생활과 직결된 분야에 빅데이터를 활용하기 위하여, 2012년, 빅데이터 마스터플랜을 발표하였다.[08]

■ 빅데이터와 위험사회

빅데이터 출현은 인류에게 반드시 바람직한 측면만 있는 것은 아니다. 빅데이터의 출현으로 인간의 사생활은 노출되고 있다. 빅데이터와 데이터베이스기술이 융합되면서 기업은 개별 소비자 각각에 대한 정보 제공이 가능해지고 있다. 이는 개별 인간의 프라이버시가 노출될 위험이 발생한다는 측면도 있다.

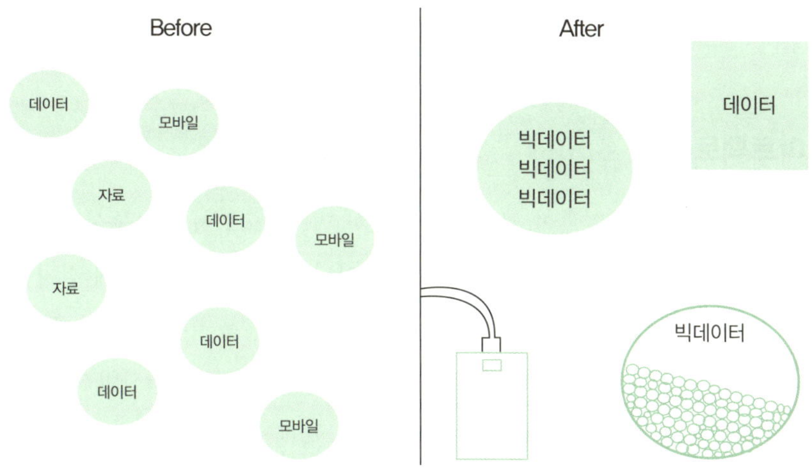

출처: 정용균 · 정진근, "빅데이터시대의 공정이용법리: 법경제학을 중심으로", 『산업재산권』, 한국산업재산권학회, 2014; 데이코산업연구소, 『빅데이터 관련시장 실태와 전망』, 2013년, p.6; 조현석, 『빅데이터와 위험정보사회』, 커뮤니케이션북스, 2013, pp.84-85.

4) 인공지능

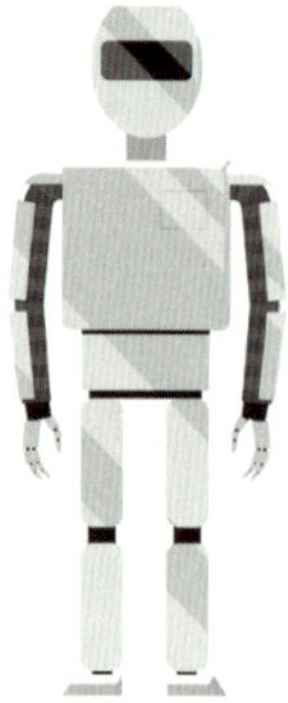

인공지능(Artificial Intelligence: AI)은 1956년에 등장한 용어로 초기에는 많은 관심을 얻었으나 기술의 한계로 침체를 거듭하였다. 그러나 최근 세기의 대결이라고 관심을 모은 이세돌과 알파고의 대결에서 알파고가 승리하면서 딥러닝(deep learning)기술이 부각되면서 인공지능이 다시 주목의 대상이 되고 있다. 그 내막에는 첫째, 학습에 필요한 빅데이터가 생성되기 시작하였고, 두 번째 분석처리 하드웨어 성능이 발전한 것이다.[09]

5) 3D프린팅기술

21세기 들어 새롭게 출현한 기술 중의 하나는 3D프린팅기술이다. 3D프린팅기술은 생산이라는 개념의 새로운 혁신이라고 부를 수 있다. 3D프린팅기술은 적층으로 재료를 쌓아올려서 제품을 통째로 생산하기 때문에 부품 수를 획기적으로 줄일 수 있다. 따라서 생산비용을 크게 줄일 수 있다. 앞으로는 주택도 3D프린팅기술로 대량생산하게 되면 주택가격은 크게 내려갈 것이다. 국제무역에 있어서도 제품의 디자인과 설계도만 수출하면, 수입국에서 제품을 생산할 수 있을 것이다. 그렇게 되는 경우, 물류 운송비용은 들어가지 않을 것이다.

6) 스마트팩토리

21세기 들어 정보통신기술이 크게 발전하면서 범용기술로서 정보통신기술이 중요해졌다. 정보통신기술은 그 자체의 성장뿐만 아니라 사실상 전 사업에 걸쳐 활용되는 '도구'로서 생산성 향상으로 대표되는 광범위한 영향을 주므로 범용기술이라는 명칭을 얻고 있다. 범용기술로서 ICT는 실질적으로 생산물, 생산방식, 생산조직, 경영, 생산활동의 지리적 위치, 기능, 인프라, 법제도 등을 근본적으로 혁신하는 동력으로 파악된다. 과거 애덤 스미스 시대 증기기관이 산업혁명을 가져왔듯이 현재에는 정보통신기술을 중심으로 디지털 전환이 새로운 산업혁명인 4차 산업혁명을 주도하고 있다.[10]

농업, 매뉴팩츄어, 스마트팩토리

■ 농업혁명과 인류문명의 출현

인류문명은 농업의 출현과 관계가 깊다. 터키 유적지 발굴조사에 의하면 적어도 1만 년 전에는 인류는 농사를 시작하였다고 한다. 그리고 메소포타미아지역 수메르문명에서는 관개농업의 발달로 도시가 출현하였다. 농업의 출현과 함께, 인류는 유목생활에서 벗어나 한곳에 정착하게 되었다. 또한 잉여농산물로 도시국가를 방어할 수 있는 군대도 별도로 양성하고 상거래에 필요한 문자가 발명되는 등 초기 인류문명이 출현하였다고 한다.

■ 산업혁명과 매뉴팩츄어 출현

18세기에 영국에서 최초로 공장이라는 개념이 도입되었으며 오늘날 제조업의 효시가 되었다. 영국의 기업가들은 토지 임대료가 저렴한 도시 교외에 공장을 짓고 근로자들을 고용하기 시작하였다. 이로부터 임금근로자가 출현한 것이다. 애덤 스미스가 『국부론』에서 설명한 것처럼 노동분업의 효과로 생산성이 비약적으로 증가하였다. 과거에는 한 명의 장인이 가구를 만들었다면, 공장제 수공업의 도래로, 여러 명의 근로자들이 가구제조를 분업화하여 생산성을 올렸다.

■ 제4차 산업혁명과 스마트팩토리

현재 진행 중인 제4차 산업혁명은 과거 화학공업의 발전과 함께 도래한 산업혁명이나 전기에너지를 사용하면서 등장한 산업혁명이나 인터넷이 등장하면서 출현한 정보통신혁명과는 궤를 달리한다. 현재 진행 중인 제4차 산업혁명은 18세기 산업혁명에 비견될 만큼 파급효과가 클 것으로 전망된다. 왜냐하면 제4차 산업혁명의 결과로 출현하고 있는 스마트팩토리는 일의 주체가 근로자가 아니라 로봇이나 인공지능으로 대체되는 무인화공장으로 나아가기 때문이다.

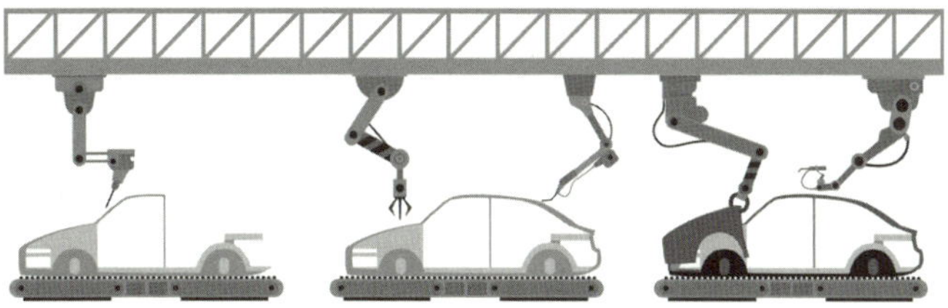

출처: 애덤 스미스, 『국부론』; 이찬구 외, 『한국 제4차 산업혁명연구』, 임마누엘, 2018; 이호성, 『현장중심형 스마트팩토리』, KMAC, 2019.

7) 로봇

이미 청소로봇 등, 초기 단계의 로봇이 상품으로 출시되었다. 최근에는 인공지능기술이 발달하면서 메카트로닉스기술과 결합하여, 인간을 닮은 휴모노이드 로봇 개발이 화두가 되고 있다. 고령사회에서는 반려견 로봇이 개발되는 등 미래의 주요 산업이 될 것으로 전망되고 있다.

3. 제4차 산업혁명의 추진현황

1) 독일과 인더스트리 4.0

독일은 '인더스트리 4.0'과 국가적 플랫폼 구축을 통해 4차 산업혁명을 준비하고 있다. 미국에 뒤졌던 3차 산업혁명 시대를 닫고 세계경제의 리더로 다시 서기 위함이다. 첫 번째 노력은 2010년 발표한 '첨단기술전략(HTS)2020'이다. 이는 정부 주도로 연구소와 산업계가 힘을 모아 시작한 국가 과학기술 육성전략이다. 5가지 영역, 11개 과학기술 개발 및 추진과제를 설정했다. 선정한 영역은 기후보호와 에너지, 보건 및 영양, 이동성, 정보통신, 보안 등 당시 미래 어젠다를 망라했다. '첨단기술전략 2020' 중 정보통신분야에서 정의된 '인더스트리 4.0' 개념이 이 역할을 담당했다. 2012년 10월 업계 전문가들로 구성된 인더스트리 4.0 워킹그룹이 세부 적용방안을 독일 정부에 제안했다. '인더스트리 4.0'전략의 핵심은 앞서 설명한 대로 획일화, 중앙집중화된 3차 산업혁명의 패러다임을 깨고, 고도로 유연한 맞춤형 생산을 추구하는 것이다. 워킹그룹도 공장자동화만으로 맞춤제품을 만들기 어렵다는 것을 인정한다. 그래서 단순히 인간이 하던 일을 기계가 대신하는 기존의 공장자동화를 추구하지 않았으며 공장 스스로 최적화, 조직화, 자가진단, 그리고 지능화를 갖춘 발전된 구조를 제시했다.

최적화는 공장 스스로 가장 좋은 조건을 실시간으로 만들어가는 것을 말한다. 기존 공장은 적은 품종을 대량으로 만들기 때문에 조건을 변경할 일이 많지 않다. 하지만 미래 공장은 다양한 품종을 생산하기 때문에, 각 제품별로 최소 원가가 되도록 실시간 관리가 필요하다. 여기에는 원자재 재고 및 투입, 생산 및 공정, 출하까지 전 과정의 최적화가 포함된다. 조직화는 유기체처럼 스스로 구성하는 공장을 말한다. 기계와 라인이 고정된 과거 공장은 다품종 생산에 맞지 않다. 만드는 품종에 따라 공장이 유연하게 변할 수 있어야 최적화가 가능하다. 지나간 산업혁명 시대에는 대량생산을 위해 일정한 조건을 유지하는 능력이 곧 경쟁력이었다. 그러나 4차 산업혁명 시대에는 상황에 따라 쉽게 변경할 수 있는지가 핵심경쟁력이 될 것이다. 자가진단은 유기체처럼 변하는 산업현장에 필수요소다. 변화가운데 발생하는 문제를 실시간 파악하고 해결책을 찾아야 하기 때문이다.[11]

마지막 조건으로 내세운 지능화는 '인더스트리 4.0'의 핵심기반이다. 다양한 맞춤제품이 복잡하게 투입되면 기존처럼 사람이 의사결정을 내리는 일은 불가능하다. 최적상태가 어떤 건지 판단하기도 힘들고, 여기에 맞게 조치하는 것은 더욱 어렵다. 문제해결까지 시간이 오래 걸려 생산비용이 상승할 수밖에 없다. 인더스트리 4.0 주창자들은 인공지능이 이 부분을 해결할 것으로 기대했다. 제3장에서 그린 미래 스마트팩토리 모습이 바로 '인더스트리 4.0'이 지향하는 방향이다.[12] 독일은 이와 함께 각 산업 대표기업을 모아 공동의 플랫폼을 구축하는 노력도 진행 중이다. 플랫폼 주도권을 가진 미국 기업에 맞서기 위함이다. 대표적으로 베르미(Verimi)연합이 있다. 여기에는 항공사(루프트한자), 통신사(도이치텔레콤), ID업체(분데스드루커라이), 보험사(알리안츠), 자동차업체(다임러), 은행(도이체방크) 등이 참여하고 있다.[13]

2) 미국

3차 산업혁명 시대 혁신인 컴퓨터, 인터넷, 모바일기술은 대부분 미국에서 시작되었다. 현대적 의미의 컴퓨터는 제2차 세계대전 이후 미국 주도로 만든 1946년 에니악(ENIAC)이라는 디지털 컴퓨터가 효시이다. 이와 함께 미국이 주도한 반도체 혁신으로 기존 진공관은 IC(집적회로), LSI(대규모 집적회로) 등 작은 반도체에 고밀도 회로를 집적하는 기술로 발전한다. 이를 통해 컴퓨터 크기는 작아지면서 성능이 향상되어 1980년대 IBM이 개인용 컴퓨터를 출시하였다. 1990년대, 인터넷

웹브라우저 개발로 인터넷을 상업적으로 활용하기 시작하면서, 구글은 검색 및 포털을 중심으로 인터넷 시대를 선도하고 있으며, 소셜미디어인 페이스북이나 공유경제의 우버, 에어비앤비 등 새로운 유형의 기업이 출현하고 있다.[14]

미국은 4차 산업혁명 시대에 대비하여 버락 오바마 대통령 재임 시 국가 제조업 혁신 네트워크(National Network for Manufacturing Innovation: NNMI)정책을 마련했다. 첨단기술을 접목하여 제조업 경쟁력을 확보하겠다는 정책이다. 쉽게 말하면 외국에 나간 공장을 다시 돌아오게 하겠다는 비전이다. 2012년 오하이오주에 첫 연구소가 설립된 후 2017년까지 15개로 확대되었다. 내용을 보면, 3D프린팅, 센서, 검사장비, 바이오 제조 등 4차 산업혁명 대량맞춤을 목표로 하는 스마트팩토리기술에 집중된다. 다품종 소량생산기술을 선점하겠다는 것이다. 소품종 대량생산체제는 인건비와 각종 인프라가 비싼 미국이 취약했지만, 4차 산업혁명 시대에는 인건비 낮은 국가와 경쟁이 가능하다고 본 것이다. 최근 트럼프 대통령의 강력한 요청에 따라 많은 미국 기업이 공장을 다시 미국으로 옮기고 있다.[15]

3) 중국 메이드인 차이나 2025

중국은 경제발전과 함께 인건비가 상승하면서 세계 공장 지위를 경쟁국에 내주고 있다. 베트남이나 인도가 더 낮은 임금으로 서구 공장을 빼앗아가고 있다. 메모리 등 핵심부품 국산화가 안 되어, 다른 국가에 의존해야 하는 구조도 불만이다. 이와 함께 독일과 미국이 4차 산업혁명 개념으로 제조업 부흥에 나선 것도 위험요인이다. 이에 대응하기 위해 정부 주도로 미래전략을 수립했는데, 이것이 '메이드인 차이나 2025'전략이다. 4차 산업혁명 시대에 맞게 변화하지 않으면 위기가 온다. 중국 스스로 이 부분을 잘 안다. 그렇지만 맞춤, 분권, 개방의 방향을 이해하고 준비하는 것 같지는 않다. 주로 스마트팩토리분야에 관심을 집중하고 있다. 과거 소품종 대량생산체제하에서 뒤처졌던 독일, 미국과 같은 선진국에 제조업을 다시 뺏기지 않기 위해서다.[16]

제2절 디지털경제의 출현

1. 디지털경제와 전통경제

디지털경제는 인터넷의 등장으로 첫째, 시장 규모에서 글로벌경제로 진입하였다. 전통경제에서는 국가가 하나의 시장단위였다면 디지털경제는 국가 영토를 넘어서 사이버공간상에서 다른 국가로까지 시장이 확대되었다. 둘째, 전통적 경제는 국경이라는 장벽으로 인해 지리적으로 격리된 시장이라면 디지털경제에서는 사이버공간상에서 하나의 단일시장이 창출된다. 셋째, 전통적 경제에서는 시장이 주로 오프라인시장이라면 디지털경제에서는 온라인시장의 비중이 점차 커지고 있다. 오늘날에도 시장에 직접 가지 않고 집에서 쇼핑하는 추세가 늘어나고 있다. 넷째, 경제주체 간 연결수단이 예전에 인편이나 가축, 기차 등이었다면, 디지털경제에서는 인터넷이 주요 통신수단이다. 다섯째, 생산요소가 전통경제에서는 자본과 노동, 토지였다면, 디지털경제에서는 지식이 중요한 생산요소이다. 여섯째, 전통경제에서 경제성장의 동인이 자본과 노동의 양적 증가에 있다면, 디지털경제세서는 경제성장의 동인이 기술혁신이다.[17] 일곱째, 전통경제에서는 수확체감기술이 적용되었다면 디지털경제에서는 수확체증현상이 나타난다.

| 표 1-1 | 디지털경제와 아날로그경제의 비교

구분	디지털경제	아날로그경제
시장 규모	글로벌경제	국가경제
시장	단일시장 창출	서로 격리된 시장
시장 특성	온라인시장	오프라인시장
연결수단	인터넷	인편, 동물, 기차,
생산수단	지식	자본, 노동, 토지
경제성장 동인	기술혁신	자본, 토지, 노동의 양적 증가
기술의 특성	수확체증기술	수확체감기술

2. 디지털경제의 특성

디지털경제가 출현하기 위해서는 세 가지의 상호 연관된 발전이 이루어져야 했다. IT산업, 통신망, 그리고 인터넷의 발전이 그것이다. 이러한 세 부류의 발전은 제각기 별도로 이루어지기보다는 서로 연결됨으로써 기존의 경제적 특성과는 다른 새로운 특성을 형성해나가기 시작했다.

1) 네트워크경제

디지털경제의 가장 큰 특징은 정보통신기술의 발달로 지구 전체가 하나의 경제권으로 구축되었다는 것이다. 즉 인터넷 등 정보통신기술의 발전에 따라 전 세계적 차원의 네트워크가 만들어지고, 네트워크를 통해 정보와 지식이 유통되고 있다. 이런 점에서 디지털경제는 지식이나 정보가 네트워크로 연결되어 쉽게 공유되고 활용되는 경제시스템이라고 할 수 있다. 디지털경제에서는 정보네트워크를 통해 이전에는 상상도 할 수 없었던 타 지역의 기업과 거래를 할 수 있게 되었다.[18]

2) 지식기반경제

디지털경제에서 정보와 지식은 새로운 생산요소로 부상하고 있다. 지식기반경제의 특징은 지식이 노동, 자본 등 전통적인 생산요소들보다 국가의 경제성장과 산업발전에 상대적으로 더 많이 기여하게 된다는 것이다. 과거 경제성장에서 중요시되었던 자본이나 노동은 규모가 커짐에 따라 수확이 체감하는 것이 일반적이다.[19] 따라서 이들 전통적 생산요소를 아무리 늘리더라도 일정 수준 이상의 경제성장은 기대할 수 없었다. 그러나 지식은 축적 규모가 확대됨에 따라 수확이 체증하고, 산업 내 또는 산업 간에 다양한 외부효과를 가지기 때문에 지속적인 성장의 동인이 될 수 있다.

기술과 경제

■ 수확체감의 법칙

전통사회와 산업사회 모두 수확체감의 기술이 작동하고 있었다. 영국의 경제학자였던 윌리엄 스탠리 제번스는 영국에서도 이러한 수확체감의 법칙이 작용하고 있었다고 주장하였다. 영국은 도서(섬)국가이므로 농토는 한정되어 있었다. 한정된 토지에 근로자 농부가 많이 투입되어 일한다고 하자. 그러면 처음에는 생산량이 증가할 것이다. 그러나 계속 농부가 더 많이 투입되어 한정된 토지에서 더 많이 일한다고 하여도, 곡식 수확량은 증가하지만 수확량의 증가속도는 감소하게 될 것이다. 이러한 기술의 작용을 수확체감기술이라고 한다. 20세기 경제학자들은 이러한 수확체감기술이 산업사회에 들어와서도 마찬가지로 작용한다고 보았다. 따라서 경제학자들이 이론이나 모델을 만들 때 기술은 수확체감기술을 가정하였다.

■ 수확체증의 법칙

20세기 후반부터 지식기반경제로 진입하면서, 경제학자들은 지식이나 기술혁신들이 경제성장에 중요하다고 주장하기 시작하였다. 다시 말해서 경제가 작동하는 데 수확체감기술 대신에 수확체증기술이 작용한다고 경제학자들이 주장하기 시작하였다. 노벨경제학상 수상자인 미국 시카고대학의 루카스 교수는 개발도상국들의 경제발전에는 교육의 역할이 지대하다고 주장하였으며 미국 MIT대학의 로버트 솔로 교수는 기술혁신이 노동과 자본 이외의 제3의 생산요소임을 밝혔다. 미국 시카고대학의 로버트 배로 교수는 경제성장모델을 만들 때 수확체증기술을 가정하였다. 21세기 들어서 미국은 경제가 성장하여 고용이 증가하면서도, 물가는 낮은 수준에 머무르는 현상이 발생하였다. 이러한 바람직한 상황은 기존 경제이론으로 설명하기 어려운 현상이었다. 이러한 현상이 발생하게 된 것은 컴퓨터 정보통신기술의 발달로 인한 것이다. 학자들은 이러한 경제를 지식기반경제라고 하였다.

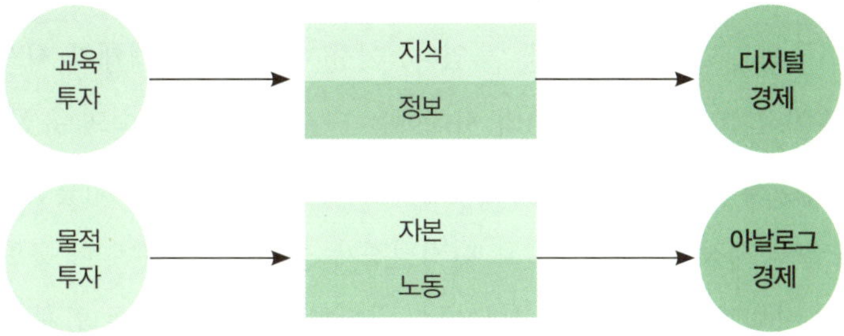

출처: Robert Lucas, "On the Mechanics of Economic Development", *Journal of Monetary Economics*, 1988.

3) 글로벌경제

디지털경제가 확산될수록 경제활동의 세계화는 더욱 빠르게 진행될 것이다. 세계화가 급속히 진행될 수 있는 두 동인은 '통신망의 발전'과 인터넷의 확산에 따른 '네트워크의 글로벌화이다. 이렇게 되면 서비스, 투자 등 무형재에 대한 국가 간 교역이 원활해진다. 특히 국가 간 거래가 어려웠던 서비스의 교역과 국제자본이동이 더욱 광범위하게 이루어지고 있다.

3. 디지털경제의 진화

디지털경제도 가만히 머물러 있지 않고 진화 · 발전하고 있다. 본서에서는 디지털경제가 세 번 진화한다고 보자. 우리는 이를 디지털경제 1.0, 디지털 경제 2.0, 디지털경제 3.0이라고 이름을 붙이자. 그 차이점은 통신수단의 발달과 궤를 같이 한다. 디지털경제 1.0에서는 데스크톱 컴퓨터가 주요 역할을 하였다면, 디지털 경제 2.0에서는 스마트폰이 역할을 한다. 디지털 경제 3.0에서는 사물인터넷이 주요한 수단으로 등장할 것으로 예상한다. 앞으로 도래할 디지털경제 3.0의 특징은 무엇인가? 디지털경제 2.0의 시대에는 스마트폰과 같은 모바일기기로 인터넷과 접속했다면, 디지털경제 3.0 시대에는 언제 어디서나 필요한 경우의 다양한 기기를 통해 인터넷에 접속하게 될 것이다.

그 가장 큰 특성은 융합이라고 할 수 있다. 이 융합은 디지털경제가 시작되면서 진행되어온 것이다. 디지털경제 1.0의 시대에는 단순한 기기, 기술의 융합이 시작되었고, 디지털경제 2.0의 시대에는 온라인과 오프라인의 융합을 비롯한 기업 혹은 산업의 융합이 시작되었다. 그리고 디지털경제 3.0의 시대에는 이 융합현상이 더욱 심화되어 사회와 경제의 모든 부문에서 융합현상을 발견할 수 있게 된다. 특히 현실과 가상공간의 실질적인 통합이 이루어지게 된다. 사실 디지털경제 3.0이 가지는 가장 큰 특징은 현실과 가상공간의 융합이라고 할 수 있다. 단순한 온라인 시장의 진화를 넘어서, 온라인과 오프라인을 구별할 수 없는 시대가 도래한다.[20]

표 1-2 디지털경제의 진화[21]

구분	디지털경제 1.0	디지털경제 2.0	디지털경제 3.0
연결수단	데스크톱 컴퓨터	스마트폰	사물인터넷
대응관계	인간 대 기계	인간 대 기계	기계 대 기계
연결범위	글로벌	글로벌	글로벌
융합형태	온라인시장 창설	온라인 · 오프라인 융합	온라인 · 오프라인 융합

이런 통합의 다른 측면은 사람과 사람, 사람과 사물 혹은 사물과 사물의 완벽한 연결이 이루어진다는 것이다. 이것을 완벽한 네트워크의 구축이라 할 수 있다. 사람과 사람이 유비쿼터스 컴퓨팅을 통해 완벽히 연결될 뿐 아니라 사물과 사물 역시 이런 방식을 통해 연결되고, 더 나아가서는 사람과 사물이 새로운 인터페이스를 통해 완벽히 연결된다는 것이다. 디지털경제 3.0 시대의 또 다른 현상은 경제적 인프라가 IT와 인터넷에만 의존하는 것이 아니라, BT(바이오기술), NT(나노기술), ET(환경기술), CT(콘텐츠기술) 등과 결합하여 인프라 자체가 융합적인 성격을 띠게 된다는 것이다.[22]

제3절 전자상거래

인터넷이 등장함으로써 전자상거래라는 가상공간상에서의 상거래가 출현하게 되었다. 그리고 전자상거래 시대의 가장 중요한 특징은 과거 생산자가 주도하던 시장이 소비자가 주도하는 시장으로 성격이 바뀌고, 유형자산보다는 무형자산이 더 중요해지고 있다는 점이다. 뒤이은 스마트폰과 SNS의 폭발적 신장은 데이터분석과 플랫폼기반의 또 다른 패러다임 변화를 촉발시켰다.

1. 전자상거래시장의 특징

1) 소비자 주도 시장

디지털기술을 토대로 하는 전자상거래 시대의 가장 큰 특징은 시장(market)의 성격이 종래의 공급자 주도 시장과는 달리 '소비자 주도'시장으로 전환하고 있다는 점이다. 예를 들어 현대 소비자들은 인터넷을 통하여 물건을 구입하기 전에 필요한 정보를 편리하게 수집할 수 있다.

예를 들어보자. 가정주부가 저녁식사를 위하여 소고기를 구매하려고 할 때, 어떤 마트에서 제일 싸게 파는지 인터넷검색으로 금방 알 수 있다. 더구나 동종제품의 가격과 제품 사양을 친절하게 비교해주는 사이트들의 도움으로 소비자는 제조업체들이 제공하는 상품의 가격이나 품질을 비교할 수 있게 되었다. 그러므로 제조업체 입장에서는 소비자가 찾는 정보나 요구사항을 신속하게 제공하지 못하면 물건이나 서비스를 팔기 힘들며, 아울러 그에 대한 이익도 기대할 수 없다. 더구나 수억 명의 회원을 보유하고 있는 소셜미디어의 활약으로 SNS를 기반으로 입소문이 중요해지면서 소비자들의 파워는 더욱 강력해지고 있다.

2) 메트칼프의 법칙

메트칼프의 법칙이란 "네트워크 가치는 가입자 수에 비례해 증가하며 어느 시점부터 그 가치는 비약적으로 높아진다"는 것을 말한다. 이는 쓰리컴(3com)사의 설립자인 밥 메트칼프(Bob Metcalfe)가 1995년에 제창하기 시작하면서부터 패러다임 변화의 키워드가 되었다. 이를 팩시밀리 사례에 적용해보기로 하자. 팩시밀리(fax)가 처음 등장했을 때는 팩시밀리를 구입한 사람은 보낼 상대가 없거나 아무도 보내오지 않기 때문에 커뮤니케이션수단으로서의 이점을 하나도 얻을 수가 없었다. 그러나 보급 대수가 서서히 증가함에 따라 송수신할 수 있는 상대가 많아지면서 충분히 혜택을 누릴 수 있게 되었다. 또한 팩시밀리 사용자가 증가하면 팩시밀리 판매사들의 경쟁이 심해져, 결과적으로 기술의 발전을 가져왔기 때문에 새로운 기능을 가진 팩시밀리가 계속 시장에 출시되었고 그 혜택은 기하급수적으로 증가하였다. 이와 같은 내용은 인터넷 접속 인구의 증가를 기폭제로 하는 스마트비즈니스에도 딱 들어맞는다.[23]

3) 무형자산

인터넷 등 IT기업들은 기업 총자산 중에서 무형자산이 차지하는 비중이 높은 특징을 보이고 있다. 무형자산이란 "눈에 보이지 않는 자산으로 어떤 제품이나 생산과정에 대한 노하우, 기술에 대한 특허권 등 지식재산권으로 보호되는 자산"을 의미한다. 20세기에는 대기업이라고 하면 대형 빌딩, 큰 공장시설 등 유형의 자산이 중요하였다. 그러나 IT기업인 구글이나 아마존 등에서는 기업가치의 80% 이상을 무형자산이 차지하고 있다.[24] IT기업들은 무형자산을 확보해 자금이나 인적자원의 조달, 파트너와의 전략적 제휴를 성사시켜왔다. 예를 들어보자. 전기자동차제작회사인 테슬라는 전기자동차의 잠재력에 힘입어 자기자본이 부족한 상황에서도 외부에서 자금을 조달하여 사업을 성공적으로 운영하여왔으며 민간우주선 개발사업에도 뛰어들고 있다.

4) 수확체증의 메커니즘

대량생산 시대를 지배했던 수확체감의 원리는 오늘날과 같은 하이테크산업에는 수확체증의 원리로 대체된다. '수확체감'의 원리는 어떤 사업이 일정 규모를 초과하면 수익성이 급격히 저하한다는 원리를 말한다. 반면 '수확체증'이란 사업 규모가 두 배가 되면 생산이 더욱 효율적으로 이루어져 산출량은 두 배 이상이 된다는 '규모의 경제'를 말한다. 이와 같은 수확체감의 메커니즘은 전통적인 분야인 제조업에 적용되는 반면, 수확체증은 경제의 새로운 분야, 즉 지식 주도형 산업에 적용된다. 예를 들어 소프트웨어개발의 경우 초기에는 많은 비용이 투자되지만, 한 번 개발된 이후로는 내용을 원하는 만큼 복사할 수 있어 대량으로 생산할수록 비용은 상품화에 소요되는 원가에 가까워진다.

2. 전자상거래시장의 특징

전자상거래시장은 전통적인 의미의 오프라인시장과는 다른 특성을 보이고 있다. 이하에서는 기술의 일곱 가지 고유한 특징이 설명되어 있다. 전통시장과 구별되는 전자상거래시장의 특성으로 말미암아 소비자를 세분화할 수 있게 되었으며, 각 소비자에게 맞춤형 서비스를 제공할 수 있게 되었다. 더구나 정보기술의 발달로 인하여 기업들은 쌍방향 마케팅이 가능해졌으며, 소비자들은 단순히 수동적인 소비자에서 벗어나 생산에 참여하는 프로슈머(prosumer)로 재탄생하였다.[25]

1) 동시편재성

전통적인 오프라인시장은 특정 지역에 존재하는 물리적인 장소였다. 따라서 하나의 시장에서 다른 시장으로 이동하기 위해서는 결국 다른 시장을 포기한다는 의미였다. 그러나 전자상거래시장은 동시편재성이 가능해졌다. 즉 여러 시장에 동시에 참여할 수 있게 되었다. 다시 말해서 물리적인 장소로부터 자유로워진 것이다. 예를 들어 소비자들은 자기 직장에서 업무를 보는 중에도 인터넷쇼핑몰에 들어가서 물건을 주문할 수 있고 배달도 가능하다. 더구나 자동차로 이동 중이라도 스마트폰을 활용하여 장을 볼 수 있게 되었다. 더구나 여러 쇼핑몰에서 거의 동시에 장을 볼 수도 있다. 소비자의 관점에서 동시편재성은 거래비용을 줄여준다.

2) 글로벌 접근성

전자상거래시장은 세계 어느 국가에서나 인터넷만 활용할 수 있으면 접근이 가능한 시장이다. 결과적으로 전자상거래시장 규모는 대략 전 세계 온라인 이용자 규모(2012년 현재 22억 명 이상)와 맞먹는다.[26] 이와는 대조적으로 전통시장의 경우는 특정 지역이나 특정 국가를 벗어날 수 없다. 왜냐하면 전통시장은 지리적으로 한정되어 있기 때문이다. 중동지역에서 수천 년간 낙타를 활용한 전통시장은 중동지역을 벗어나지 않는다. 우리나라 칠곡 포도농장에서 홈페이지를 영어로 개설할 수 있다면, 농부는 그 순간 글로벌시장에 참여하게 된다.

3) 보편적 표준

전자상거래기술의 매우 중요한 특징 중 하나는 전자상거래를 가능케 한 인터넷 기술표준이 전 세계 모든 국가가 공유하는 보편적 표준이라는 점이다.[27] 이와는 대조적으로 다른 매체들은 국가마다 표준이 상이하다. 예컨대 텔레비전과 라디오 표준은 국가마다 다르며, 휴대폰기술도 마찬가지이다. 그러나 인터넷과 전자상거래의 기술표준은 보편적 표준을 가지고 있어서 기업은 제품을 시장에 출시하는 데 들어가는 시장진입비용을 현저하게 낮추었다. 소비자 역시 자신에게 적합한 상품을 찾기 위한 탐색비용을 획기적으로 줄일 수 있게 되었다. 요약하면 거래비용이 획기적으로 낮아졌다.

4) 미디어 풍부성

미디어 풍부성(media richness)이란 메시지의 다양성과 내용과 관련이 있다. 전통적인 시장은 판매할 때 청각적 · 시각적 자료를 이용해서 개인적 · 면대면서비스를 제공할 수 있다. 따라서 전통적인 시장은 높은 미디어 풍부성으로 말미암아 시장에서 제품판매에 효과적이었다. 그러나 월드 와이드 웹(www)이 개발되면서 인터넷은 인쇄술, 라디오, 텔레비전과 같은 전통 미디어보다 더 높은 미디어 풍부성을 제공하게 되었다. 오늘날 화상회의기술을 활용하면 서로 멀리 떨어져 있어도 마치 동일한 공간에 있는 것처럼 의사소통이 가능하다.

5) 쌍방향 의사소통

21세기 전자상거래시장에서는 인터넷 게시판 등의 작용으로 소비자와 생산자 간에 쌍방향 의사소통이 가능해졌다. 일반적인 텔레비전을 시청하는 시청자는 방송사에 어떤 질문도 할 수 없고, 대화에 참여할 수도 없으며, 그냥 방송사가 제공하는 프로그램을 시청할 뿐이다. 하지만 예를 들어 인터넷쇼핑몰의 웹사이트에서는 소비자가 즉시 물품의 만족도나 하자여부를 올릴 수 있게 되었다. 더구나 페이스북이나 트위터 등 소셜미디어에서는 이러한 쌍방향 의사소통이 일상이 되었다.

6) 맞춤형 서비스 제공

전자상거래시장에서 기업들은 특정 소비자의 이름과 관심 그리고 과거 구매행적을 분석하여 개별 소비자의 성향에 맞도록 마케팅전략을 추진할 수 있게 되었다. 전자상거래기술의 쌍방향 의사소통 특성을 고려하여 기업들은 소비자가 물품이나 서비스를 구매 시 개별 소비자에 대한 세밀한 정보를 수집할 수 있다. 페이스북이나 아마존, 이베이 등 전자상거래업체들은 이러한 소비자 구매행태에 대한 정보를 기반으로 맞춤화서비스를 제공할 수 있다.

7) 소셜미디어와 콘텐츠

인터넷과 전자상거래기술로 인해 개인들은 웹과 페이스북 페이지, 문서, 동영상, 음악 및 사진과 같은 형태의 콘텐츠를 생성하고 공유함으로써, 단순히 기업이 제공하는 콘텐츠를 소비하는 입장에서 벗어나 콘텐츠를 생산하기도 하는 프로슈머 단계에 이르렀다. 구텐베르크 이후 인쇄술과 같은 대중매체들은 방송(one-to-many, 일 대 다수)모델을 활용했다. 방송모델에서 콘텐츠는 전문작가와 같은 전문가들의 주도로 생성되고, 거대한 규모의 소비자들이 전문가들이 만든 표준화된 콘텐츠를 소비한다. 그러나 인터넷과 전자상거래기술은 사용자들이 콘텐츠를 대규모

그림 1-1 전자상거래시장의 특징

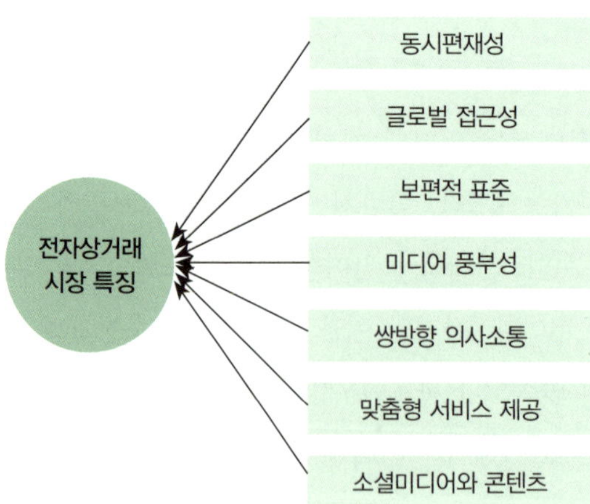

로 제작하고 유통할 수 있는 힘을 제공하고 이용자들이 콘텐츠를 스스로 소비할 수 있도록 함으로써 이러한 표준화된 방송모델을 변형시킬 수 있는 가능성을 제공했다. 인터넷은 다수 대 다수(many–to–many)모델을 창조했다.[28]

제 4 절 전자무역

1. 전자무역의 특징

1) 단일시장으로 통합

전자무역의 가장 큰 특징은 국내시장과 해외시장의 구분이 없어지고 전 세계시장이 하나의 단일시장으로 통합된다는 점이다. 인터넷이 도입되기 이전에는 국경 내에 있는 시장은 국내시장으로 분류하고 국경 밖에 있는 시장은 해외시장으로 구분하는 등 국경이 시장구분의 기준이 되었다. 그러나 정보통신혁명으로 말미암아 전 세계는 국경 없는 사회(borderless society)로 바뀌어가고 있다. 예를 들어 한국에서 인터넷을 통하여 미국의 가상서점인 아마존에서 책을 구입한 사람은 벌써 국경을 넘어서 구매행위를 한 것이다. 이처럼 정보화가 세계적 규모로 진전된다면 네트워크 중의 네트워크인 인터넷이 접속되는 곳은 궁극적으로 가상공간상에서 하나의 단일시장으로 통합된다.[29]

2) 거래비용의 절감

전자무역의 두 번째 특징으로는 거래비용의 절감을 들 수 있다. 무역이란 크게 보면 해외시장조사, 거래선 발굴, 홍보 등 계약체결 이전과 운송, 보험, 결제 등 계약체결 이후의 단계로 구분할 수 있는데 이들 각각의 절차에는 탐색비용, 계약비용, 이행비용 등 막대한 거래비용이 소요된다. 과거에는 해외시장을 조사하고 해외바이어를 선정하기 위하여 국제박람회에 참가하는 등 많은 비용이 소요되었다. 그러나 인터넷을 사용할 경우, 외국에 가지 않아도 거래알선사이트를 활용하여 해외 바이어를 발굴할 수 있어 정보탐색비용을 획기적으로 절감할 수 있다. 또한 종이문서로 되어 있는 수십 가지의 무역서류를 정형화된 전자문서인 EDI로 대체함으로써 정보의 재입력에 드는 비용이 절감되는 등 계약 관련 비용을 줄여서 궁극적으로 거래비용을 획기적으로 절감하게 된다.[30]

3) 글로벌시장 진입

인터넷이 개발되기 전에는 모든 시장은 공간적 제약 속에 묶여 있었다. 그러나 인터넷을 활용할 수 있다면 전 세계를 상대로 한 글로벌 마케팅이 가능해진다. 예를 들어 경상도 김천에서 포도를 재배하는 농부는 자기가 생산한 포도를 경상도의 청과물시장에서 판매하거나 잘해야 중간도매상을 통하여 서울 청과물시장에 출하할 수 있었다. 그러나 그 농부가 인터넷 홈페이지를 영어로 구축하고 이 홈페이지에 자기가 생산한 포도의 높은 당도 등 장점을 자세하게 설명하고 가격표도 국제통화인 달러로 표시해놓았다면 농부는 이미 글로벌시장에 진입하고 있는 것이다.

4) 중소기업의 활성화

과거에는 국내기업이 해외시장을 개척하려면 해외에 지사를 설치해야 하는 등 막대한 비용이 들었다. 자금력이 취약한 중소기업들은 직접 해외시장을 개척하기 어려웠다. 중소기업이 자사 제품을 외국에 수출하기 위해서는 해외지사망을 갖추고 있는 종합무역상사에 의존할 수밖에 없었다. 그러나 인터넷의 거래알선사이트에 공개되어 있는 정보를 잘 활용한다면 중소기업이 구태여 외국에 출장가지 않고서도 해외바이어와 이메일 등으로 실시간 접촉하여 무역거래를 성사시킬 수 있게 되었다. 이러한 상황에서는 해외에 지점이 있는 대기업에 못지않게 중소기업들도 해외시장정보에 대한 정보격차(digital divide)문제를 해소할 수 있어 중소기업이 새로운 수출역군으로 거듭날 수 있는 기회가 제공되고 있다.[31]

2. 전통무역과 전자무역의 비교

전자무역의 특성을 명확히 나타내기 위하여 전통무역과 전자무역을 비교하기로 한다.

첫째, 해외시장조사의 관점에서 보면 전통무역에서는 해외시장을 조사하기 위하여 대표이사 자신이나 자사의 수출담당 부서 직원이 직접 해외박람회에 참가하거나 해외바이어에 대한 정보가 수록된 종이주소록을 참조하여 거래선을 확보하였다. 그러나 전자무역에서는 거래알선사이트에 게시된 오퍼를 참조하여 거래선을 선정하므로 해외시장조사비용이 획기적으로 절감된다.

둘째, 전통무역에서는 일하는 시간이 아침 9시부터 오후 5시까지이며 이것도 국가 간 시차가 있을 경우는 더욱 협소해진다. 예를 들어 한국이 아침시간이면 미국은 대부분 늦은 오후시간대에 해당하기 때문에 한국의 수출상이 미국의 수입상과 국제전화로 직접 상담할 수 있는 시간은 매우 제한적일 수밖에 없다. 그러나 전자무역은 인터넷 등 정보기술을 이용하여 당사자끼리 직접 만나지 않고서도 거래상대방을 물색하고 계약과정을 진행시킬 수 있게 된다. 이메일이나 EDI를 활용하면 퇴근한 뒤에도 회사 컴퓨터에 도착한 전자문서를 열어볼 수 있으므로 24시간 상담이 진행된다고 할 수 있다. 또한 사용료가 매우 저렴한 인터넷폰을 사용하면 국제전화를 장기간 사용할 수 있어 상담이 진행되는 속도는 더욱 빨라진다.

셋째, 거래대상지역의 경우도 전통무역에서는 전문인력 부족과 해외시장정보의 부족으로 말미암아 특정 지역에 국한되었으나, 전자무역에서는 인터넷을 통하여 전 세계를 상대로 영업활동을 펼칠 수 있게 되었다.

넷째, 해외홍보의 경우 전통무역에서는 국제박람회에 참가하거나 종이문서로 된 카탈로그를 해외의 잠재고객들에게 우송하여 자사 제품을 홍보하였다. 이러한 경우 종이카탈로그를 해외에 보내는 데 시간이 많이 소요되며 대량의 홍보책자를 각각의 잠재고객들에게 보내는 데 우송료가 많이 소요된다. 그러나 전자무역의 경우 거의 비용을 들이지 않고서도 전자카탈로그를 많은 수의 해외고객들에게 동시에 전송할 수 있다. 또한 상대방이 자사의 홈페이지를 방문하도록 유인하여 자사제품을 자세히 홍보할 수 있다. 무역 전문거래알선사이트는 오퍼를 등록하면 다른 수백

개 사이트에 자동으로 등록되는 서비스도 제공하여 시간과 비용을 대폭 절약할 수 있다.

다섯째, 마케팅의 본질을 비교하면, 전통무역에서는 판매자가 대량의 물품을 다수의 구매자에게 사도록 하는 일방적인 형식이었다. 이 경우 판매자는 일간신문이나 TV광고를 통하여 자사제품의 우수성을 알리는 데 주력하였다. 개별 고객의 불만사항은 종이로 된 서식에 기재하여 민원함 등에 넣는 정도로 그치며 판매자의 생산활동에 큰 영향을 미치지 못한다. 그러나 전자무역의 경우 자사의 홈페이지에 개설된 고객게시판을 통하여 무시할 수 없는 숫자의 고객반응이 즉각 생산자에게 전달되므로 생산자는 더 이상 고객들의 의견을 무시할 수 없게 된다. 21세기는 마케팅에 있어 고객과 생산자 양방향으로 정보가 흐르는 일대일 마케팅의 특징을 보이고 있다.

여섯째, 무역서류의 경우, 전통무역에서는 수출이나 수입절차를 밟기 위해서 서로 중복되는 수십 가지의 종이문서를 준비하지 않으면 안 되었다. 그러나 전자무역에서는 EDI(전자문서교환)라는 정형화된 전자문서를 사용함으로써 중복되는 정보

| 표 1-3 | 전자무역과 전통무역의 비교

구분	전자무역	전통무역
시장조사	인터넷정보검색	상공인명부 열람, 전시회 참가
대상지역	전 세계	일부 지역
거래시간	하루 24시간	하루 8시간
마케팅	쌍방향, 일대일 마케팅	생산자에서 구매자로의 일방적 마케팅
거래선 발굴	거래알선사이트 등록 및 조회 홈페이지 활용	거래알선기관 방문 해외지역 직접 방문
홍보	전자카탈로그, 홈페이지, 메일링리스트, 유즈넷	종이카탈로그
통관	전자문서교환(EDI)	종이문서
대금결제	볼레로프로젝트, 트레이드카드	신용장, 추심결제, 송금방식
물류, 운송	무역자동화(KTNET), 화물추적정보시스템	해상, 항공, 복합운송

출처: 이성봉 · 심상렬 · 왕중식(2001), 『전자무역의 최근 동향과 활성화방안』, 대외경제정책연구원, p.22의 표를 수정 · 보완하여 작성하였음.

의 재입력 없이 실시간으로 핵심정보를 상대방에게 전송할 수 있게 되었다. 이로서 많은 비용을 절감할 수 있게 되었는데 이를 무역자동화라 한다.

일곱째, 결제방식에 있어서 전통무역에서는 주로 신용장방식을 사용하여왔다. 그러나 최근에는 고속컨테이너선의 보편화로 인하여 서류보다 물품이 먼저 수입지에 도착하는 경우도 발생하고 신용장결제방식의 복잡한 절차로 인하여 신용장방식의 비효율성이 노출되고 있다. 전자무역에서는 종이서류를 통한 신용장방식을 전자화함으로써 신속하게 문서전달을 목표로 한 볼레로프로젝트나 아예 신용장 없는 전자결제방식인 트레이드카드시스템이 실험되고 있다.

요약 summary

제4차 산업혁명은 빅데이터, 사물인터넷, 인공지능, 드론, 3D프린팅 등 과거에는 찾아볼 수 없었던 새로운 기술로 우리에게 다가오고 있다. 독일 등은 인더스트리 4.0 등 새로운 공장모형을 제시하고 있다.

디지털경제는 인터넷의 등장으로 첫째, 시장 규모에 있어서 글로벌경제로 진입하였다. 전통경제에서는 국가가 하나의 시장단위였다면 디지털경제는 국가 영토를 넘어서, 사이버공간상에서 다른 국가로까지 시장이 확대되었다. 둘째, 전통적 경제는 국경이라는 장벽으로 인해 지리적으로 격리된 시장이라면 디지털경제에서는 사이버공간상에서 하나의 단일시장이 창출된다. 셋째, 전통적 경제에서는 시장이 주로 오프라인시장이라면 디지털경제에서는 온라인시장의 비중이 점차 커지고 있다. 오늘날에도 시장에 직접 가지 않고 집에서 쇼핑하는 추세가 늘어나고 있다. 넷째, 경제주체 간 연결수단이 과거에는 인편이나 가축, 기차 등이었다면, 디지털경제에서는 인터넷이 주요 통신수단이다. 다섯째, 생산요소가 전통경제에서는 자본과 노동, 토지였다면, 디지털경제에서는 지식이 중요한 생산요소이다. 여섯째, 전통경제에서 경제성장의 동인이 자본과 노동의 양적 증가에 있다면, 디지털경제에서는 경제성장의 동인이 기술혁신이다. 일곱째, 전통경제에서는 수확체감기술이 적용되었다면, 디지털경제에서는 수확체증현상이 나타난다.

실습문제

01 디지털경제에 대하여 자료를 수집하시오.

02 인더스트리 4.0에 대하여 내용을 검색하시오.

03 전자상거래가 활용되는 사례를 검색하여 보고서를 제출하시오.

04 제4차 산업혁명의 현장을 사례를 검색하여 보고서를 제출하시오.

05 3D프린팅기술의 적용사례를 다운로드받아 제출하시오.

토론주제

01 제4차 산업혁명에 대하여 토론하시오.

02 디지털경제의 의의에 대하여 토론하시오.

03 전자상거래의 파급효과를 토론하시오.

04 전자무역에 대하여 토론하시오.

일반문제

01 디지털경제에 대하여 설명하시오.

02 제4차 산업혁명에 대하여 설명하시오.

03 빅데이터에 대하여 설명하시오.

04 3D프린팅에 대하여 설명하시오.

05 스마트팩토리에 대하여 설명하시오.

06 인더스트리 4.0에 대하여 설명하시오.

07 전자상거래의 장점에 대하여 설명하시오.

08 전자상거래 유형에 대하여 설명하시오.

09 BT(바이오기술, Biotechnology)에 대하여 설명하시오.

10 CT(콘텐츠기술, Contents Technology)에 대하여 설명하시오.

11 인공지능(AI)에 대하여 설명하시오.

12 메트칼프의 법칙에 대하여 설명하시오.

참고문헌과 미주

01 강만모 · 김상락 · 박상무, "빅 데이터의 분석과 활용", 『정보과학회논문집』, 제30권 제6호, 2012, p.25.

02 빅토어 마이어 쇤베르거 · 케네스 쿠키어, 『빅데이터가 만드는 세상』, 21세기북스, 2013, p.89; 크리스티안 루더(이가영 역), 『빅데이터 인간을 해석하다』, 다른, 2015.

03 정용균 · 정진근, "빅데이터 시대의 공정이용법리", 『산업재산권』, 2014.

04 지영민 · 유준재 · 이상학, "Iot, 빅데이터 그리고 인공지능", 『정보과학회지』, 2017. 7, pp.43-50.

05 돈 탭스콧 · 알렉스 탭스콧, 『블록체인혁명』, 을유문화사, 2017.

06 김정숙, "빅데이터 활용과 관련기술고찰", 『한국콘텐츠학회지』, 제10권 제1호, 2012년, p.37.

07 데이코산업연구소, 『빅데이터 관련시장 실태와 전망』, 데이코, 2013, p.61.

08 데이코산업연구소, 전게서.

09 지영민 · 유준재 · 이상학, 전게서, p.45.

10 Brynjolfsson and McAfee(2014)는 3차 산업혁명을 뛰어넘는 컴퓨터와 디지털기술의 발전과 지능형 기계의 발전에 주목하였고, Schwab(2016)은 디지털기술이 영역을 확장하여 물리적 · 생물적 연계시스템으로 확산되는 현상에 주목하여 4차 산업혁명 담론을 제기하고 있다.

11 강명구, 『4차 산업혁명 이야기』, 키출판사, 2018, pp.227-231.

12 강명구, 전게서, pp.227-231.

13 강명구, 전게서, pp.227-231.

14 강명구, 전게서, pp.227-231.

15 공장이나 운용에 비용이 드는 사업조직을 저렴한 비용의 국가로 옮기는 것을 전문용어로 오프쇼어링(offshoring)전략이라고 한다. 경계(shore)를 넘어(off) 외국에 아웃소싱한다는 의미다. 이와 반대로 해외로 나간 공장을 다시 미국 본토로 불러들이는 것은 리쇼어링(reshoring)전략이다.

16 강명구, 전게서, pp.227-231.

17 Erik Brynjolfsson and Brian Kahin(ed), *Understanding the Digital Economy: Data, Tools and Research*, MIT Press, 2002.

18 김기홍, 『디지털경제 3.0』, 법문사, 2016, pp.67-70.

19 이를 수확체감의 법칙이라고 한다.

20 김기홍, 전게서, pp.67-70.

21 김기홍, 전게서, pp.67-70.

22 김기홍, 전게서, pp.67–70.

23 노규성 외, 『빅데이터 시대의 전자상거래』, 생능, 2015, pp.23–27.

24 현대에 이르러 무형자산을 고객자산, 공급자자산, 조직자산의 세 가지 가치로 분류하고 있다. ① 고객자산: 고객, 판매 채널이나 판매 제휴처 등, ② 공급자자산: 인재 및 공급업자, 전략적 파트너십 공급자자산, ③ 조직자산: 명성, 경영자의 리더십, 전략, 브랜드, 기업문화, 프로세스, 조직구조, 지식, 지적 소유권 등

25 Kenneth C. Laudon and Carol G. Traver(김범수 · 강현정 · 문용은 · 옥석재 역), 『전자상거래』, 시그마프레스, 2015, pp.13–16.

26 Kenneth C. Laudon and Carol G. Traver(김범수 · 강현정 · 문용은 · 옥석재 역), 전게서, p.9.

27 Kenneth C. Laudon and Carol G. Traver(김범수 · 강현정 · 문용은 · 옥석재 역), 전게서, p.10.

28 Kenneth C. Laudon and Carol G.Traver(김범수 · 강현정 · 문용은 · 옥석재 역), 전게서, p.12.

29 Yongkyun Chung and Yongwhan Park, *Diffusion Factors of Electronic Trade for Trade Facilitation in the APEC Region: A Case of Korean Small Business*, KIEP, 2002, p.21.

30 Yongkyun Chung and Yongwhan Park, 전게서, p.21.

31 Yongkyun Chung and Yongwhan Park, 전게서, p.21.

Chapter 02

전자무역인프라 : 기술, 시장, 법률, 보안

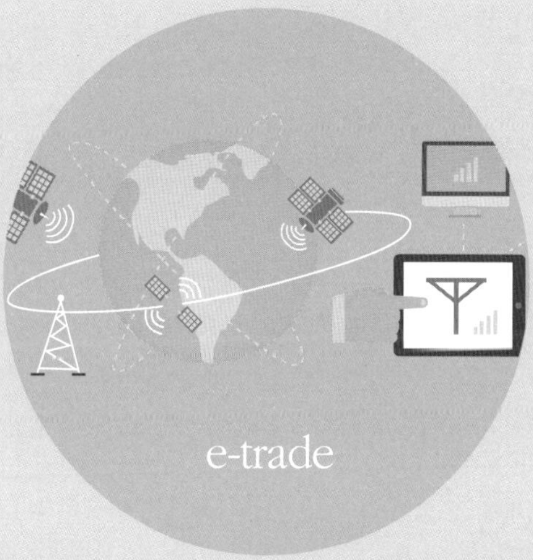

앞으로의 세상은 단 하나의 시장으로 통합될 것이다.

– 토머스 프리드먼, 『세계는 평평하다』

전자무역은 단숨에 실현되지는 않는다. 전자무역이 실현되기 위해서는 전자무역이 가능하게 하는 기술, 시장, 법률, 보안시스템이 구축되어야 한다. 기술적 측면에서는 인터넷과 EDI라는 새로운 기술이 출현하여 전자무역의 토대를 마련하였다. 시장의 관점에서는 인터넷에 따라서 가상공간이 창출되었고, 이 가상공간상에 e-마켓플레이스라는 시장이 세워지게 되었다. 법률적 측면에서 우리 정부는 무역자동화법을 제정하였고 UN은 구속력을 가지는 전자계약협약을 입법함으로써 가상시장에서의 거래도 법적으로 유효하게 되었다. 보안의 관점에서는 해킹방지와 개인정보 누출방지가 중요하게 되었다.

제1절 기술과 전자무역

본 절에서는 전자무역의 의의가 무엇인지 살펴보기로 하자. 전통적인 무역업무 처리절차는 무역업체, 세관, 항만, 선박회사, 항공회사, 육송업체, 은행, 보험회사 등 무역 관련 기관들 간에 상호 교환되는 서류들을 수작업으로 작성한 다음, 그 서류를 사람이 직접 들고 해당 기관에 제출해야 했다. 무역자동화 이전에는 무역거래 한 건을 처리하기 위하여 평균 27개 무역 관련 기관과 서로 40여 개의 무역 관련 서류를 교환하였다. 그리고 평균 200여 개의 항목을 기재해야 하며 이 중에서 30여 개의 항목은 20회 이상 반복하여 기재되었다.[01] 이처럼 반복되는 자료 기재과정에서 많은 오류가 발생하였다. 무역자동화는 이러한 오류 및 관련 비용을 절감하고 있다.

1. 무역자동화와 EDI

무역자동화란 종전처럼 사람이 서류를 직접 들고 은행, 수출입단체, 세관 등을 일일이 방문하거나 우편, 팩스 등을 통해 무역업무를 처리하는 대신, 새로운 정보기술인 전자문서교환(Electronic Data Interchange: EDI)방식에 의하여 컴퓨터로 사무실에서 간편하게 무역업무를 처리함으로써 무역업무에 있어 종이문서를 전자문서로 대체하는 것을 의미한다.

그림 2-1 전자무역인프라

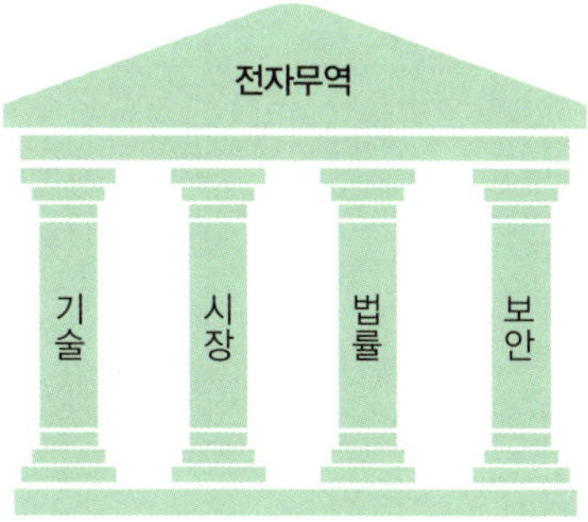

1) EDI 정의와 의의

EDI는 국제표준에 따라 상용화된 전자문서를 작성하여 컴퓨터 및 통신을 매개로 상호 교환한다. 신용장내도통지서 등 전자무역에 필요한 각종 서류를 표준화된 전자거래 서식을 통해 서로 합의된 전자신호로 바꾼 다음, 컴퓨터통신을 이용하여 거래처에 전송하는 교환 프로세스이다. 무역자동화의 핵심수단은 EDI이다. EDI를 사용하면 24시간 작동하고 있는 컴퓨터끼리 문서를 주고받음으로써, 사람이 자고 있는 동안에도 업무가 진행되며, 문서전달 자체도 컴퓨터통신을 사용하므로 업무처리속도 또한 매우 빨라서 국제무역 자체가 혁신과정에 들어서게 되었다. EDI의 장점은 다음과 같다.

첫째, 무역업무 처리시간이 단축된다. 예를 들어 상역, 운송, 보험, 통관, 운송 등 모든 무역프로세스를 컴퓨터로 처리하면 무역업무 처리기간이 평균 4주에서 일주일로 획기적으로 줄어든다. 예를 들어 신용장도착통지를 EDI로 받게 되면 사람의 개입 없이 그 내용을 컴퓨터가 저장했다가 수출승인, 선복요청, 보험청약, 수출신고 등 다른 업무를 처리할 때 관련 항목에 자동으로 데이터가 입력됨으로써 무역업무를 신속하게 처리할 수 있게 된다.

둘째, 전자문서교환(EDI)을 사용하면 동일한 자료의 경우, 사람의 손을 거치지 않고, 데이터베이스 간 데이터가 자동적으로 이동하므로 숫자 등 자료를 사람이 직접 옮겨 쓸 때 발생하는 오류를 방지할 수 있다.

| 표 2-1 | EDI 전자문서와 종이문서의 비교

항목	EDI 전자문서	종이문서
서류형태	표준화된 전자문서	다양한 종이서류
전달수단	컴퓨터통신망을 통한 전달	사람이나 우편을 통해 전달
정보입력	사람에 의한 재입력 불필요	동일한 정보의 반복적 입력
정확도	높은 정확도, 낮은 에러 발생	낮은 정확도, 에러 발생빈도 높음
업무시간	신속한 업무처리	긴 업무처리시간
소요 인력	적은 인력으로 충분	많은 인력 필요
대 고객서비스	고객서비스 향상	업무수행의 비효율성

출처: 전자무역연구회, 『전자무역의 이해와 전개』, 2002, p.263.

셋째, 무역자동화가 구축되면 업무시간이 크게 줄어들므로 적은 수의 사람으로 충분하게 된다. 따라서 인건비가 절약되고 업무지연에 따른 창고비용 등 재고비용이 크게 줄어들게 된다. 이는 바로 무역업체의 수출경쟁력을 강화시켜서 종국에는 우리나라의 국제경쟁력을 강화시키는 역할을 하게 된다.[02]

2) EDI의 구성요소

EDI는 표준, 사용자시스템, 통신네트워크, 거래약정의 네 가지 요소로 구성되었다고 할 수 있다. EDI 표준은 거래 당사자 간 비즈니스 데이터를 주고받을 수 있는 통신표준과 전자문서표준으로 나누어볼 수 있다. 특히 중요한 것은 전자문서표준으로 1987년 유엔유럽경제사회이사회(UN/ECE)가 전자문서 국제표준인 UN/EDIFACT를 제정하여 사용하고 있다. EDI 사용자시스템은 컴퓨터 하드웨어, 소프트웨어 능을 말한다. EDI 통신네트워크는 전자문서를 주고받기 위한 시스템을 말하며 이는 부가가치통신망(VAN)이 대표적인 통신네트워크이다. EDI거래약정은 무역업체 등 EDI 사용자들이 무역자동화서비스를 받기 위하여 KTNET과 같은 EDI서비스 제공업체에 가입할 때 사용하는 서비스이용약관을 말한다.

(1) 표준

사용자 간에 교환되는 전자문서의 내용과 구조, 통신방법 등에 관한 일련의 규칙 및 지침이다. 표준은 상이한 업무처리방식과 컴퓨터시스템을 갖춘 거래 당사자 간에 데이터의 자유로운 교환을 보장하는 일종의 약속으로 전자문서내용, 전자문서구조, 전자문서통신방법 등에 관한 일련의 국제 간 합의규칙이다.

(2) 사용자시스템

전자문서를 전송하거나 수신하기 위한 시스템으로 전자문서의 교환을 가능하게 하는 사용자의 컴퓨터 하드웨어, 소프트웨어 및 모뎀을 의미한다. 소프트웨어는 문서를 작성하고 이를 표준으로 변환하여 송수신하기 위해 사용하는 소프트웨어로 크게 응용 소프트웨어, 변환 소프트웨어, 통신 소프트웨어 등으로 구성된다.

(3) 네트워크

전자화된 데이터의 교환을 위해서는 네트워크의 구축이 필수적이다. 네트워크를 구축하는 방법은 기업의 상황이나 형편에 따라 여러 가지 방식을 취할 수 있다. 단순하게는 거래상대방과 직접 통신할 수 있는 네트워크를 구축하여 사용할 수도 있으나 주로 통신망서비스를 제공하는 제3자 네트워크 또는 VAN 사업자를 이용한다.

(4) 거래약정

단순한 기업내부의 업무처리 전산화가 아니라 전혀 다른 업무처리시스템을 가진 거래상대방과의 자료교환이기 때문에 EDI로 업무 처리하는 데 따른 제반사항에 대해 당사자 간에 사전 거래약정을 맺는 것이 중요하다.

3) EDI기술

(1) XML(eXtensible Markup Language)

XML(eXtensible Markup Language), SGML(Standard Generalized Markup Language)에 기반을 둔 유연성 있는 텍스트 형식으로서, 웹상에 태그를 자유롭게 정의할 수 있는 SGML의 장점과 인터넷상에서 손쉽게 하이퍼미디어 문서를 제공할 수 있는 HTML의 장점을 모두 가질 수 있도록 제작된 웹 표준문서 포맷이다. 한편 ebXML(e-business eXtensible Markup Language)은 XML기반의 개방형 표준이다. 이는 기업 간에 필요한 각종 문서, 프로세스절차, 메시징을 표준화함으로써 원활한 전자거래기반을 구축하기 위한 솔루션이다. ebXML은 모든 거래대상자들에게 안전하고 일관성 있는 방법으로 전자거래가 될 수 있도록 개방된 XML기반의 인프라를 제공한다.

(2) eXedi(e-Biz XML EDI)

XML/EDI방식의 B2B를 실현하는 서비스이다. 무역자동화 인프라 구축에 힘써

온 KTNET에서는 변화하는 e-비즈니스 환경에 발맞추면서 기존의 제한적인 무역 EDI시스템의 한계를 극복하고자 XML을 이용하여 획기적인 EDI시스템을 구축하였는데 이것이 eXedi서비스다. eXedi서비스를 이용할 경우 가입업체는 가입업체나 은행을 직접 방문할 필요 없이 인터넷 접속이 가능한 어느 환경에서나 무역 관련 업무들을 쉽고 빠르게 처리할 수 있다. XML을 이용한 인터넷서비스는 그 확장성과 호환성이 뛰어남으로 인해 국제적으로 개발되어 사용되고 있는 최신의 인터넷기법으로서 고객은 별도의 EDI 소프트웨어를 설치할 필요 없이 웹브라우저를 이용하여 사무실에서 무역업무를 쉽고 빠르게 처리할 수 있다.

2. 무역자동화와 EDI

우리나라의 무역자동화는 1992년 3월 한국무역협회가 출자한 무역자동화 전담회사인 한국무역정보통신(KTNET)이 설립됨으로써 본격화되었다. 1993년 6월부터는 무역자동화서비스가 제공되기 시작하였으며 현재 수많은 무역업체가 KTNET을 통하여 상역, 외환, 통관, 운송, 보험 등 제반 무역절차를 컴퓨터로 처리하고 있다. 현재 우리나라는 통관분야는 100% 무역자동화가 실현되고 있으며 그 나머지 분야는 약 40%의 이용률을 보이고 있다.

1) 수출입부문 무역자동화

(1) 신용장개설과 EDI

수입상인 개설의뢰인이 신용장개설을 개설은행에 의뢰하려면 APP700 전자문서를 개설은행에 전송하면 된다. 이러한 개설의뢰에 대하여 개설은행은 수입상에게는 개설응답 전자문서인 INF700을 컴퓨터로 전송하고 수출국에서 신용장도착을 알리는 통지은행에게는 국제은행 간 통신망인 SWIFT를 통하여 전송한다. 이처럼 전자문서를 통하여 신용장을 개설하게 되면 수입상이 개설은행을 방문하지 않고서도 신용장개설이 가능하고, 첨부서류 제출이 면제되므로 시간과 비용이 절감된다.

또한 신용장원본도 수입상의 사무실에서 EDI로 수신하고 이를 A4용지로 출력하면 무역 유관기관에서 원본으로 인정된다. 개설은행의 이중입력이 필요 없게 되어 신용장통지기간도 2~3일 단축된다.

| 표 2-2 | EDI 문서 종류

업무	무역서식	EDI 문서명
통지	환어음처리결과통보서	ACNOTC
	선적서류도착통보서	DOANTC
구매확인	외화획득용 원료구매신청	APPPCR
송금결제	지급확인신청서	APPCOP1
수입승인	수입승인신청서	APPIMP
수입통관의뢰	수입통관의뢰	IMPREQ
수입화물선취보증	해상화물 L/G신청서	APPLOG1
	항공화물 L/G신청서	APPLOG2
수출승인	수출입변경신청	APPAEI1
수출통관의뢰	수출통관의뢰	EXPREQ
원산지증명	원산지증명신청	APPORG
	원산지증명서	CERTIF1
적하보험	적하보험청약	APPCIP
해상선적	해상선적요청서	IFTMIN
화물인수	화물인도지시서	CUSAGD 5JJ
e-L/C	신용장조건변경통지	EAMDAD
	신용장통지	ELCADV
	선적서류매입(추심)신청	ENGAPP
	신용장양도신청	ETSFAP
신용장개설	신용장개설신청	APP700
	신용장조건변경신청	APP707
신용장통지	신용장통지	ADV700
네고업무	수출환어음매입신청서	APPNEG1
내국신용장	내국신용장통지 사본	LOCADV1

출처: KTNET, 『전자무역 · 물류총서』, 두남, 2016, pp.49-52 표를 저자가 수정함

(2) 신용장통지와 EDI

SWIFT 통신망을 통하여 외국에서 들어온 신용장은 우리나라의 무역자동화사업자인 KTNET의 EDI시스템을 경유하여 수출국의 통지은행에 수신된다. 통지은행은 SWIFT 전문을 신용장통지 전자문서 서식인 ADV700으로 변환하여 국내 수출상에게 송신한다. 이처럼 업무 당사자 간 전자문서만 교환되면 수출상이 통지은행을 방문하지 않고서도 신용장접수가 가능해지며 수출상이 프린터로 출력한 종이문서가 신용장원본으로 인정된다.

(3) 내국신용장개설과 EDI

내국신용장(Local L/C)은 국내 수출상이 국내업체로부터 수출용 원자재나 수출용 완제품을 구입하기 위하여 원신용장을 담보로 하여 물품을 공급하는 국내업체를 수익자로 하여 수출상의 거래은행이 발행하는 신용장을 의미한다. 수출상은 내국신용장개설신청 전자문서인 LOCAPP를 거래은행에 송신하면 은행은 수익자인 물품공급업체에게 내국신용장개설통지 전자문서인 LOCADV를 송신한다.

2) 통관부문 무역자동화

통관부문 무역자동화는 무역업체가 내국물품을 외국으로 반출하거나 외국물품을 국내로 반입할 때 제반 통관서류를 EDI를 통하여 전자적으로 처리하는 것을 의미한다. 통관업무의 자동화는 무역자동화의 핵심으로서 국내외적으로 그 필요성이 제기되어왔다. 대외적으로는 1970년대 말부터 통관자동화를 추진해온 미국, 일본 등 선진국들이 통관 관련 서류를 EDI로 제출할 것을 요구하고 있어 이들 선진국에 대한 수출비중이 높은 우리나라로서는 통관자동화의 필요성이 요청되고 있다. 대내적으로는 수출입 물동량 증가에 따라 적은 인원으로도 많은 업무를 처리하기 위하여 통관업무의 자동화가 필요하게 되었다.

3) 물류부문 무역자동화

수출상이나 수입상이 선박회사와 운송계약을 맺을 때 EDI시스템을 활용하면 선복을 쉽게 수배할 수 있다. 예를 들어 각 선박회사가 하나의 전산망으로 연결되어 있다면 어느 선박이 어느 항로에 투입가능한지 쉽게 알 수 있기 때문이다. 이는 마치 우리나라 철도전산시스템으로 좌석을 예약하면 어느 역에서 예약하건 전국의 철도망이 하나의 전산망으로 통합되어 있기 때문에 서울역에서 예약하는 손님이나 부산역에서 예약하는 손님이나 컴퓨터 단말기에 종합 · 정리되어 동시에 나타나는 것과 마찬가지이다. 예를 들어 해상운송의 경우, 수출상이 KTNET을 경유하여 선박회사에 선적의뢰 전자문서인 SHPREQ를 전송하면 선박회사는 선적완료 이후에 수출상에게 선적완료 전자문서인 BLADVI를 전송한다.

4) u-Trade Hub

u-Trade Hub는 전자무역기반시설로서 정보통신기술을 활용하여 무역업체가 시장조사에서부터 계약, 상역, 외환, 통관, 물류, 결제에 이르기까지 모든 무역업무 프로세스를 단절 없이 처리할 수 있도록 통합된 환경인 단일창구를 제공하는 것이다. u-Trade Hub는 서로 다른 무역주체 간에 전자무역문서의 원본과 유통성을 보장하는 전자무역문서의 유통관리시스템을 기반으로 전자무역서비스와 인프라에

그림 2-2 u-Trade Hub

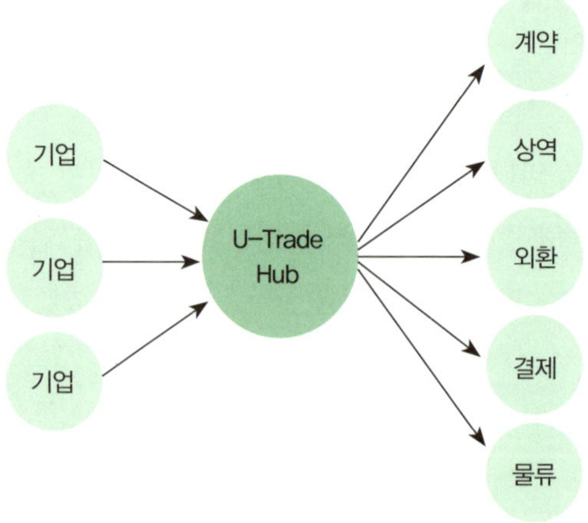

대한 표준화된 인터페이스를 제공한다.[03]

3. 제4차 산업혁명상의 새로운 기술

앞 절에서는 주로 전자무역의 초기단계인 무역자동화에 대하여 기술하였다. 그러나 21세기 들어 전 세계는 제4차 산업혁명을 경험하고 있다. 이에 따라서 과거에는 사용되지 않았던 혁신적인 기술들이 상용화되기에 이르렀다.

1) 드론

전자상거래가 활성화되기 위해서는 물류부문에 경쟁력이 있어야 한다. 최근 전자상거래업체인 아마존은 드론을 유통에 활용하기 시작하였다. 드론을 활용한 배송으로 물류속도가 과거에 비하여 획기적으로 늘어날 가능성이 있다. 왜냐하면 교통체증으로 도로를 통한 배송이 어렵고 시간이 걸릴 때, 드론은 공중으로 물품을 배송하기 때문에 속도가 빠르다.

2) 3D프린팅

무역에서 전통적으로 차지하는 비중이 큰 것이 물류운송부문이다. 그러나 최근에는 3D프린팅기술을 활용하여 수출국에서는 단지 물품의 다자인과 설계도만을 수출하고 물건 자체는 수입국에서 생산 · 제조할 수도 있다. 그렇게 될 경우 미래에는 운송물류부문이 제거된 순수한 디지털무역이 활성화될 것으로 전망된다.

3) 빅데이터

전자상거래가 활성화되기 위해서는 개별 소비자에 대한 일대일마케팅기법이 활성화되어야 할 것이다. 빅데이터는 소비자들에 대한 방대한 데이터를 활용하여 개별 소비자에게 맞춤형 서비스를 제공한다.

제2절 시장과 전자무역

1. 의의

전통적으로 시장(market)이란 특별한 의미를 지니고 있다. 인류문명 초기에는 마을 내에서 거주민 사이에 교환이 이루어지고, 이러한 교환은 점차 발전하여 마을과 마을 사이의 지리적 공간에서 3일장과 5일장이 서게 된다. 3일장은 3일에 한 번씩 양마을의 주민이 모여서 거래하는 시장이고, 5일장은 5일에 한 번씩 같은 장소에서 모여 상대방이 필요한 물품을 제공하고 내가 필요한 물품을 구매하는 시장이다. 처음에는 비정기적으로 시장이 열리다가 나중에 거래량이 증가하면, 아예 일시적으로 들어섰던 장소에 눌러앉아 지속적으로 거래가 일어나는 전통적 시장이 형성된다.

20세기 말에 이르러서는 이러한 오프라인상에서 거래되는 시장을 넘어서 사이버공간상에서도 장이 서게 되었다. 즉 전자무역이 가능하게 되기 위해서는 사이버공간상에서 시장이 창출되어야 한다. 20세기 들어서 인터넷이라는 신기술이 등장하자 가상공간상에서 시장이 형성되기에 이르렀다. 이러한 가상공간상에서 시장이 서고, 그 시장에서 거래가 이루어지는 것을 전자상거래라고 한다.

2. 전자상거래의 유형

전자상거래에는 다양한 유형이 있으며, 대략 소비자 대 기업 간 전자상거래, 기업대 기업 전자상거래, 소비자 대 소비자 전자상거래, 페이스북과 같은 소셜미디어를 활용한 전자상거래, 모바일 전자상거래, 블로그 활용 전자상거래 등이 있다.

1) 기업 대 소비자(B2C) 전자상거래

전자상거래에서 가장 보편적으로 다루어지는 유형은 기업 대 소비자(B2C) 간의 전자상거래이다. B2C에서 온라인기업은 개인 소비자와의 연결을 필요로 한다. B2C 전자상거래에는 소매상품, 여행서비스 및 온라인 콘텐츠의 구매 등이 있다. B2C는 비교적 규모가 작지만,[04] 소비자가 가장 접하기 쉬운 전자상거래 유형이다.

2) 기업 대 기업(B2B) 전자상거래

기업 대 기업(B2B) 전자상거래는 기업과 다른 기업과의 상거래에 초점을 두고 있다. B2B시장은 전자상거래에서 가장 큰 규모를 차지하고 있으며, 2012년 미국에서는 4조 1천억 달러의 거래가 일어났다. 온라인과 오프라인을 포함한 모든 방식의 B2B거래는 11조 5천억 달러로 추산되며, 이러한 시장 규모는 B2B 전자상거래가 중요한 성장 잠재력을 가지고 있음을 의미한다.[05]

3) 소비자 대 소비자(C2C) 전자상거래

소비자 대 소비자(C2C) 전자상거래는 이베이(ebay)와 같은 사이트처럼 온라인 시장 메이커의 도움을 받아 소비자들이 서로 상품 등을 판매하는 방식이다. C2C 전자상거래 내에서 소비자는 시장을 위한 제품을 준비하고, 상품을 경매나 판매시장에 올려놓는다. 그리고 시장 메이커가 e-카탈로그, 검색엔진, 거래성사서비스를 제공하는 것을 기반으로 상품이 전시되고, 검색되고, 구매되도록 한다.

4) 소셜 전자상거래

소셜 전자상거래는 소셜네트워크와 온라인 인간관계에 의해서 가능해진 전자상거래이다. 대표적인 소셜 전자상거래는 페이스북을 활용한 전자상거래이다. 소셜 전자상거래가 성장하게 된 것은 소셜미디어 사용자의 증가와 페이스북의 '좋아요' 또는 트위터의 트윗 수를 통한 콘텐츠에 대한 정보를 공유하는 것, 온라인상에서의 입소문(word of mouth)이나 믿을 만한 친구로부터의 추천 같은 참신한 서비스결과이다.

5) 모바일 전자상거래

모바일 전자상거래 혹은 M-커머스는 웹상에서 스마트폰 등을 이용하여 거래하는 것을 말한다. 모바일 전자상거래는 아이폰, 갤럭시와 같은 스마트폰, 개인 컴퓨터와 같은 휴대용 기기에 연결되어 있는 무선 네트워크, 그리고 웹에 연결되는 아이패드와 같은 태블릿 컴퓨터를 사용하는 것이 여기에 해당된다. 모바일 전자상거래 사용자는 주식거래, 가격비교, 온라인뱅킹, 철도예약 등 다양한 거래를 할 수 있다. 최근에 정보통신 인프라가 취약한 인도나 중국 등에서는 모바일기기를 활용한 거래나 결제가 일상화되고 있다.

6) 블로그 활용 전자상거래

블로그는 별도의 프로그램을 설치하지 않아도 쉽게 사용할 수 있는 장점이 있다. 뿐만 아니라 특별한 컴퓨터 이용기술을 필요로 하지 않으며, 생성된 콘텐츠를 쉽게 갱신할 수 있을 뿐 아니라 콘텐츠를 다른 누군가에 전파시킬 수 있는 특징을 지니고 있다. 블로그형태의 소비자 간 전자상거래 거래 규모는 전체 전자상거래 거래 규모에 비해 그 규모가 크지 않지만 꾸준히 증가하고 있는 실정이다. 인터넷 커뮤니케이션 측면에서 볼 때 친교 · 교제활동을 위한 서비스인 커뮤니티 이용률과 블로그, 미니홈피 이용률은 각각 50.2%와 58.1%인 것으로 나타났다.[06] 최근 블로그 내에서 발생하는 직거래 피해 규모를 최소화하기 위한 에스크로서비스(escrow service)를 도입하고 있다.[07]

7) 지역 전자상거래

지역 전자상거래는 단어가 의미하는 바와 같이, 소비자의 현재의 지리적 위치에 기반하여 고객의 행동을 통제하고 제품 등을 판매하는 데 초점이 맞추어진 전자상거래의 하나의 형식이다. 지역 상인들은 고객들을 자신의 가게로 유치하기 위하여 다양한 온라인마케팅 테크닉을 활용한다. 지역 전자상거래는 소셜, 모바일 및 지역 전자상거래 흐름 중 가장 최근에 나타난 전자상거래이다.[08]

소셜미디어

소셜미디어란 SNS기반 위에서 개인의 생각이나 의견, 경험, 정보 등을 서로 공유하고 타인과의 관계를 생성 또는 확장시킬 수 있는 온라인 플랫폼이다. 소셜미디어의 기본 특징은 사용자 간의 소통의 기능을 강조하면서 강력한 온라인 이해집단의 구심점으로 사회적 영향력을 강화해왔다.

첫째, 메시지를 쉽고 빠르게 전달할 수 있다. 지금 일어나고 있는 일들에서 알 수 있듯이 2015년 5월 현재 페이스북 사용자가 14억 명을 넘기고 있다.

둘째, 비용이 저렴하다. UCC제작기술의 발달로 자신이 필요한 동영상 콘텐츠를 쉽게 만들고, 또 쉽게 웹사이트에 업로드하게 되었다. 유튜브는 세계 제2위 검색엔진으로 매분 300시간 분량의 동영상이 업로드되고 있다.

셋째, 고객이 어디에 있든지 정보전달이 가능하다. 소셜미디어는 PC, 휴대기기, 스마트TV 그리고 게임콘솔 등에서 접근가능하기 때문에 장소에 구애 없이 정보전달이 가능하다.

넷째, 관심과 친분을 기반으로 하기 때문에 신뢰를 줄 수 있다. 소셜미디어가 확산되면서 판매자의 광고나 방문자의 후기보다는 소셜 친구의 말을 더 선호한다. 냉장고를 고르기 위해 판매사원의 설명을 열심히 경청하는 것이 아니라 친구들에게 어떤 냉장고를 고르면 좋겠는가를 묻는다.

다섯째, 새로운 고객 또는 팬 확보가 가능하다. 자신의 관심사가 일치하거나 동일한 친구를 가진다면 새로운 친구가 될 수 있다. 우리나라에서 많이 사용하고 있는 카카오톡은 자신의 연락처에 등록된 지인들을 친구로 자동 등록한다.

출처: 노규성 외, 『빅데이터 시대의 전자상거래』, 생능, 2015, pp.172–175.

제3절 법률과 전자무역

1. 국내 전자무역 관련 법

1) 전자무역 촉진에 관한 법률

정부는 우리나라의 전자무역을 촉진시키기 위하여 무역자동화를 추진하였다. 「무역자동화법」은 이러한 무역자동화를 추진하기 위하여 제정한 법률이다. 주요 내용은 무역자동화를 추진하기 위하여 EDI를 활용하도록 촉진하기 위함이다. 이후 법령의 제목이 바뀌어서 「전자무역촉진에 관한 법률」로 명칭이 바뀌었다.

2) 대외무역법

「대외무역법」 제2조에는 "무역이란 물품 용역 전자적 형태의 무체물의 수출과 수입을 말한다"고 정의하여 전통적인 무역의 개념에 전자무역의 개념을 포함시키고 있다. 「대외무역법 시행령」 제23조에는 산업통상자원부 장관이 고시한 바에 따라 전자적 형태의 무체물 수출입사실을 확인할 수 있도록 규정하고 있으며 현재 한국무역협회에서 수출입확인서 발급을 담당하고 있다.[09] 최근 국내 소비자가 해외인터넷쇼핑몰에서 상품을 직접 구매하는 해외직구가 확산되고 있다. 이를 반영하여 대외무역법의 하위 규정인 「대외무역 관리규정」에서 자가 사용을 위한 전자상거래 수입승인 면제를 가능하게 하고 있다.[10]

3) 무역거래기반 조성에 관한 법률

「무역거래기반 조성에 관한 법률」은 제2조 제1항에 무역거래기반에 관한 정의 중에서 전자무역체제가 포함되어 있다. 또한 전자무역거래를 인터넷 등 정보통신망을 통하여 수행하는 무역거래로 정의하고 있다(제4조 제2항). 동법 시행령에 의하면 전자무역기반사업자로 한국무역정보통신(KTNET)이 주관사업자임을 명시하

고 있다.[11]

4) 전자문서 및 전자거래 기본법

정부는 1999년 전자거래 일반을 규율하는 「전자거래 기본법」을 제정하였다. 2012년 6월 개정에 의하여 명칭이 「전자문서 및 전자거래 기본법」으로 변경되었다. 동법에 의하여 전자문서는 다른 법률에 특별규정이 없는 한, 전자적 형태로 되어 있다는 이유로 문서로서의 효력이 부인되지 아니한다(전자거래 기본법 제4조 1항) 고 되어 있어 전자문서의 효력을 규정하고 있다.[12]

5) 전자서명법

「전자서명법」은 1999년 2월에 「전자거래 기본법」과 함께 제정되었다. 이 법은 전자문서의 안전성과 신뢰성을 확보하고 그 이용을 활성화하기 위하여 전자서명에 관한 기본적인 사항을 정한 법이다.[13] 전자서명이란 서명자를 확인하고 서명자가 당해 전자문서에 서명하였음을 나타내는 데 이용하기 위하여 당해 전자문서에 첨부하거나 논리적으로 결합된 전자적 형태의 정보이다(전자서명법 제2조 제2호).

6) 상법의 전자선하증권 규정

전자무역이 실현되기 위해서는 신용장결제에서 매입과정에서 가장 중요한 서류라고 할 수 있는 선하증권의 전자화가 가장 중요한 첩경이라고 할 수 있다. 2007년 개정된 「상법」 제862조에 전자선하증권 관련 규정을 두어서 선하증권을 전자화할 수 있는 법적 기반을 마련하였다.

2. 국외 전자무역 관련 법

1) UN전자계약협약

전자무역이 이루어지려면 계약체결 자체가 전자적으로 이루어져야 할 것이다. 「UN전자계약협약」은 온라인상에서 계약이 체결되는 것을 지원하기 위하여 UNCITRAL이 주도하여 설정한 국제협약이다. 일반민법에서는 계약이 체결되기 위해서는 청약이 있어야 하며 상대방의 승낙이 있어야 한다. 이러한 계약 성립조건이 온라인상에서 어떻게 구현되어야 하는가를 구체화한 조약이다.

UN전자계약협약은 전자통신의 법적 승인에 관하여 "통신 또는 계약은 전자통신의 형태라는 이유만으로 법적 효력 또는 강제성이 부인되지 아니하며, 이 협약은 당사자가 전자통신을 사용 또는 수락할 것을 요구하지 아니하나 당사자의 그러한 합의는 당사자의 행위에 의하여 추론될 수 있다"고 규정하고 있다. 또 전자통신의 방식요건에 관하여 "법률이 통신 또는 계약이 서면일 것을 요구하거나 서면 부존재의 경우에 관한 효과를 규정하는 경우에 전자통신에 포함된 정보가 그 후의 참조를 위하여 접근될 수 있으면 그 요건은 전자통신에 의하여 충족된다"고 규정하고 있다. 이 규정들은 당사자가 계약의 성립을 위하여 전자통신을 사용한 경우에 그 방식요건과 효력에 관하여 규정한 것이다.[14]

2) UNCITRAL 전자상거래모델법

「전자상거래모델법」은 "계약의 성립에 관하여 당사자 사이에 다른 약정이 없으면 청약과 승낙은 데이터메시지로 표시될 수 있다. 계약의 성립에 있어 데이터메시지를 사용하는 경우 해당 계약은 데이터메시지가 그 목적을 위하여 사용되었다는 이유만으로 유효성 또는 구속력이 부인되지 아니한다"고 규정하고, 일정한 사항에는 그 적용을 배제할 수 있는 선택권을 부여하고 있다. 이 규정은 전자적 의사표시의 유효성을 확인함으로써 전자적 수단에 의한 계약체결에 관하여 법적 명확성을 부여하기 위한 것이다. 이 규정은 계약의 성립뿐만 아니라 청약과 승낙이 표현되는 형식에 관하여도 적용된다. 또 "데이터메시지의 작성자와 수신자 사이에서 의사의 표시, 그 밖의 진술은 데이터메시지형태라는 이유만으로 법적 효력, 유효성 또는 강제성이 부인되지 아니한다"고 규정하고, 일정한 사항에는 그 적용을 배제할 수 있는 선택권을 부여하고 있다. 「전자상거래모델법」 제11조가 계약의 체결에 관한 규정이라면 제12조는 계약상 의무의 이행(상품 하자의 통지, 지급청구, 계약이행 장소의 통지, 채무승인 등)에 관한 규정이다.[15]

3) 유럽연합(EU)의 전자상거래지침

유럽연합의 「전자상거래지침」(2000)은 전자적 수단에 의한 계약체결에 관하여 "회원국들은 계약이 전자적 수단에 의하여 체결될 수 있도록 법제도를 허용하도록 하고, 특히 계약과정에 적용되는 법적 요건이 전자계약의 이용에 장애를 설정하거나 계약이 전자적 수단에 의하여 체결되었다는 이유로 법적 효력 및 유효성을 박탈하는 결과를 가져오지 않도록 하여야 한다"고 규정하고 있다.

제4절 보안과 전자무역

1. 의의

인류사회의 디지털화가 진행될수록 보안의 중요성이 더욱 커지고 있다. 본질적으로 디지털경제는 복사가 쉬운 특징이 있다. 또한 제3자가 해킹할 가능성이 커지고 있다. 전자무역 역시 가상공간상에서 거래가 이루어지므로 이 거래내역에 대한 보안이 필요해지고 있다. 현재 전자무역상에서 보안기술은 디지털서명과 블록체인 기술이 존재한다.

2. 디지털서명

1) 전자서명의 보안 요구사항

전자서명의 보안성을 확보하기 위해서는 전자적 거래에서 수기서명과 인감과 같은 역할을 하고 동시에 사이버 범죄와 해킹과 같은 역기능을 막을 수 있어야 한다. 전자서명의 보안성은 신원확인, 무결성, 기밀성, 부인방지의 기능을 갖추어야 한다. 즉 전자적 거래에 있어 신뢰성과 안전성을 확보하기 위해 본인임을 확인하고, 전자문서의 위조와 변조를 방지하고, 전송내용의 비밀을 유지하고, 전자문서의 작성사실을 부인하지 못하게 하는 장치가 요구되는 것이다. 전자서명이 법적 효력을 갖기 위한 보안 요구사항을 보여준다.

2) 보안조건

(1) 신원확인

전자서명의 가장 중요한 보안기능은 신원확인(authentication)서비스이다. 사이버상의 거래에 있어 본인확인의 어려움은 신원확인으로 해결된다. 신원확인은 사용자인증을 의미하는 것으로서 인터넷상에서 전자문서의 작성자와 송신자의 신원을 확인하는 것이다. 구체적으로는 전자문서를 작성한 자가 본인의 전자서명 생성키를 이용하여 전자서명을 한 뒤 암호화하여 전자문서와 함께 송신하면, 수신자는 전자서명이 첨부된 전자문서를 전자서명 검증키로써 복호화하고 이를 송신된 전자문서와 비교하여 동일한 경우 전자문서의 송신자가 문서작성자와 동일한 인물임을 확인할 수 있는 것이다. 이처럼 전자서명의 송신자와 작성자의 신원을 확인할 수 있는 기능을 신원확인 또는 본인인증이라고 한다.[16]

(2) 무결성

전자적 거래의 문서가 중간에 변조되거나 위조될 위험성은 무결성(integrity)보장에 의해 해결된다. 전자서명을 사용하는 경우 전자문서를 작성한 자 이외의 어떤

보안상 위험

■ 악성코드

바이러스나 트로이목마, 봇네트 등을 의미한다. 어떤 악성코드는 컴퓨터의 운영체제 웹브라우저의 약점을 공격하는 착취형 공격도 포함된다. 백도어는 공격자가 손상된 컴퓨터에 원격접근이 가능하게 하는 바이러스를 의미한다. 봇은 인터넷에 연결된 컴퓨터에 몰래 악성코드를 설치하는 것을 말한다. 봇네트는 봇에 의하여 포획된 컴퓨터집단을 의미한다.

■ 피싱과 신원도용

피싱은 제3자가 경제적 이득을 위하여 비밀정보를 취득하기 위한 모든 사기성 온라인 시도를 말한다. 가장 흔한 피싱은 전자메일을 이용한 사기 편지이다. 혹은 은행, 이베이 등을 사칭하여 계좌의 비밀번호를 입력하도록 유도한다.

■ 해킹

해킹은 컴퓨터시스템에 승인되지 않은 권한을 얻으려는 시도를 의미한다. 크래커는 해킹 커뮤니티 내에서 범행동기를 가진 해커를 말한다.

■ 파밍

파밍은 해커가 거짓 전자메일주소를 활용하여 누군가를 사칭하는 것을 말한다. 스푸핑이라고도 한다.

■ 디도스 공격

몇백 개 몇천 대 컴퓨터를 이용하여 수많은 곳으로부터 목표된 네트워크를 공격하는 것을 의미한다. 디도스 공격은 시스템 자체를 영구적으로 폐쇄시킬 수 있다.

출처: Kenneth C. Laudon and Carol G. Traver(김범수 · 강현정 · 문용은 · 옥석재 역), 『전자상거래』, 시그마프레스, 2015, pp.180-185.

사람도 그 문서를 변조하거나 위조할 수 없다. 이는 전자문서를 작성하여 전자서명과 함께 암호화하여 수신자에게 보내지고, 이는 다시 따로 송신된 전자문서와 비교되기 때문에 두 전자문서가 동일하지 않다면 송수신과정에서 위 · 변조되었음을 알 수 있기 때문이다. 즉 전자문서가 암호화되어 보내지므로 문서의 내용을 알 수가 없고 만약 변경된다 하더라도 수신자는 전자문서의 대조를 통해 변경여부를 알 수 있어 무결성을 보장한다.[17]

(3) 기밀성

전자문서의 내용이 밖으로 알려질 위험성에 대한 해결은 기밀성(confidentiality)으로 해결된다. 기밀성이란 전송되는 메시지를 송신자 및 적법한 수신자를 제외한 제3자는 볼 수 없도록 하는 기능이다. 전자서명의 메시지인증기능은 기밀성서비스를 제공한다. 송신자에 의해 작성된 전자문서는 전자서명과 함께 암호화되어 수신자에게 전송되므로 중간에 유출되더라도 그 내용을 알 수 없다. 즉 전송 도중에 전자문서를 해킹당하더라도 그 내용은 알 수 없는 숫자와 기호의 조합으로 암호화되어 있으므로 그 내용을 해독할 수 없는 것이다. 따라서 문서내용의 비밀을 유지할 수 있다.[18]

(4) 부인방지

부인방지(non-repudiation)란 전자문서를 작성하고 전자서명을 첨부하여 보낸 송신자가 그러한 문서를 보낸 사실이 없다고 부인하는 경우를 막기 위한 것이다. 부인방지는 메시지를 보내는 사람의 행위를 부인할 수 없을 뿐 아니라 메시지를 받은 사실 역시 부인할 수 없게 함으로써 전자적 거래를 완성시킨다. 전자문서를 받은 수신자는 송신자의 전자서명이 첨부되어 있으므로 전자문서의 작성자에 의해 송신된 문서임을 증명할 수 있는 것이다.

부인방지는 수신자에게도 해당될 수 있다. 즉 전자문서를 보낸 후 이를 받은 수신자가 전자문서를 받은 사실이 없다고 부인하는 경우를 방지하기 위한 것이다. 실제 전자서명시스템은 수신자의 부인방지를 위해 시점확인서비스와 같이 전자문서

를 받는 즉시 수신 영수증을 자동으로 보내는 기능을 갖고 있다.[19]

3. 블록체인

앞의 제1장에서 블록체인이 무엇인지 설명하였다. 최근 핀테크(FinTech)의 성장으로 인한 블록체인기술은 금융산업에 많은 영향을 미치고, 세계 여러 국가의 은행들은 금융거래에 블록체인을 활용하기 위해 지속적인 연구를 수행하며, 금융거래 외에 다른 산업분야로 그 적용이 확대되고 있다.

1) 블록체인기술의 특성

블록체인기술의 특성으로는 첫째, 탈중앙화, 즉 분산화(decentralized)를 들 수 있다. 거래 참여 당사자들이 모두 거래 관련 자료를 공유하고 관리할 수 있기 때문에 중앙에서 관장하는 시스템 자체가 존재하지 않는다. 따라서 새로운 데이터가 블록체인에 추가되기 위해서는 기존 블록체인상의 당사자들의 인증이 필수적이기 때문에 금융거래나 일반적인 상거래와 같은 분야에서 거래의 안전성을 보장할 수 있다.

둘째, 무결성(integrity)을 들 수 있다. 무결성은 송수신 메시지가 전송 도중 변조되지 않았다는 것을 증명해주는 기능으로 거래내용의 변조나 승인되지 않은 거래의 생성을 방지하기 위한 것이다. 블록체인은 거래와 관련된 모든 자료가 분산되어 저장되어 있기 때문에 해당 블록체인에 있는 모든 당사자들의 자료를 해킹하지 않는 이상 해당 블록체인 자체의 조작은 거의 불가능하다.

셋째, 저렴한 유지비용을 들 수 있다. 현재 정보의 확인을 위해 사용되는 공인인증이나 My-pin과 같은 인증이나 공증 자체가 필요 없기 때문에 공증과 관련된 수수료가 발생되지 않으며, 중앙거래자가 없이 직접 거래가 가능하기에 거래수수료가 발생되지 않는다.

넷째, 이중지출의 방지를 들 수 있다. 블록체인은 높은 안정성과 자유도를 바탕으로 한다. 일반적으로 개인용 컴퓨터나 노트북에 있는 자료는 복사와 이동, 전송이 매우 자유롭다. 게다가 한 번 다운로드받은 자료를 타인에게 복사해서 전송할 수 있기 때문에 음악이나 영화 등의 자료가 무한으로 복제되어 유통될 수 있으나, 블록체인기술을 사용하면 자료에 대한 이중지출을 방지할 수 있다.

다섯째, 블록체인기반시스템의 활용은 관련 정보를 영구히 저장할 수 있는 특성이 있다. 거래와 관련된 정보가 완전 저장되어 하나의 블록을 형성하게 된다. 최초의 정보부터 현재 정보에 이르기까지 모든 이력을 블록으로 저장하여 활용할 수 있다.

2) 블록체인의 유형

(1) 퍼블릭 블록체인

누구든지 운영주체가 되어 특별한 인증이나 허가절차를 거치지 않고 블록체인의 모든 내부거래 데이터를 공유하고 검증할 수 있는 블록체인을 퍼블릭 블록체인(public blockchain)이라 한다. 공개형 블록체인이라고도 부른다. 블록체인의 모든 당사자들이 검증하기 때문에 거래의 투명성 확보 측면에서 매우 우수하며, 이 블록체인에 스마트계약을 융합하면 에스크로(escrow)결제방식을 통하는 경우 발생가능한 수수료부분이 없기 때문에 비용 절감 측면에서 매우 유용하다.

(2) 프라이빗 블록체인

블록체인 네트워크로 진입하기 위해서 미리 형성해놓은 고유의 인증을 거친 후 진입이 가능한 블록체인을 프라이빗 블록체인(private blockchain)이라 한다. 특정한 개인이나 단체가 운영하기 때문에 폐쇄형 블록체인이라 부르기도 한다. 이 블록체인은 사용자권한을 부여받은 당사자에게만 허용되기 때문에 신뢰성이 검증된 사이에서만 데이터를 공유할 수 있다.

(3) 컨소시엄 블록체인

컨소시엄 블록체인(consortium blockchain)은 정부나 중요 기관들의 주도하에 허가된 기관들만 그룹을 구성하여 블록체인의 네트워크에 참여할 수 있도록 한 블록체인이다. 컨소시엄 블록체인은 블록체인에 참여한 기관들은 동등한 자격으로 참여하기 때문에 현재는 금융단체, 제약회사, 연구기관 등이 주로 사용하고 있다. 따라서 특정 참여자에게만 블록체인 기록, 열람 등의 권한이 주어지는 컨소시엄 블록체인이 국제상거래를 위한 스마트계약 플랫폼에 적합하다.

(4) 블록체인기술의 국내외 동향

세계 각국의 금융, 경제, 정치, 행정, 수출입통관, 국제물류 등 사회 모든 영역에 블록체인기반기술이 적용되는 블록체인 3.0 시대에 진입 중이다.[20] 미국 Align Commerce사는 블록체인을 이용해서 국제송금서비스를 제공하고 있으며 많은 은행들이 송금서비스 관련 블록체인시스템을 개발하기 위해 연구를 하고 있다. 영국의 Everledger사는 다이아몬드를 블록체인화하여 소유자, 감정서, 거래가격 등에 대한 서비스를 제공하고 있으며 에스토니아에서는 최근 블록체인기술과 사물인터넷을 접목한 전자투표서비스가 실시되었다.

우리나라의 경우도 블록체인기술개발과 블록체인산업을 육성하기 위해 다양한 정책을 실시하고 있으며, 기업들도 블록체인기술을 선점하기 위해 새로운 플랫폼 개발에 열정적이다. 삼성SDS도 블록체인기반 스마트 물류시스템과 개인통관 플랫폼을 구축하고 있으며, 정부도 2018년 1월 블록체인기술개발을 핵심정책과제로 선정하여 경쟁력 확보를 위한 환경을 조성하고 있다.

요약 summary

무역자동화란 종전처럼 사람이 서류를 직접 들고 은행, 수출입단체, 세관 등을 일일이 다니거나 우편, 팩스 등을 통해 무역업무를 처리하는 대신 새로운 정보기술인 전자문서교환(Electronic Data Interchange: EDI)방식에 의하여 컴퓨터로 사무실에서 간편하게 무역업무를 처리함으로써 무역업무에 있어 종이문서를 전자문서로 대체하는 것을 의미한다. 20세기 말에 이르러서는 이러한 오프라인상에서 거래되는 시장을 넘어서 사이버공간상에서도 장이 서게 되었다. 즉 전자무역이 가능하게 되기 위해서는 사이버공간상에서 시장이 창출되어야 한다. 20세기 들어서 인터넷이라는 신기술이 등장하자, 가상공간상에서 시장이 형성되기에 이르렀다. 이러한 가상공간상에서 시장이 서고, 그 시장에서 거래가 이루어지는 것을 전자상거래라고 한다.

정부는 우리나라의 전자무역을 촉진시키기 위하여 무역자동화법을 제정하였다. 주요 내용은 무역자동화를 추진하기 위하여 EDI를 활용하도록 촉진하기 위함이다. 이후 법령의 제목이 바뀌어서 「전자무역촉진에 관한 법률」로 명칭이 바뀌었다. 「전자서명법」은 1999년 2월에 「전자거래 기본법」과 함께 제정되었다. 이 법은 전자문서의 안전성과 신뢰성을 확보하고 그 이용을 활성화하기 위하여 전자서명에 관한 기본적인 사항을 정한 법이다. 「UN전자계약협약」은 전자통신의 법적 승인에 관하여 "통신 또는 계약은 전자통신의 형태라는 이유만으로 법적 효력 또는 강제성이 부인되지 아니하며, 이 협약은 당사자가 전자통신을 사용 또는 수락할 것을 요구하지 아니하나 당사자의 그러한 합의는 당사자의 행위에 의하여 추론될 수 있다"고 규정하고 있다.

블록체인은 거래와 관련된 정보들이 하나의 블록(block)을 형성하고 이렇게 연결된 블록들이 사슬(chain)로 다시 연결되는 데이터구조라고 정의할 수 있다. 즉 블록체인은 거래와 관련되어 생성된 데이터들이 시간적인 순서에 따라 차례대로 연결되고, 연결된 정보를 거래 당사자들이 공유하고 관리한다는 점에서 분산형 원장(distributed ledgers)으로도 불리고 있다.

분산화는 블록체인기술의 중요한 특성이며 정보의 위조와 변조를 방지할 수 있다. 블록체인은 분산화된 P2P(Peer-to-Peer)방식에 암호화기술을 적용하기 때문에 중앙기관의 인증이나 공증 없이 안전한 거래가 가능하다는 특성이 있다.

실습문제

01 u-Trade Hub 홈페이지를 방문하여 각 기능에 대하여 살펴보고, 각 기능에 대하여 리포트를 작성하시오.

02 EDI 서류를 작성하시오

03 B2C 전자상거래 홈페이지 한 곳을 방문하여 조사하시오.

04 B2B 전자상거래 홈페이지 한 곳을 방문하여 조사하시오

05 전자무역촉진에 관한 법률을 다운로드받아 제출하시오.

06 대외무역법 중 전자무역에 관한 조항을 다운로드받아 제출하시오.

07 UNCITRAL 전자계약협약을 다운로드받아 제출하시오.

토론주제

01 전자상거래에 대하여 토론하시오.

02 블록체인에 대하여 토론하시오.

03 무역자동화에 대하여 토론하시오

04 전자무역 관련 법률에 대하여 토론하시오.

일반문제

01 블록체인에 대하여 설명하시오.

02 B2C에 대하여 설명하시오.

03 B2B에 대하여 설명하시오.

04 P2P에 대하여 설명하시오.

05 u-Trade Hub기능을 설명하시오.

06 블록체인을 설명하시오.

07 무역자동화 개념을 설명하시오.

08 분산원장에 대하여 설명하시오.

09 무결성에 대하여 설명하시오.

10 신원확인에 대하여 설명하시오.

11 부인방지에 대하여 설명하시오.

12 EDI에 대하여 설명하시오.

참고문헌과 미주

01 박의범 · 이영련 · 임재열 · 이현훈 · 정용균 · 권종욱 저, 『무역학원론』, 해남, 2010.

02 박의범 · 이영련 · 임재열 · 이현훈 · 정용균 · 권종욱 저,전게서.

03 조원길, "전자무역에 있어서 u-trade hub의 활용에 따른 효과분석", 『기업과 혁신연구』, 제4권 제1호, 2011.

04 노규성 외, 『빅데이터 시대의 전자상거래』, 생능, 2015, pp.13-16.

05 노규성 외, 전게서.

06 방송통신위원회, 인터넷이용실태조사, 2008.

07 에스크로서비스는 안전거래 구매장치의 일종으로 구매자가 제휴를 맺은 은행에 구매금액을 예치하고, 제품을 수령한 후 이상이 없다고 판단되면 해당 은행에 통보하여 판매자에게 금액을 보내주는 안전구매제도서비스이다.

08 노규성 외, 전세서.

09 KTNET, 『전자무역 · 물류총서』, 2016, 두남, p.350.

10 KTNET, 전게서, p.350.

11 KTNET, 전게서, p.350.

12 손진화, 『전자상거래법』, 신조사, 2018, p.63.

13 손진화, 전게서, p.63.

14 손진화, 전게서, p.63.

15 손진화, 전게서, p.63.

16 정철현, PKI: 전자서명과 인증제도, 다산출판사, 2003, p.29.

17 정철현, 전게서, p.30.

18 정철현, 전게서, p.31.

19 정철현, 전게서, p.32.

20 블록체인 1.0은 비트코인 개발단계, 블록체인 2.0은 이더리움 개발단계, 블록체인 3.0은 블록체인이 사회적 기술에 영향을 주는 단계이다.

Chapter 03

해외시장조사와 플랫폼마케팅전략

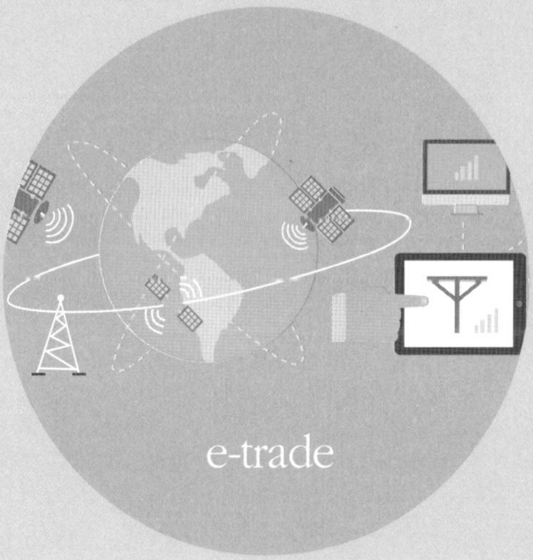

사람과 사람을 연결하면 비즈니스로 이어진다.

– 마크 저커버그, 페이스북 CEO

새로운 시장을 개척하기 위해서는 무엇보다도 시장조사가 선결되어야 한다. 더구나 글로벌 시대에는 어느 곳에나 이미 경쟁제품이 있다고 보아야 하기 때문에 더욱 시장조사 중요성은 커지고 있다. 인터넷이 도입되어 활용됨으로써 해외시장조사가 가능해지고 있다. 또한 최근에는 플랫폼 비즈니스모형이 활성화되고 있으며 SNS마케팅이 중요해지고 있다. SNS마케팅이 중요하게 된 것은 친구로부터 얻는 입소문효과가 일반광고보다 신뢰성이 더 크다고 보기 때문이다.

제1절 해외시장조사

1. 해외시장조사 목적

첫째, 새로운 시장을 개척하기 위함이다. 우리 수출기업들은 1960년대 초부터 미국과 일본시장을 개척하여왔다. 국제석유가격이 급등한 오일쇼크 이후, 1970년대 중반부터 중동시장을 개척하였으며, 1990년대부터 중국과 러시아 등 사회주의 경제권시장을 개척하였다. 그리고 20세기 들어 인도시장과 동남아시아시장을 개척하고 있다. 미래에는 아프리카시장과 중남미시장을 개척해야 할 시점에 와있다고 하겠다. 이러한 새로운 시장을 개척하기 위해서는 그 지역 특유의 문화에 대한 이해가 필수적이다. 또한 그 시장에서 지배적인 경쟁제품이 무엇인지 파악해야 한다.

둘째, 기존의 시장을 확대하기 위함이다. 국내시장에만 물품을 판매하였던 중소·중견기업이라면 해외시장으로 눈을 돌려 수출기업이 되려고 할 것이다. 그러한 경우 본격적인 해외시장조사는 필수적이다. 또한 이미 수출기업으로 활동하고 있는 기업이라면 기존의 시장이 포화상태에 이를 경우, 다른 지역으로 진출해야 한다. 이 경우 자사제품의 경쟁력을 계속 분석하고, 진출하려는 시장에서 경쟁제품이 무엇이 있는지 조사해야 한다.

셋째, 다양한 현지마케팅수단을 결정하기 위함이다. 해외시장조사를 시행함으로써 수출기업은 지역별로 효과적인 마케팅기법이 무엇인지 파악한다. 해당 지역이나 국가별로 효과적인 마케팅기법은 다를 가능성이 크다. 예를 들어 어떤 국가는 무역거래알선사이트 등 전자무역마케팅기법이 효과적일 수 있고, 어떤 지역은 해외박람회에 참가하는 것이 효과적일 수 있으며, 어떤 국가는 직접 출장을 가서 현지시장을 파악하는 것이 효과적일 수 있다. 이처럼 지역별 마케팅기법을 결정하는 목적으로 해외시장조사가 필수적이다.

넷째, 현지사업파트너 바이어의 신용상태능력 등을 파악하기 위함이다. 새로운 시장에서 비즈니스기회를 포착하는 데 중개인이나 통역의 역할이 중요하다.[01] 또한 현지바이어가 어떠한 특성을 가지고 있는지 어떤 협상방식을 사용하는지 파악하는 것이 중요하다. 중국이나 베트남과 같은 사회주의 경제권 국가들은 국영기업이 많다. 이러한 국영기업은 협상기간이 길다는 특징이 있다. 이러한 시장 고유의 특징을 모르고 진출할 경우 의외의 손실을 입을 가능성이 많다고 할 것이다. 따라서 해외시장에 진출하기 전에 해외시장조사는 필수적이다.[02]

2. 해외시장조사 구분

1) 일반시장조사

첫째, 지리적 특징을 조사한다. 교역대상국이 대국이냐 소국이냐는 수출시장의 크기를 결정하므로 중요하다. 또한 기후가 달라지면 주거형태가 달라지고 음식의 내용도 달라질 것이다. 고온다습한 지역에 수출하려면 자동차의 에어컨을 고품질 제품을 장착해야 현지고객의 마음에 들 것이다.[03]

둘째, 정치 · 경제적 특징을 조사한다. 교역대상국이 정치적으로 안정된 국가인지 여부가 중요하다. 오늘날 해외직접투자가 활발한데 이때 진출대상국의 정치적 안정성여부가 사업의 성패에 중요하다.

셋째, 종교 · 문화적 특징을 조사한다. 이슬람교에서는 돼지고기를 금지하고 있다. 따라서 이슬람권 국가에 식품을 수출할 경우, 종교적 금기사항에 유의해야 한다. 최근 할랄인증을 받아야 이슬람권에 수출이 가능한 점을 눈여겨보아야 한다.

2) 개별 시장조사

첫째, 품질을 고려한다. 유럽이나 중국, 일본 등은 급속히 고령화되고 있다. 이러한 지역에 휴대폰을 수출하기 위해서는 어르신들이 쉽게 볼 수 있도록 글자크기가 큰 휴대폰을 별도로 설계하는 것이 필요하다.

둘째, 가격을 고려한다. 예를 들어 인도에 휴대폰을 수출하는 경우, 구매력이 낮은 인도 BOP시장 고객들을 위해서 고가의 프리미엄폰보다는 중저가폰을 수출하는 것이 유리할 것이다.

셋째, 결제방식을 고려한다. 우리나라는 1990년대까지는 무역결제에 있어서 신용장결제방식을 주로 사용해왔다. 그러나 국가에 따라서는 결제방식에 차이가 있는데, 이를 수용해야 한다.

넷째, 유통채널을 고려한다. 국가마다 유통채널이 다르다. 일본의 경우는 전통적인 도매상, 소매상으로 이루어진 복잡한 유통구조를 가지고 있다. 최근 전자상거래가 활성화되면서 온라인 유통채널이 급격하게 부상하고 있다. 각국의 이러한 유통구조를 파악한다.

3) 교역상품조사

선진국들은 비용 절감을 위하여 한국 등 동아시아기업으로부터 부품을 조달하려고 한다. 따라서 부품산업의 해외진출이 유망할 것이다. 한편 중국이나 인도네시아, 베트남 등 경제가 성장하는 신흥국들은 중산층이 확대되고 있다. 이들의 욕구를 만족시킬 수 있는 제품개발에 나서야 한다. 유럽이나 중국, 일본 등 고령화가 진행되는 국가에서는 실버제품 수출이 유망하다.[04]

3. 해외시장조사 종류

해외시장조사는 무역에서 매우 중요한 절차이다. 최근 온라인 검색기법이 활성화됨에 따라서 국내에서 문헌을 참고하거나 직접 해외출장을 가는 오프라인방법에서 벗어나 인터넷검색을 함으로써 저렴한 비용으로 해외시장정보를 획득할 수 있게 되었다.

1) 오프라인조사

(1) 국내 무역유관기관 방문

한국무역협회, KOTRA, 대한상공회의소 등 국내 무역유관기관을 방문하여 해외시장에 대한 조사를 시작한다.

(2) 현지출장

첫째, 해당 지역에서 가장 가까운 KOTRA 무역관을 방문하여 현지시장 상황에 대한 설명을 듣는 것이 전반적인 시장 개황을 파악하는 데 도움이 된다. 둘째, 출장지역의 유통단지, 백화점, 도매업체 밀집지역을 방문하여, 어떤 상품이 어떤 가격으로 판매되는지 파악하는 것도 효과적인 방법이다. 셋째, 현지의 도매상과 소매상을 직접 만나서 필요한 정보를 수집하는 방식이다. 출장 전에 소개받은 바이어가 있다면 이들을 통해서도 좋은 정보를 얻을 수 있다.

(3) 외부기관에 의뢰하는 방법

외부기관에 해외시장에 대한 정보수집 및 조사를 부탁할 경우 장점은 깊이 있는 정보를 얻을 가능성이 크다는 점이다. 단점으로는 의뢰조사비용이 적지 않다는 점이다. KOTRA에서는 최근 '사업파트너 연결지원'프로그램을 신설하여 신청고객 제품에 관심을 보인 해외수입업체를 조사하고 그 중에서 3개 업체를 발굴하여 소개하고 있다. 그리고 소개한 업체와의 교신을 2개월간 지원하고 있다. 이 프로그램서비스수수료는 33만 원(부가가치세 포함)이다. 국내 최대 전자상거래업체인 EC21도 유력한 업체라고 할 수 있다. 그 외에 해외설문조사 대행기관인 마크로밀 엠브레인 같은 업체도 있다.[05]

2) 온라인조사

(1) 한국무역협회(www.kotis.net)

한국무역협회가 운영하는 kotis는 품목별 시장정보, 국가별 정보, 주요 수출국 무역통계정보, 카탈로그 제작, 무역커뮤니티 등으로 구성되어 있다. 이로부터 유용한 해외시장정보를 얻을 수 있다.[06]

(2) 관세청 무역통계(www.customs.go.kr)

관세청에서 작성한 주요 통계자료를 인터넷을 통하여 검색가능하다. 관세청 초기화면에서 수출입통계를 클릭하면 수출입통계자료를 검색가능하다. 관세청 무역통계에서는 지역별 수출실적, 품목별 수출화물, 수입화물 등 관세청 고유의 자료도 검색가능하다.[07]

(3) 산업통상자원부 수출입통계(www.mocie.go.kr)

산업통상자원부의 분기별 통계자료를 검색할 수 있다. 수출입 관련 통계와 산업에 관한 다양한 통계를 얻을 수 있다. 수출실적을 클릭하면 품목별 수출실적, 지역별 수출실적 등 정보가 검색가능하다.

(4) 미국 통계청 데이터베이스(www.census.gov)

미국으로 수입된 제품을 국가별 · 연도별 · 품목별로 정리한 정보를 제공하는 온라인 사이트이다. 미국으로 수출하고자 하는 제품이 미국에서 얼마나 수입되며 주된 수출국가가 어디인지 알 수 있다. 따라서 해당 제품의 미국에서의 경쟁 정도, 시장성, 고객기호 등을 파악할 수 있다.[08]

제2절 플랫폼마케팅

1. 플랫폼 비즈니스모델

최근 플랫폼 비즈니스모델이 인터넷마케팅의 대세로 떠오르고 있다. 플랫폼 비즈니스모델이란 한마디로 하나의 플랫폼을 통해서 파생적인 서비스들이 이루어지며, 그 플랫폼을 떠나서는 서비스가 이루어지기 어렵다는 의미이다. 따라서 일단 하나의 산업에 주도적인 플랫폼이 구축되면 승자독식의 원칙이 작용하여 주도적인 플랫폼을 통해서 거래가 이루어진다. 정보검색분야에서 구글, 관계형성분야에서 페이스북, 메신저분야에서 카카오톡 등이 대표적인 플랫폼비즈니스 성공모델이라 할 수 있다.

(2) 페이스북

페이스북(Facebook)은 매달 전 세계 20억 명이 방문할 만큼 강력한 소셜미디어 업체이다. 또 다른 강력한 소셜미디어로 트위터도 있지만, 방문자가 사이트에 체류하는 시간이 페이스북이 상대적으로 길다. 페이스북은 처음에 외로운 산업사회에서 온라인으로 친구를 사귀는 기능에서 출발하였다. 그러나 가입자가 폭발적으로 증가하자 비즈니스계정을 통해서 목표광고가 가능해서, 비즈니스를 하고자 하는 사업가들은 페이스북 플랫폼을 마케팅수단으로 활용하고 있다.

(3) 아마존

처음에 인터넷서점으로 출발했던 아마존은 여러 가지 혁신적인 도구개발에 힘입어 유통분야 강자로 부상하고 있다. 아마존은 인공지능기술을 검색기능에 추가함으로써 잠재고객이 아마존 인터넷사이트에서 책 한 권을 검색하면, 그 책을 구입한 사람이 샀던 다른 유사분야 책들도 함께 제시하는 혁신적인 마케팅도구를 도입함으로써 구매력을 증대시킨 바 있다. 우리나라에서도 상당수 사람들이 미국에 원서를 주문하기 위해서 아마존을 활용해왔다. 그런 측면에서 아마존은 책검색 및 책주문 플랫폼이었다. 최근에는 유통기업으로서 드론을 택배에 활용하는 등 혁신기업의 면모를 더해가고 있다.

(4) 애플

전설적인 창업자인 스티브 잡스는 단순한 휴대폰과 컴퓨터를 결합한 아이폰을 휴대폰시장에 내놓았다. 그러나 애플은 이에 그치지 않고 독자적인 OS를 사용함으로써 다른 컴퓨터업체와 차별화하였으며, 앱스토어를 구축함으로써 완전히 독자적인 생태계를 구축하였다. 사용자들은 아이폰이라는 플랫폼을 통하여 원하는 것들을 충족시킬 수 있었다.

(5) 에어비앤비

21세기의 특징 중의 하나는 여행산업의 대두라고 할 수 있다. 전통사회에서는

| 표 3-1 | 플랫폼 비즈니스 성공사례[11]

분야	주요 사업자	현황	성공요인
정보검색	구글(Google)	전 세계 검색점유율의 90%	구글검색, 구글학술검색을 기반으로 고객충성도가 높음
소셜미디어	페이스(Facebook)	매월 20억 명 사용	친구관계를 기반으로 광고수익창출
유통	아마존(Amazon)	미국 내 온라인커머스 전자책 디바이스 매출 1위	온라인콘텐츠, 온라인커머스로 수익창출
스마트폰	애플(Apple)	미국 기업 중 시가총액 1위 달성	단말기 OS 앱스토어로 강력한 생태계 구축
온라인 숙박	에어비앤비(Airbnb)	기업가치 약 10조, 192개국 3만4천 개 도시에서 서비스 제공	공유경제원리를 소셜서비스에 응용

산자락 마을에서 태어나서 산 뒤의 마을 처녀와 결혼해서 평생을 그곳에서 살다가 인생의 막을 내리는 경우가 대다수였다. 그러나 20세기 후반 산업사회가 도래하면서 선진국 국민들이 해외여행을 즐기기 시작하였다. 그러나 오늘날에는 저가항공사의 대두로 개발도상국 국민들 역시 해외여행에 나서고 있다. 에어비앤비는 조금이라도 숙박비를 아끼려는 여행객들의 수요와 남아도는 빈방을 세를 주어 수익을 창출하고자 하는 여행지 주택소유자의 공급을 연결시킴으로써 거대 수익을 창출하고 있다.[12]

3) 국제무역의 플랫폼 비즈니스모델

플랫폼 비즈니스모델은 전자무역에도 활용되고 있다. 21세기 들어 세계 각국은 전자무역 인프라 구축에 노력하고 있으며 핵심은 종이문서를 전자문서로 대체함으로써 'Paperless Trade'를 실현하는 것이다. 또한 복잡한 무역절차를 하나의 플랫폼에서 처리함으로써 무역 관련 부대비용을 획기적으로 줄이고자 하고 있다.

(1) 한국의 U-Trade Hub

우리나라의 단일창구(single window)기반 전자무역 플랫폼이다. U-Trade

Hub는 시장조사, 계약, 상역, 외환, 통관, 물류, 결제까지 모든 무역업무절차를 단절 없이 처리하는 단일창구를 제공하는 것이 목표이다. U-Trade Hub는 무역업무를 처리하는 업무시스템과 전자문서의 처리와 통신을 담당하는 연계시스템, 그리고 전자문서의 보관 및 보관 증명기능을 담당하는 문서보관서로 구성되어 있다.[13]

그림 3-2 U-Trade 홈페이지

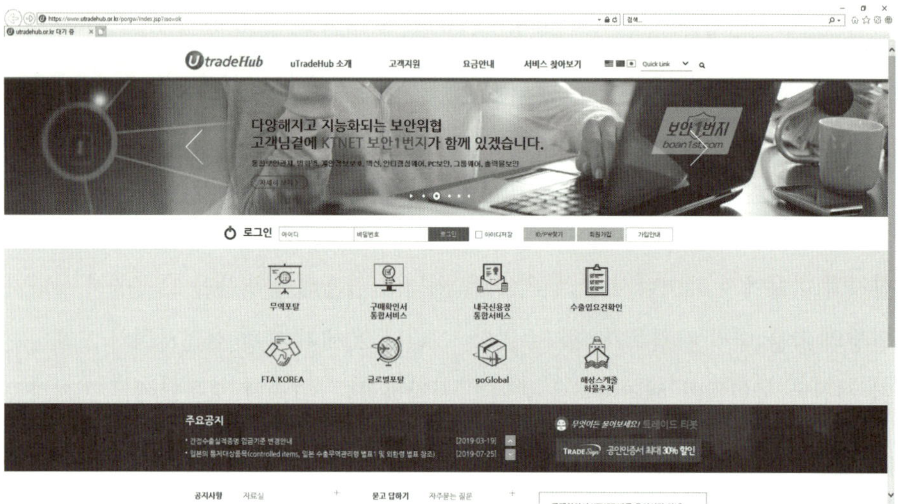

(2) 미국의 ITDS

미국의 ITDS(International Trade Data System)는 2001년 구축하였다. 미국 내 수출입업체들은 ITDS시스템을 활용하여 표준화된 전자문서를 단절 없이 일괄적으로 처리하고 있다. 미국의 관세청, 상무성, 통계청 이민국에서도 ITDS기반의 자료를 공동으로 활용하고 있다. 특히 단일창구를 통한 대 관청업무 창구 단일화에 중점을 두고 있다.[14]

(3) 중국의 CIECC

중국의 CIECC(China International Electronic Commerce Center)는 중국에서 가장 큰 전자무역 네트워크이다. 특징으로는 홍콩의 DTTN과 연동이 가능하도록 설계되어 있다는 점이다. 예를 들어 중국기업은 홍콩의 DTTN서비스를 제한 없이 이용할 수 있다. 동 시스템은 종이문서에 의한 업무처리를 배제하고 전자문서에 의한 업무처리만 가능하도록 되어 있다. 또한 은행, 기업, 물류업체, 보험사 및 정부기관과 전자문서 중계시스템을 통한 연계시스템을 구축하고 있다.[15]

(4) 홍콩의 DTTN

홍콩의 DTTN(Digital Trade & Transportation Network)은 웹기반의 전자무역 및 운송체제 구현 플랫폼으로서 수출입업체, 포워더, 보험사, 금융기관, 선사, 항공사, 터미널, 검사기관, 정부기관 등 무역 물류 관련 업체들이 이용할 수 있도록 구축한 전자무역 플랫폼이다. DTTN은 중국과 홍콩을 아우르는 전자무역 플랫폼이라는 특징이 있다. 기술적 관점에서 보면 DTTN은 전자문서 메시징 허브로 정의할 수 있다.[16]

(5) 싱가포르의 CrimsonLogic

싱가포르의 CrimsonLogic은 싱가포르 관세청의 협조하에 무역개발공사가 TradeNet 추진계획에 따른 전담사업자로 지정한 조직이다. 목적은 전자무역에 관한 다양한 네트워크를 단일 웹으로 통합하는 것이다. 단 한 번의 전자문서 전송으로 관세청에 의하여 신고처리가 완료되고 관련 검사기관 등에 대한 신고도 동시에 처리된다.[17]

2. 인터넷마케팅전략

1) 패러다임의 변화

인터넷이라는 새로운 매체가 등장함에 따라서 마케팅 패러다임이 변화하고 있다. 인터넷으로 말미암아 기업과 소비자 간 의사소통이 쌍방향성을 가지게 됨에 따라서 종래의 전통적인 마케팅기법들은 더 이상 효과적이지 않게 되었다. 더구나 데이터베이스기술이 진보함에 따라서 기업들은 소비자들을 일대일로 맞춤형으로 대우할 수 있게 되었다.

첫째, 대중마케팅(mass marketing)이란 기업이 모든 소비자들을 하나의 집단으로 상정하여 소비자들 각각의 개성을 고려하지 않고, 일방적으로 기업으로부터 소비자집단으로 광고홍보 콘텐츠가 제공되는 것을 말한다.

둘째, 표적마케팅(target marketing)이란 기업이 전체 시장을 몇 개의 소비자집단으로 세분화한 다음 각 소비자집단마다 별도의 제품개발이나 마케팅전략, 홍보전략을 수립하는 것을 말한다.

셋째, 일대일마케팅(one to one marketing)이란 전자게시판과 이메일을 활용하여 기업과 소비자가 상호작용하는 것을 말한다. 고객게시판을 통해 기업들은 소비자의 제품선호도, 불만사항 등을 입수하여 이를 데이터베이스화하여 마케팅전략을 수립한다.

표 3-2 | 인터넷마케팅전략[18]

구분	대중마케팅	표적마케팅	일대일마케팅
대상	대중	표적집단	개별 소비자
시장접근방식	비차별적 마케팅	차별적 마케팅	데이터베이스마케팅
목표	시장점유율	시장점유율 고객만족	고객점유율 고객만족
경제원리	규모의 경제	규모의 경제	범위의 경제
관리	제품관리	제품관리	고객관리
의사소통	단방향	단방향	쌍방향

2) 인터넷사이트 디자인전략

인터넷마케팅은 고객이 호응하는 웹사이트 구축이 필수적이다. 성공적인 웹사이트를 구축하기 위해서는 웹페이지 디자인에 중점을 두어야 한다. 색상에도 신경을 써야 하고, 고객의 감정에 호소하고, 전체 사이트의 구성이 일관성을 가지는 방향으로 디자인되는 것이 무엇보다 중요하다.

(1) 검색 용이성

웹페이지는 고객 입장에서 검색이 용이해야 한다. 전체 사이트의 성격을 파악하기 용이하고, 다음 페이지의 내용을 쉽게 예측할 수 있도록 설계하여야 한다. 고객 입장에서 볼 때 어떤 사이트를 방문했을 때, 원하는 내용에 접근하기 어렵다면 그 사이트를 재방문하려 하지 않을 것이다. 시간이 금인 현대의 소비자 입장에서 참기 어렵기 때문이다.

(2) 매력성

충분히 매력적인 웹사이트란 사이트를 찾은 방문자에게 따뜻한 감성을 제공하는 사이트를 말한다. 최근의 뉴로마케팅연구에 의하면 인간의 두뇌는 무생물로부터도 따뜻한 감성과 신뢰를 얻기도 한다는 것이다.[19] 따라서 신뢰도 계산적 신뢰와 정서적 신뢰로 나누어진다. 매력성은 정서적 신뢰를 구축하는 사이트를 말한다.[20]

(3) 유용성

유용성이 있는 인터넷사이트란 사이트를 찾은 방문자에게 유용한 정보를 제공하거나 방문자에게 무엇인가 소중한 가치를 제공하는 사이트를 의미한다. 유용성이 있는 사이트는 고객의 재방문율을 높여서 성공적인 웹사이트가 될 수 있다.

(4) 전문성

성공적인 인터넷사이트가 되기 위해서는 사이트의 전문성이 무엇보다 중요한 요소라고 할 수 있다. 사이트의 명확한 콘셉트와 더불어 전문성이 두드러진 사이트는 성공할 수 있는 가능성이 높고 차별화의 핵심요소이다. 일찍이 『마케팅 불변의 법칙』에서 잭 트라우트와 알 리스는 "경쟁에서 이겨서 일등이 되기보다는 경쟁기업과 차별성이 있는 기업이 되라"고 갈파한 바 있다.

(5) 상호작용

인터넷사이트의 강점으로 누구나 쌍방향 의사소통을 언급하고 있다. 대부분의 인터넷사이트는 고객의 소리를 듣기 위한 메뉴를 구비하고 있으며, 게시판을 통하여 방문자가 질문을 할 경우 이메일 회신을 통하여 궁금증을 해결해주어야 한다. 그러나 실제에 있어서는 인터넷사이트를 꾸준히 관리하기란 쉽지 않다. 역설적으로 꾸준히 관리하는 웹사이트가 성공한다.

(6) 역동성

인터넷사이트의 역동성이란 시사성이 있는 콘텐츠를 지속적으로 업데이트하고, 인터넷사이트의 디자인 자체를 새롭게 단장하고 있다. 지속적으로 업데이트하지 않는 사이트는 금방 고객의 관심에서 멀어진다. 무역거래알선사이트의 경우도 지속적으로 새로운 제품의 출시를 제공해야 한다. 그렇지 않으면 잠재고객들은 이 무역거래알선사이트가 최신정보를 가지고 있지 않다고 판단할 것이다.

(7) 지속적인 촉진활동

방문자들의 방문 빈도를 높여서 사이트를 활성화하기 위해서는 다양하고 지속적인 이벤트를 마련하여야 한다. 고객충성도 유지를 위해서 주로 사용하는 방법은 제품의 구매 시 마일리지를 지불하거나 공동구매 행사를 제공하는 경우가 많다.

(8) 고객충성도 유지

고객의 충성도란 관점에서 고객은 유사 충성도 고객과 진정 충성도 고객으로 나눌 수 있다. 유사 충성도 고객의 특징은 온라인상에서의 행동이 구매로 이어지는 비율이 낮거나, 언제든지 다른 사이트로의 전환가능성이 높은 고객으로 단기적 충성도를 보이는 고객이라고 할 수 있다. 반면에 진정 충성도 고객이란 온라인사이트의 활동에 긍정적인 반응을 보이며, 다른 사이트로의 전환가능성도 낮은 고객들이며, 반복 구매로 이어지는 비율이 높은 고객이므로 기업의 입장에서는 진정 충성도 고객의 비율을 높이는 것이 프로모션활동의 1차적 목표라 할 수 있다.[21]

색상과 웹디자인

파란색은 미국의 경우 책임감 있고 견실한 기업과 동일시되므로 금융회사들이 파란색을 많이 선택한다. 한편 서구사회에서 주황색은 싸구려라는 이미지가 있다.

노란색은 달아나고 싶어하는 기분을 들게 하므로 노란색 전자상거래사이트는 싫어하는 경향이 있다.

연구에 의하면 채도가 낮은 연한색, 즉 밝은 크림색, 파란색, 회색 등을 사용한 전자상거래사이트는 다채로운 색상을 쓴 사이트보다 믿을 수 있고 친절하다고 여긴다.

출처: 나탈리 나하이(박선령 역), 『끌리는 온라인 마케팅』, 길벗, 2016, pp.176-177.

(9) 풍부하고 고품질의 콘텐츠

인터넷마케팅 전문가들은 한목소리로 인터넷마케팅이 성공하기 위해서는 무엇보다도 양질의 콘텐츠를 확보하는 것이 가장 중요한 업무라고 말하고 있다. 일반적인 인터넷쇼핑몰이나 소셜미디어의 경우와 마찬가지로 콘텐츠의 역량이 성공의 지름길이라고 할 수 있다.

제 3 절 SNS마케팅

SNS마케팅은 입소문을 통하여 기존 고객을 영업사원으로 만드는 마케팅기법이다.[22] 따라서 기존 마케팅기법에 비해서는 비용이 적게 든다. 더구나 페이스북의 인사이트기능을 통하여 각 소비자에 맞춤형 목표광고가 가능하다. 더구나 네트워크효과로 인하여 파급효과 역시 막대하다. 오늘날 기업들은 홈페이지보다는 소셜미디어를 통한 SNS마케팅에 중점을 두고 있다.

1. SNS마케팅의 정의 및 배경

1) 정의

SNS(Social Network Service)란 특정 시스템 내에서 자신의 신상정보를 공개하거나 구축함으로써 네트워크의 다른 참여자들이 관계 데이터를 볼 수 있게 한 웹기반서비스이다. SNS마케팅이란 SNS 관계네트워크에 접목시킨 마케팅기법이다. 구체적으로는 블로그(Blog), 트위터, 페이스북(Facebook) 등의 SNS를 활용하여 기업이나 브랜드상품 등을 광고하거나 홍보하는 계획과 활동으로 정의한다.[23]

2) 배경

현대 소비자들은 광고의 홍수 속에서 살고 있다. 따라서 처음부터 광고라고 이름 붙어 있는 광고나 홍보에 대해서는 신뢰감이 떨어진다. 그러나 블로그 등 소셜미디어는 개인의 신변잡기에 관한 얘기를 써놓았기 때문에 소비자들의 마음속에 경계심이 적다고 할 수 있다. 그리고 소셜미디어에서 친구가 되는 경우는 그 친구가 전해주는 정보가 광고라기보다는 오프라인에서 친구끼리 주고받는 메시지라고 생각해서 신뢰성이 높다.

2. 소셜미디어 개관

1) 특징

첫째, 참여기능이 있다. 즉 소셜미디어는 관심 있는 사람들의 참여와 피드백을 촉진하여 전달매체와 청중 간의 구분이 모호해진다.

둘째, 공개기능이 있다. 소셜미디어 참여자들 자체가 자신들의 신상정보를 공개함으로써 궁극적으로 참여자 간 정보공유가 이루어진다.

셋째, 대화기능이 있다. 신문이나 텔레비전과 같은 전통적 미디어는 일방적인 정보의 흐름이 전제되는 반면, 소셜미디어는 쌍방향 의사소통이 가능하다.

넷째, 커뮤니티 형성기능이 있다. 소셜미디어는 지리적 경계가 파괴된 사이버공간에서 이루어지므로 쉽사리 커뮤니티를 구성하게 한다.

다섯째, 연결기능이 탁월하다. 소셜미디어는 다른 미디어와 링크를 통해 연결되는 경우가 대부분이다.

| 표 3-3 | 소셜미디어의 특징[24]

구분	내용
참여(participation)	소셜미디어는 관심 있는 사람들의 참여와 피드백을 촉진한다.
공개(openness)	소셜미디어 참여자들 자체가 자신들의 신상정보를 공개함으로써 궁극적으로 참여자 긴 정보공유가 이루어진다.
대화(conversation)	신문이나 텔레비전과는 달리 소셜미디어는 쌍방향 의사소통이 가능하다.
커뮤니티(community)	소셜미디어는 사이버공간에서 이루어지므로 국적을 불문하고 쉽사리 커뮤니티를 구성하게 한다.
연결(connection)	소셜미디어는 다른 미디어와 링크를 통해 연결되는 경우가 대부분이다.

2) 소셜미디어의 가치

우리는 정보기술의 확산속도가 빨라짐에 따라 언제 어디서나 자신의 관심거래와 일치하는 개인이나 그룹 간 교류할 수 있게 되었다. 이 실시간에 기반을 둔 연결고리는 이전에는 경험하지 못한 기회를 제공하였다.

(1) 신속한 메시지의 전달

소셜미디어의 가장 강력한 기능으로는 페이스북의 경우에서 보듯이 네트워크효과가 있다. 즉 페이스북이라는 네트워크를 통하여 신속하게 입소문을 통하여 메시지가 전달된다. 2018년 현재 페이스북의 사용자가 20억 명을 넘기고 있다.

(2) 저렴한 비용

소셜미디어의 획기적 기능의 하나는 마케팅비용이 저렴하다는 것이다. 종래의 마케팅은 많은 비용을 지불해야 실행이 가능하였다. 예를 들어 마케팅보고서를 작성하기 위해서는 대단위 설문조사가 필요하였으며 이에 대한 비용이 많이 들어갔다. 그러나 페이스북의 인사이트기능에서 보듯이 소셜미디어들은 대부분 그 자체에 마케팅분석기능을 갖추고 있으며 소셜미디어 사용자들에게 무료로 정보를 제공하고 있다.

(3) 지리적 한계를 초월한 정보전달

고객이 어디에 있든지 정보전달이 가능하다. 소셜미디어는 PC, 휴대기기, 스마트TV 그리고 게임콘솔 등에서 접근가능하기 때문에 장소에 구애 없이 정보전달이 가능하다. 애플은 아이튠즈(iTunes)에 올린 콘텐츠를 PC, 아이팟, 아이폰, 아이패드 그리고 심지어는 스마트TV에 중단 없이 송출가능하게 되었다.[25]

(4) 신뢰 제고

소셜미디어는 입소문을 통하여 정보를 전달하기 때문에 기존의 광고매체에 비하여 고객의 신뢰가 크다. 예를 들어 페이스북의 경우, 친구관계를 통하여 '좋아요(I like)'를 누르기 때문에 동일한 제품에 대한 정보를 제공함에 있어서 고객들은 일반 광고보다도 친구가 추천한 내용을 더 신뢰한다.

| 표 3-4 | 소셜미디어와 전통적 미디어의 비교[26]

구분	소셜미디어	전통적 미디어
종류	블로그, 카카오톡, 페이스북, 유튜브	TV, 라디오, 신문, 잡지
전달수단	텍스트, 그림파일, 동영상, 음성	대면방문, 전화, 설명회
상호작용	쌍방향 커뮤니케이션	일방향 커뮤니케이션
참가자 동기	자발적으로 커뮤니티 형성 참가	수동적으로 정보 수집
마케팅형태	소비자가 정보를 수집가공	미디어가 정보를 수집가공 발신

(5) 새로운 인간관계 구축

새로운 고객 또는 팬 확보가 가능하다. 자신의 관심사가 일치하거나 동일한 친구를 가진다면 새로운 친구가 될 수 있다. 우리나라에서 많이 사용하고 있는 카카오톡은 자신의 연락처에 등록된 지인들을 친구로 자동 등록한다. 페이스북은 전자우편 주소록에 등록된 지인들을 친구로 초대하기도 한다.[27]

3) 소셜미디어의 유형[28]

(1) 블로그

블로그는 Web(웹)과 Log(로그)의 합성어로 네티즌이 웹에 기록한 일기나 일지를 의미한다. 개인 홈페이지에 비하여 제작하고 관리하기가 쉬운 장점이 있다. 목적은 정보공유이다.

(2) 소셜네트워크서비스(SNS)

소셜네트워크서비스(SNS)는 자신만의 온라인사이트를 구축하여 콘텐츠를 만들고 친구들과 연결을 통하여 콘텐츠나 커뮤니케이션을 공유하는 것을 의미한다. 목적은 관계형성으로 페이스북이 대표적이다.

(3) UCC

UCC(User Created Contents)는 유튜브로 대표된다. 현재 10대 청소년들은 텔레비전을 보기보다는 UCC에 열광하고 있다. 오늘날 사용자가 생산하는 콘텐츠의 비중은 갈수록 커지고 있다.

(4) 마이크로 블로그

마이크로 블로그는 트위터로 대표되는 단문 블로그서비스이다. 영문 140자 이내의 짧은 글을 즉각적으로 올려서 전 세계 소식을 알 수 있다.

3. SNS마케팅 실행모델

대부분 SNS마케팅을 실행하는 마케팅전문가들은 호감 · 엑세스 수익모델을 통하여 수익을 창출한다. 본 모델의 특징은 소셜미디어를 한 종류만 사용하는 것이 아니라 트위터, 페이스북, 블로그, 홈페이지를 모두 연결시켜 수익을 창출한다.[29]

1) 콘텐츠 제작

블로그에 올릴 콘텐츠를 제작한다. 콘텐츠는 여러 가지 형태를 가질 수 있다. 최근 20대 이하 세대들은 동영상에 반응도가 높다. 따라서 동영상을 제작해서 공유사이트에 업로드한다. 동영상 공유사이트 중에서 유명한 것이 유튜브이다. 그러나 비들러(Viddler)를 이용하기도 한다.

2) 블로그 업데이트

공유사이트에 업로드된 콘텐츠를 블로그에 붙여넣거나 페이스북에 올린다.

3) 트위터와 페이스북 공지

트위터, 페이스북 등 소셜미디어에 블로그 업데이트 사실을 공지한다. 트위터에서는 블로그 기사의 타이틀명을 올리고 블로그를 링크한다. 페이스북 역시 링크에 설명을 추가해서 '담벼락'에 공유한다.[30]

4) SNS 통하여 블로그 접속

블로그 업데이트 소식을 접한 트위터 팔로워, 페이스북 팬들이 링크를 클릭해서 블로그에 접속한다. 이때 블로그에 접속한 사람들은 단순히 검색광고를 보고 들어오는 사람들이 아니다. 이들은 이미 제품이나 판매자에 대하여 잘 아는 팔로워나 팬이며 이들은 흥미, 관심, 호감, 기대 등 긍정적 감정을 가지고 들어오는 사람들이다.

5) 홈페이지 유도

블로그를 보고 제품에 마음이 든 고객이 판매사이트로 이동한다.

6) 계약 성사

고객이 판매사이트에서 상품을 구입한다.

그림 3-4 호감 · 엑세스 수익모델

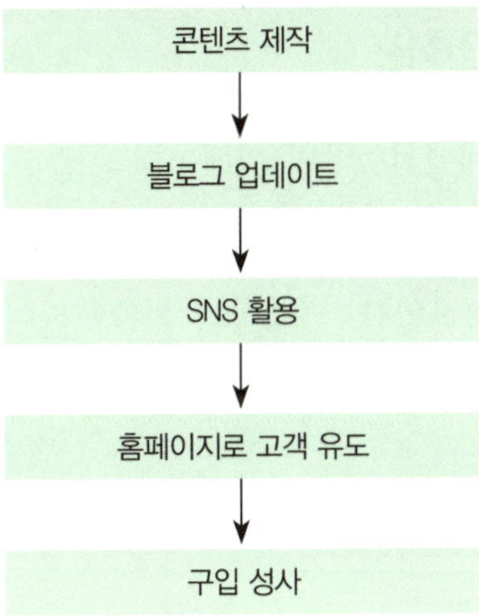

제4절 빅데이터마케팅

최근 빅데이터분석은 일반적으로 페이스북, 트위터, 블로그 등 소셜미디어상에서 소비자들의 생생한 목소리를 자발적으로 기록하여 분석한 것이므로 기존의 마케팅조사방식과 비교해볼 때 근본적으로 신뢰성이 높다고 할 수 있다. 디지털마케팅 시대 새로운 4P가 탄생되었는데 이를 살펴보면 다음과 같다.[31]

1) Performance(성과)

종래에는 기업은 고객의 행동을 파악하는 데 많은 시간이 소요되었다. 그러나 빅데이터의 출현으로 설문조사를 하지 않고서도 이를 능가하는 데이터 추출이 가능하게 되었다. 빅데이터는 정형데이터와 비정형데이터가 망라된 대단위 데이터이다. 빅데이터의 확산과 함께 과거와는 질적으로 다른 정확한 통계자료들을 다루게 되었다. 이 결과 기업들은 빅데이터정보를 토대로 소비자의 니즈와 욕구에 반응할 수 있는 비즈니스 성과를 거둘 수 있게 되었다.[32]

2) Personalization(개인화)

과거에는 일대 다수 마케팅이었다면 빅데이터의 출현으로 개인별 맞춤화마케팅이 가능하게 되었다. 최근 빅데이터는 모바일마케팅을 활용함으로써 소비자들과 보다 개별적인 관계를 구축하였다. 빅데이터를 활용하여 각 개인의 취향을 고려한 추천제품 제시가 가능하게 되었다.

3) Prediction(예측)

디지털마케팅에서 빅데이터의 출현은 데이터 수집 프로세스에 있어서 적지 않은 허점을 가지고 있었던 전통적인 방식의 데이터 수집을 대체하였다. 최근 들어 빅데이터분석 툴과 함께 데이터 수집과 연관 데이터 프로세스의 자동화가 더욱 쉬워졌으며 전통적인 가설 설정과 통계분석의 패러다임은 지나가고 있다. 페이스북이 수집한 빅데이터를 활용하여 독감의 유행을 예측한 사례는 유명하다.

4) Privacy(개인정보)

고객들은 자신들에 대한 데이터나 정보를 기업이 취득하는 기능을 갖는다는 것에 무척 우려를 한다. 디지털 경쟁시장에서 소비자들은 기업서비스의 혁신적인 향상에 있어서 환영하지만 또 다른 측면에서는 이러한 과정에서 그들의 개인정보유출에 대해서는 매우 꺼린다. 고객의 개인정보를 보호하는 데 있어서 기업이 무능력

SNS 활용 성공사례: 리바이스 iSpy 이벤트

2009년 호주에서 트위터를 통해 6주간 진행된 이벤트이다. 호주 리바이스사는 iSpyLevi's라는 트위터계정을 만든다. 그리고 'Catch me if you can'이라는 제목으로 호주와 뉴질랜드에서 소비자들과 숨바꼭질을 시작한다. 호주와 뉴질랜드 곳곳에 리바이스 청바지를 입은 모델들을 배치하고 트위터에 자신의 위치정보를 남긴다. 이벤트에 참여하고자 하는 소비자는 팔로워로 등록하고 모델의 위치를 확인하기 위하여 계정에 실시간으로 접속한다. 모델들은 팔로워와 실시간으로 연락하면서 자신의 상세한 위치를 점점 제공한다. 결국 모델 주위에 있던 팔로워가 청바지를 입은 모델을 발견하고 확인하면 모델은 자신이 입었던 바지를 선물한다. 6주간의 행사기간 동안 약 30만 명이 참여하였다. 이는 일방적인 정보전달이 아니고 사람들의 관심을 끌어내고 참여를 높였다는 점에서 성공적이라 할 수 있다.

출처: 유재미, "소셜네트워크서비스(SNS)를 활용한 마케팅 사례연구", 『경영경제연구』, 제35권 제2호, 2012, 청주대학교 경영경제연구소, pp.110-111.

하거나 과욕을 부린다면 소비자들로부터 받는 신뢰도에 상당히 부정적인 영향을 미칠 것이다. 사생활 보호 측면에서 개인정보 노출에 대한 소비자 우려의 증대는 비즈니스 신뢰도에 심각한 타격을 주기 때문이다.

요약 summary

해외시장조사는 첫째, 새로운 시장을 개척하기 위함이다. 둘째, 시장을 확대하기 위함이다. 셋째, 다양한 현지마케팅수단을 결정하기 위함이다. 넷째, 현지사업파트너 바이어의 신용상태능력 등을 파악하기 위함이다.

해외시장조사는 일반시장조사와 개별시장조사로 구분된다. 일반시장조사는 첫째, 지리적 특징을 조사해야 한다. 둘째, 정치 · 경제적 특징을 조사해야 한다. 셋째, 종교 · 문화적 특징을 조사해야 한다. 개별 시장조사는 첫째, 품질을 고려해야 한다. 둘째, 가격을 고려해야 한다. 셋째, 결제방식을 고려해야 한다. 넷째, 유통채널을 고려해야 한다.

최근 플랫폼 비즈니스모델이 인터넷마케팅의 대세로 떠오르고 있다. 플랫폼 비즈니스모델이란 한마디로 하나의 플랫폼을 통해서 파생적인 서비스들이 이루어지며, 그 플랫폼을 떠나서는 서비스가 이루어지기 어렵다는 의미이다. 따라서 일단 하나의 산업에 주도적인 플랫폼이 구축되면 승자독식의 원칙이 작용하여 주도적인 플랫폼을 통해서 거래가 이루어진다. 정보검색분야에서 구글, 관계형성분야에서 페이스북, 메신저분야에서 카카오톡 등이 대표적인 플랫폼비즈니스 성공모델이라 할 수 있다.

소셜미디어란 사용자 콘텐츠를 공유하는 웹 2.0 서비스를 통칭하여 이르는 용어로 팟캐스트(Podcast), 블로그, 유튜브 등을 포괄한다. 특히 일반적으로 페이스북과 같은 서비스를 SNS 대신 소셜네트워크라고 부른다. 즉 SNS는 사용자들이 서로 관계를 맺고 상호작용할 수 있도록 그들을 매개해주고 촉진해주는 서비스이다.

SNS는 다른 인터넷서비스와 다르게 개인을 중심으로 한다. 이는 이용자가 SNS에 처음 로그인할 경우 초기화면의 '마이페이지'와 같이 자기 자신 중심의 화면구성으로 시작되는 것만 보아도 SNS의 구성 자체가 개인을 중심으로 화면을 구성하고 있음을 확연히 파악할 수 있다.

한편 네이버와 같은 경우 소셜적인 성격을 가지고 있지만, 개인과 타인이 맺는 관계가 네이버의 주된 요소로 작용하지는 않는다. 그러나 SNS는 개인의 페이지에서 서비스가 시작되며, 활동의 궁극적인 목적 역시 개인과 타인이 맺는 사회적인 관계성에 목적을 두고 있다.

또한 사회적 관계와 상호작용을 통해 사람들의 일상에 깊게 자리 잡으며 이를 통해서 온라인커머스 게임, 광고 등의 다양한 경로가 수익의 원천으로 작용한다. 이에 따라 SNS의 특성을 기준으로 나눠보면 범용, 버티컬(vertical) SNS로 구분이 가능하다.

우선 범용 SNS란 특정 분야에 한정되지 않고, 모든 분야에 걸친 사회적 관계를 기반으로 하는 소셜그래프를 구축하는 형태이다. 또한 버티컬 SNS는 스포츠, 게임, 회사동료, 동일 직종, 동창 등 특정 분야에 국한되어 있는 사회적 관계를 기반으로 하여 소셜그래프를 구축하는 형태인데 범용 SNS의 예로는 카카오스토리, 페이스북 등이 있으며, 버티컬 SNS는 링크드인(Linked in) 등을 들 수 있다.

실습문제

01 미국 오리건주 홈페이지를 방문하여 오리건주의 인구, 기후, 주요 도시, 산업구조와 특산물, 특징을 리포트로 작성하시오.

02 한국무역협회 kotis를 방문하여 2017년도 국별 수출입 실적을 작성하시오.

03 관세청 홈페이지를 방문하여 국별 통관실적을 살펴보고 다운로드하시오.

04 할랄식품을 인터넷으로 검색하여 종류를 제시하시오.

05 페이스북 비즈니스계정을 활용하여 SNS마케팅을 실습하시오.

토론주제

01 플랫폼 비즈니스모델에 대하여 토론하시오.

02 소셜미디어에 대하여 토론하시오.

03 해외시장조사방법에 대하여 토론하시오.

04 SNS마케팅에 대하여 토론하시오.

일반문제

01 일반 해외시장조사에 대하여 설명하시오.

02 개별 해외시장조사에 대하여 설명하시오.

03 네트워크효과에 대하여 설명하시오.

04 규모의 경제에 대하여 설명하시오.

05 인터넷마케팅의 기능에 대하여 설명하시오.

06 소셜미디어의 종류에 대하여 설명하시오.

07 UCC에 대하여 설명하시오.

08 링크드인에 대하여 설명하시오.

09 페이스북에 대하여 설명하시오.

10 트위터에 대하여 설명하시오.

11 빅데이터마케팅에 대하여 설명하시오.

12 SNS에 대하여 설명하시오.

참고문헌과 미주

01 정용균 · 하홍열, "국제개발협력을 통한 BOP비즈니스 모델 연구: 아세안시장을 중심으로", 『국제지역연구』, 국제지역학회, 제21권 제1호, 2017, p.251.
02 정용균, 『무역상무론』, 청람, 2019.
03 정용균, 전게서, p.55.
04 정용균, 전게서, p.61.
05 정용균, 전게서, p.61.
06 이제현, 『전자무역실무』, 박영사, 2010, p.106.
07 이제현, 전게서, p.106.
08 이제현, 전게서, p.107.
09 외부효과를 처음 제시한 학자는 영국의 경제학자 아더 세실 피구였다. 양봉업자는 근처에 피어있는 꽃들로부터 긍정적인 외부효과를 얻는다. 석탄생산시설 근처 주택가는 석탄 분진 때문에 빨래를 해도 쉽게 세탁이 안 되는 부정적인 외부효과를 얻는다.
10 정창근 · 김종락, 플랫폼 비즈니스시대의 온라인마케팅, 무역경영사, 2017, pp.79-92.
11 송동현 · 유재필, "인터넷 플랫폼 비즈니스 동향분석 및 정책적 제언", 『Internet & Security Focus』, 2014, p.9.
12 송동현 · 유재필, 전게 논문, p.9.
13 KTNET, 전자무역 · 물류총서, 두남, 2016, p.237.
14 심종석, "주요 국가별 전자무역 플랫폼 추진현황과 시사점", 『인터넷전자상거래 연구』, 제12권 제2호, 2012, p.47.
15 심종석, 전게 논문, p.57.
16 심종석, 전게 논문, p.55.
17 심종석, 전게 논문, p.55.
18 김성희 · 장기진, e-비즈니스.com, 청람, 2007, p.426.
19 스포츠카에 대한 뉴로마케팅연구에 의하면 디자인이 잘된 스포츠카에 대해서 남성들은 매력적인 이성을 바라보았을 때 느끼는 경우와 유사한 느낌을 가지는 것으로 나타나고 있다.
20 정용균, "인터넷쇼핑몰에서 주관적 신뢰와 객관적 신뢰의 결정요인에 대한 연구", 『e-비즈니스연구』, 제10권 제1호, 2009년 3월, pp.105-131.
21 노규성 외, 『빅데이터 시대의 전자상거래』, 생능, 2015, pp.429-434.
22 정진수, 『SNS 마케팅 한 방에 따라잡기』, 비즈니스맵, 2018, p.34.
23 김종환 · 남경두 · 이진우, "중소수출기업 SNS 마케팅 활용동기 및 성과에 대한 실증분석", 『통상정보연구』, 제15권 제3호, 2013, p.115.

24 이호형 · 김학민, "소셜미디어를 활용한 수출마케팅 실험과 시사점: 트위터와 페이스북을 중심으로", 『통상정보연구』, 제13권 제4호, 2011, p.6에서 재인용.
25 노규성 외, 전게서, pp.176-177, pp.326-329.
26 은종성, 『쇼핑몰을 위한 인터넷마케팅 사업계획서 만들기』, e비즈북스, 2017, p.198.
27 노규성 외, 전게서, pp.326-329.
28 이호형 · 김학민, 전게 논문, p.6.
29 구마사키 히토미, 『나는 페이스북 마케터이다』, 길벗, 2011, p.64.
30 구마사키 히토미, 전게서, p.64.
31 노규성 외, 전게서, pp.326-329.
32 노규성 외, 전게서, pp.326-329.

Chapter 04

바이어 발굴과 무역거래알선사이트

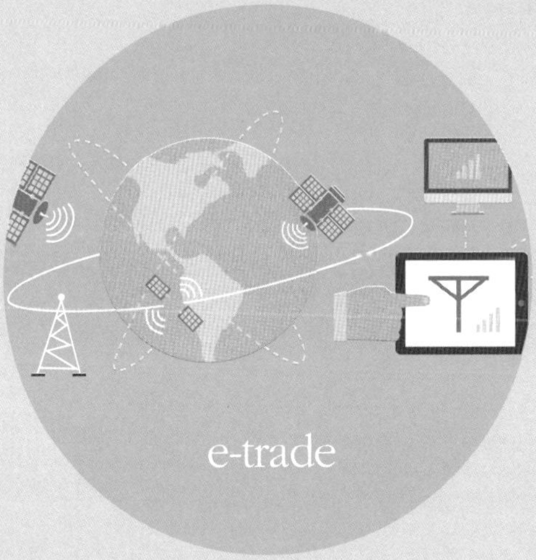

인터넷의 급속한 보급과 확산으로 국제무역에 있어서 일대혁신이 일어나고 있다.

– 문희철 · 심상렬

과거 중소기업은 인적자원과 물적 자원이 제한되어 있어서 해외마케팅능력에 한계가 있었다. 특히 해외바이어에 대한 정보는 구하기가 매우 어려웠다. 따라서 대부분 중소기업들은 종합무역상사를 통하여 수출할 수밖에 없었다. 그러나 전자무역이 활성화되면서 가상공간에 e-마켓플레이스라는 전자장터가 개설됨에 따라서 중소기업도 저렴한 비용으로 해외바이어에 대한 정보를 수집할 수 있게 되었다. 무역거래알선사이트에는 해외바이어들과 국내 수출상의 정보들이 실시간으로 업데이트되고 있다. 이 결과 중소기업들은 획기적으로 무역거래알선비용을 절감하게 되었다.

제1절 바이어 발굴의 의의와 바이어 분류

1. 바이어 발굴의 의의

거래선 발굴은 크게 온라인기법과 오프라인기법으로 나눌 수 있다. 온라인으로 거래선을 발굴하는 대표적인 방법으로는 무역거래알선사이트를 활용하는 방법을 들 수 있다. 오프라인방법으로는 해외박람회나 전시회에 참가하거나 지방자치단체가 주관하는 해외시장개척단의 일원으로 참가하여 해외에 직접 가서 거래선을 발굴하는 것이다. 과거에는 중소기업은 해외마케팅능력이 제한되어 있어서 직접 수출하기가 어려웠다. 그러나 전자무역이 활성화되면서 가상공간에 e-마켓플레이스라는 전자장터가 개설됨에 따라서 중소기업도 저렴한 비용으로 바이어를 만날 수 있게 되었다.[01] 이는 획기적으로 무역거래알선비용을 절감한 것이다.

2. 바이어의 분류

해외거래선(바이어)을 효과적으로 관리하기 위해서는 바이어를 세분화하는 것이 필요하다. 그리고 각 세분화된 거래선에 대하여 차별적인 서비스를 제공하는 것이 바람직하다. 고객관계관리기법(CRM)에 의하면 다른 고객은 다르게 대우하라는 원칙이 있다.[02] 해외거래선을 동일한 고객으로 간주하는 것은 잘못이다. 성격이 다른 고객은 질적으로 다른 고객이다. 따라서 각 바이어의 종류에 따라서 차별화된 서비스를 제공해야 한다.

(1) 잠재바이어

잠재바이어는 수출업체가 취급하고 있는 제품에 대해 수요가능한 모든 바이어들이 그 대상이다. 다른 관점에서 보면 잠재바이어는 우리 회사에 단순히 거래가능성을 물어보는 기업을 지칭한다. 이처럼 단순히 거래가능성을 물어보는 해외기업들

도 바이어 데이터베이스에 포함시켜서 지속적으로 관리할 필요가 있다.[03]

(2) 목표바이어

목표바이어는 인콰이어리(inquiry) 처리단계에서 구체적으로 거래협상단계로 진행된 거래선을 의미한다. 목표바이어에 대해서는 거래관계를 확정지을 수 있는 심층정보를 제공한다. 이들은 거래협상을 위해서나 계약을 체결하기 위하여 국내에 직접 방한하기도 한다. 대부분 이러한 경우 바이어는 제품을 생산하는 공장을 둘러보는 등 현장실사를 시행할 목적으로 방한한다. 이러한 거래선에 대해서는 최대한 편의를 제공함으로써 계약체결을 도모한다.[04]

(3) 일회성 바이어

일회성 바이어단계에 들어가는 바이어는 목표바이어단계를 넘어서 실제로 바이어와 수출업체 간에 계약을 체결하는 단계에 들어가는 바이어이다. 즉 잠재바이어 중에서 단발성 계약을 통해서 거래가 체결된 바이어들을 의미한다. 계약체결은 일회성 계약체결과 장기적 계약체결로 구분할 수 있다. 일회성 바이어는 일회성 계약체결에 상응하는 바이어이다.

(4) 단골바이어

단골바이어는 일회성 바이어 중에서 관계가 더욱 강화되어 거래가 지속되는 단계에 접어든 바이어를 의미한다. 신뢰는 정서적 신뢰와 인지적 신뢰로 구분할 수 있다.[05] 단골바이어는 인지적 신뢰관계뿐만 아니라 정서적 신뢰관계가 구축되는 단계이다.[06] 즉 시장 상황에 따라서 거래조건의 변형을 통하여 어느 정도 지속적인 거래가 가능해지는 단계에 들어간다. 이 단계에 들어가면 단골바이어는 수출업체를 다른 바이어들에게 소개해주기까지 한다.

(5) 동반자바이어

동반자바이어단계에 들어서면 수출업체와 바이어 사이의 결속관계가 확고해지게 되어서 성호 신뢰가 깊이 뿌리 내리게 된다. 따라서 바이어는 수출업체에 깊은 믿음과 절대적인 충성심을 갖게 되어, 특별한 상황이 아니고는 거래선을 바꾸려 들지 않게 되는 불가분의 관계가 형성되는 단계에 들어서게 된다.[07]

그림 4-1 수출업체와 거래선의 관계발전모형

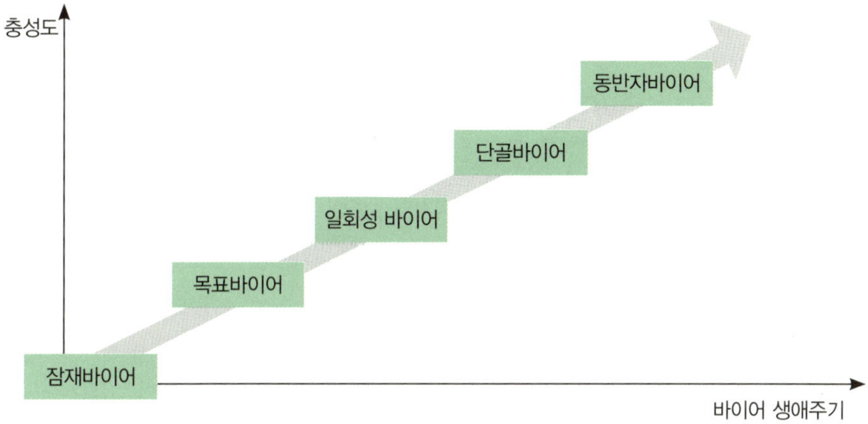

출처: 홍선의, "수출업체의 바이어 관계결속을 위한 e-CRM 적용에 관한 연구", 『통상정보연구』, 한국통상정보학회, 제7권 제2호, 2005년, p.15.

3. 문화와 바이어 발굴 및 관리

1) 문화적 차원의 정의

첫째, 권력격차(power distance)는 사회 구성원들이 권력격차를 받아들이는 정도를 의미한다. 태국은 불교를 신봉하므로 현재 고위공직자는 전생에서 공덕을 쌓은 결과로 보고 인정한다.

둘째, 개인주의(individualism)/집단주의(collectivism) 여부는 개인들이 자신을 내집단 일부로 파악하는지 여부를 의미한다. 예를 들어 미국에서는 자신의 개인적 성취를 중히 여긴다.

셋째, 남성성(masculinity)/여성성(feminity) 여부 기준에서 남성문화권에서는 성취가 중요하고 여성문화권에서는 협력이 중요하다. 예를 들어 스웨덴 같은 나라는 떠들썩하게 놀기보다는 조용히 호수 근처 별장에서 휴가를 즐긴다.

넷째, 불확실성 회피 면에서는 변화를 기꺼이 수용하는 정도로 측정한다. 중국이나 홍콩 등은 느긋한 편이다. 의사결정도 천천히 한다.

다섯째, 고맥락/저맥락 여부는 의사소통방식이 직설적인지 함축적인지 여부를 측정한다. 독일사람들은 상대방이 말한 그대로 믿는 경향이 있다.

| 표 4-1 | 문화적 차원과 국별 비교[08]

문화적 차원	정의	해당 국가
권력격차	사회 구성원들이 권력격차를 받아들이는 정도	높은 국가: 말레이시아, 러시아, 멕시코 낮은 국가: 미국, 캐나다, 호주, 영국
개인주의/집단주의	자신을 내집단 일부로 파악하는지 여부	개인주의: 미국, 호주, 영국, 캐나다 집단주의: 중국, 한국
남성성/여성성	남성문화권에서는 성취가 중요하고 여성문화권에서는 협력이 중요	남성성: 일본, 오스트리아, 이탈리아 여성성: 노르웨이, 스웨덴
불확실성 회피	변화를 기꺼이 수용하는 정도	강한 국가: 포르투갈, 러시아, 일본 약한 국가: 미국, 인도, 영국, 중국
고맥락/저맥락	의사소통방식이 직설적인지 함축적인지 여부	고맥락국가: 일본, 한국 저맥락국가: 미국, 독일

2) 문화적 차원과 바이어관리[09]

(1) 권력격차와 바이어관리

첫째, 권력격차가 큰 국가의 바이어를 설득할 때에는 신뢰도가 높은 증거를 내세운다. 즉 전문가나 권위자, 고위공직자를 통하여 바이어를 발굴하거나 관리한다.

둘째, 권력격차가 큰 국가의 바이어를 발굴할 때에는 애국심을 이용한다. 애국심을 상징하는 특정한 색상이나 국가적 상징물 등을 활용한다. 예를 들어 중국인 바이어의 경우, 빨간색이 재물을 상징하여 좋아하는 경향이 있으므로 선물할 때 이를 활용한다.

셋째, 권력격차가 큰 국가의 바이어를 발굴할 때에는 사회질서에 유념해야 한다. 권력격차가 높은 국가일수록 서열이 중요하므로 상대방 바이어의 사회적 서열이 어떤지 유의해야 한다.

넷째, 권력격차가 작은 국가는 능력주의 원칙을 지향한다. 따라서 바이어의 사회적 지위보다는 바이어의 학문이나 전문가적 능력 등을 높이 평가하는 것이 상대방을 인정하는 것이다.

(2) 개인주의 · 집단주의와 바이어관리

첫째, 개인주의 성향이 강한 국가 바이어에게는 차별화된 서비스를 제공한다. 이들은 남과 다른 점에 높은 평가를 하므로 이러한 국가의 바이어와 관계를 유지하기 위해서는 다른 경쟁기업이 제공하지 않는 차별화된 서비스를 제공해야 한다.

둘째, 개인주의 성향이 강한 국가 바이어에게는 행복한 이미지를 제공해야 한다. 왜냐하면 이들은 개인의 행복과 성공을 중시하는 경향이 많다. 따라서 바이어의 행복과 성공에 초점을 맞추고 바이어와 접촉하고 관리해야 한다.

셋째, 집단주의 성향이 강한 국가 바이어는 집단전체를 공략한다. 개별적으로 바이어를 만날 때에도 그 개인 바이어뿐만 아니라 관계 당사자도 챙겨주어야 한다. 예를 들어 베트남의 경우 집단지도체제이므로 이러한 요소를 고려해야 한다.

넷째, 집단주의 성향이 강한 국가는 연장자를 존중해야 한다. 집단주의 문화권에서는 연장자가 지혜를 갖추었다고 생각하는 경향이 있으므로 저명한 업계의 리더의 추천을 받아서 바이어를 발굴하거나 관리하는 것이 바람직하다.

(3) 남성 · 여성성과 바이어관리

첫째, 남성적 문화권에서는 역할과 지위를 명확히 구분한다. 예를 들어 의료전문가 대부분이 여성인 중국에서는 의약품을 판매할 때는 여성 바이어가 바람직하다.[10]

둘째, 여성적 문화권에서는 삶의 질을 중시한다. 따라서 바이어가 휴가기간일 때는 접촉하지 않는 것이 바람직하다. 일도 중요하지만 그 못지않게 삶의 질을 중시하는 북유럽국가 바이어와 접촉할 때는 그들의 휴가도 고려해야 한다.

셋째, 여성적 문화권에서는 지속적인 협업이 중요하다. 따라서 바이어의 요구사항에 대해서는 즉각적인 피드백이 중요하다.

(4) 불확실성 회피와 바이어관리

첫째, 불확실성 회피 성향이 강한 국가 바이어에게는 여러분의 회사가 어떤 기업이고 어떤 제품을 수출하는지 명확한 이미지를 보여주어야 한다. 즉 애매모호한 이미지는 피해야 한다.

둘째, 불확실성 회피 성향이 강한 국가 바이어와 소셜미디어를 사용할 때 적절한 방법인지 신중하게 고려해야 한다.

셋째, 불확실성 회피 성향이 낮은 국가는 개방적으로 대화를 하는 편이므로 바이어와 의사소통할 때 직접적으로 말한다.

(5) 고맥락/저맥락 차원과 바이어관리

첫째, 고맥락사회의 바이어는 직접적으로 거부하는 반응을 보이지 않는다. 예를 들어 일본 바이어는 싫어도 싫다고 잘 표현하지 않는다.

둘째, 저맥락사회의 바이어는 솔직하게 이야기하는 편이다.

제2절 무역거래알선사이트와 바이어 발굴

전자무역에서 활용되고 있는 대표적인 e-마켓플레이스로는 무역거래알선사이트를 들 수 있다. 무역거래알선사이트란 가상공간상에 형성된 장터(market place)이다. 이 장터에서 물건을 파는 사람과 물건을 사고자 하는 사람들이 서로 흥정하고 조건이 맞으면 물건을 사고판다는 점에서는 물리적인 장터와 다를 바 없다. 다만 무역거래알선사이트가 화개장터와 같은 물리적 장소에 형성된 것이 아니고 가상공간상에서 형성되었기 때문에 e-마켓플레이스라 부르고 있을 뿐이다. 인터넷의 급격한 성장으로 인해 온라인 비즈니스라는 새로운 사업의 기회가 창출되었으며 그중 각광을 받고 있는 사업모델 중 하나는 바로 e-마켓플레이스(e-marketplace)이다.[11] 이러한 e-마켓플레이스 중에서도 국제무역에서 많이 활용되고 있는 e-마켓플레이스를 무역거래알선사이트라고 부른다.

1. 무역거래알선사이트의 의의

인터넷이 출현하기 전에는 중소기업이 해외바이어를 만나는 것이 매우 어려운 일이었다. 해외박람회를 참가하는 것이 바람직한데, 비용이 많이 들어서 어려운 일이었다. 해외에서 개최되는 박람회에 참가하려면 항공료, 호텔숙박비, 부스 임대료, 교통비, 식대 등 많은 비용이 수반될 수밖에 없었다. 그러나 무역거래알선사이트가 활성화되면서 중소기업은 구태여 해외에 가지 않고서도 기본적인 바이어에 대한 정보를 국내 자기 사무실에 앉아서 검색할 수 있게 되었다. 대표적인 무역거래알선사이트로는 우리나라의 EC21, 중국의 알리바바 등이 있으며, TradeKorea에 가입하면 한국무역협회가 제공하는 전 세계 모든 수입상정보를 이용하여 거래알선전문가가 수입상에 대한 일차 신용조사를 마친 해외바이어정보를 제공받을 수 있다.[12]

2. 무역거래알선사이트의 정의

무역거래알선사이트는 일종의 전자장터로서 국경을 초월해서 수출하고자 하는 물품이 있으면 물품에 대한 오퍼를 게시하며, 수입하고자 하는 물품이 있는 외국의 무역업체들도 이 거래알선사이트에 회원으로 등록하여 사이버공간에서 흥정을 벌인다. 무역거래알선사이트란 전자장터에서 물건을 팔고 싶으나 누가 사고 싶은지 모르거나 물건을 사고는 싶은데 누가 그 물건을 갖고 있는지 모르는 답답한 상황에서 사고자 하는 사람들과 팔고자 하는 사람들을 모아놓아서 거래를 쉽게 하도록 한 것이다. 특히 이 전자장터는 국경과 시간을 초월한 가상공간상에 자리 잡고 있기 때문에 어느 나라 사람이나 인터넷만 가능하면 들어올 수 있고 시간대를 초월해서 들어올 수 있는 전천후시장이란 점에서 가장 시장다운 시장이라 할 수 있다.

3. 무역거래알선사이트의 주요 기능

1) 오퍼정보 검색

무역거래알선사이트의 기능 중에서 가장 기본적이면서도 인터넷의 장점을 살린

그림 4-2 Buy Now 창

기능이 오퍼정보검색기능이다. 오퍼정보검색은 무역상들이 구입하거나 팔고 싶은 물품, 즉 수출하거나 수입하고자 하는 물품의 종류와 가격 등 매매조건들을 제시해 놓은 정보를 검색하는 것이다. 이러한 오퍼정보는 실시간으로 업데이트되고 있으며 대개 최신정보가 가장 위에 위치하고 있다.

2) 오퍼정보 등록

무역거래알선사이트에서는 외국의 무역업체가 등록해놓은 오퍼를 검색할 뿐만 아니라 무역업체 자신이 팔고자 하는 물품에 대한 오퍼를 등록할 수 있는 데 이를 오퍼등록이라 한다. 오퍼를 등록하기 위해서는 회원자격이 필수적이다. 회원으로

그림 4-3 Sell Now 창

가입할 때 회사에 대한 정보가 입력되어 있으므로 상품정보만 입력하면 오퍼등록이 가능하다. 자기가 제시한 오퍼에 잠재고객이 쉽게 찾아올 수 있도록 자세한 내용과 키워드를 포괄적으로 선정해야 한다.

3) 상품 카탈로그 검색

오퍼정보가 글자로 되어 있는 정보라면 상품 카탈로그는 그림으로 정보를 제공하는 수단이다. 회사의 홈페이지 내에 실려 있는 전자카탈로그는 제품 품목별로 분류되어 있어 주제어 검색과 품목별 검색이 가능하다.

4) 홈페이지 작성서비스

인터넷 시대가 도래하면서 기업의 홈페이지는 해외바이어가 그 회사의 대략적인 내용을 살펴보기 위한 핵심적인 전달수단이 되었다. 만약 영어로 홈페이지를 작성한다면 그는 전 세계를 상대로 한 비즈니스에 돌입했다고 볼 수 있다. 무역거래알선사이트에 따라서는 사용자가 상품에 대한 이미지파일을 만들어 웹사이트에 입력하면 홈페이지가 자동으로 제작되는 서비스를 제공한다.

5) 검색엔진 등록을 통한 자사 홍보

국내 e-마켓플레이스에 등록하면 자동적으로 외국의 검색엔진에 등록되어 추가적으로 자사제품을 외국에 홍보하는 기능을 수행한다. 예를 들어 국내의 가장 큰 무역거래알선사이트인 EC21에 등록하면, 외국의 알리바바와 같은 다른 무역거래알선사이트와도 링크가 가능하다.

제3절 무역거래알선사이트 동향

1. 무역거래알선사이트 활용

인터넷이 출현하기 전에는 중소기업이 해외시장조사를 하기는 매우 어려운 일이었다. 사실 가장 효과적인 해외바이어를 발굴하는 수단은 직접 해외에 출장을 가서 해외바이어와 만나보는 것이다. 그리고 해외에서 많이 개최되는 해외박람회에 참가하는 것이 바람직할 것이다. 그러나 중소기업 해외마케팅 담당자가 직접 해외시장을 방문하기 위해서는 많은 비용이 수반된다. 따라서 자금사정이 좋지 않은 중소기업의 경우, 직접 목표시장을 방문해서 해외거래선을 발굴한나는 것은 어려운 일이었다. 그러나 무역거래알선사이트들이 활성화되면서, 국내의 자기 사무실에 앉아서 외국의 거래선에 대한 정보를 검색할 수 있게 되었다.

표 4-2 무역거래알선사이트 현황[13]

제공기관	사이트 주소	특징
Alibaba	www.alibaba.com	2천만 개 이상 사용자를 지닌 최대 전자상거래사이트
EC21	www.ec21.com	55만 개 회원사를 보유한 한국 최대 전자상거래사이트
tradeKorea.com	www.tradekorea.com	한국무역협회 운영 해외거래알선사이트
BUY KOREA	www.buykorea.org	KOTRA 운영 해외거래알선사이트
ecplaza	www.ecplaza.com	KTNET 자회사로 40만 개 회원사 보유
GOBIZKOREA	www.gobizkorea.com	온라인을 통한 중소기업제품 홍보관
globalsources	www.globalsources.com	전시회정보를 활용한 고급바이어정보
Tradekey	www.tradekey.com	중동지역 최초의 B2B사이트
Kompass Korea	www.kompass.co.kr	민간 바이어 정보제공업체
Koima	www.koima.or.kr	한국수입업협회사이트

1) 알리바바

『아라비안나이트』의 알리바바와 40인의 도적이라는 설화에서 나오는 주인공 이름인 알리바바를 전자장터의 이름으로 선정한 알리바바는 중국의 인터넷업체로서 160만 명 이상의 가입자를 확보하고 있다. 중국 자체가 만리장성 이남의 화북, 화남지역뿐만 아니라 티베트, 만주대륙 등 광대한 영토를 갖고 있는 국가이다. 그러나 수송망은 중국 남북을 잇는 운하 이외의 현대적인 수송망을 갖추고 있지 않다. 따라서 인터넷을 활용한 B2B전자장터로서의 기능이 중시되고 있다. 알리바바는 중국계 기업이므로 중국영토 내뿐만 아니라 홍콩, 싱가포르 등 동남아시아의 화교 상권에 대한 영향력도 확대하고 있다.

그림 4-4 알리바바 홈페이지

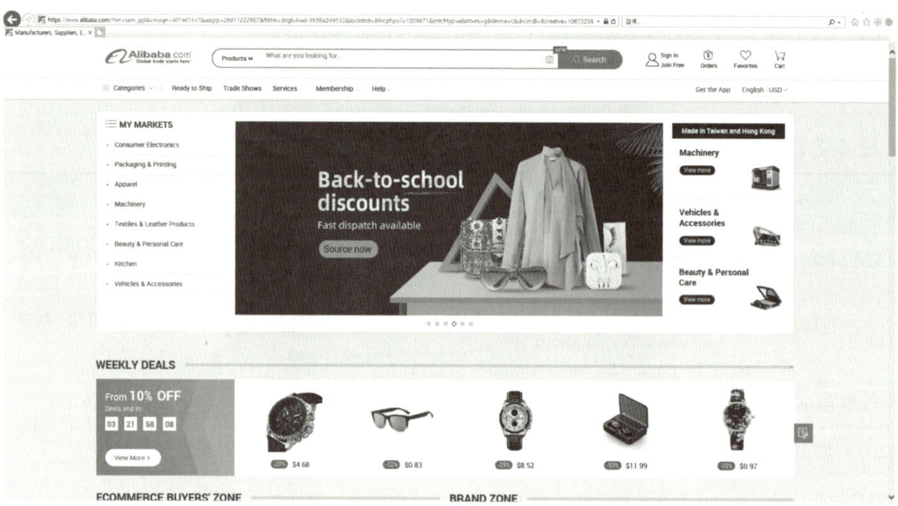

2) EC21

우리나라의 전자무역을 일구어낸 기관으로는 한국무역협회(KITA)와 한국무역정보통신(KTNET), 한국무역투자진흥공사(KOTRA), 중소기업진흥공단의 4대 기관으로 평가할 수 있다. 이 중에서도 한국무역협회의 역할은 지대하다 할 수 있다. EC21은 한국무역협회가 설립하였으며 2000년 한국무역협회로부터 분사한 회사로서 거래알선, 주문, 대금지급 등 무역 전 과정이 인터넷으로 이루어지도록 구축되었다. 동사는 무역업체가 홈페이지와 전자카탈로그를 자체 제작하고 이를 운영할 수 있도록 지원하는 사이트 빌더를 제공하여 전 세계 200여 국가의 5만여 기업들을 대상으로 19만 개 이상의 상품 카탈로그를 축적하고 있다. 동 기관은 해외바이어정보를 기반으로 기업의 해외마케팅을 지원하는 eTradePioneer서비스를 유료로 지원하고 있다.

그림 4-5 EC21 홈페이지

3) BUY KOREA

대한무역투자진흥공사(KOTRA)가 만든 BUY KOREA도 유용한 무역거래알선사이트이다. KOTRA는 해외지역정보가 가장 많이 축적되어 있는 기관으로서, 바이어의 신용조사에 장점이 있다. 해외바이어 발굴에 있어서 가장 핵심적인 문제의 하나는 바이어의 신용상태이다. 보통 바이어의 진위를 파악하기 위해서는 실제 그러한 바이어가 현지에 존재하는가 알아보아야 한다. 우리나라에서 멀리 떨어져 있고, 그 나라에 가본 사람이 많지 않은 국가에서 바이어가 거래를 요청해온다면 그 바이어가 실제로 그 국가에 존재하는지 알아보아야 할 것이다. 현대는 인터넷기술이 발달해서 실체는 없지만 온라인상에 존재하는 것처럼 위장이 가능하다. 그런 점에서는 해외 곳곳에 해외무역관을 가지고 있는 KOTRA는 해외신용조사에 있어 매우 유용한 기관이라 할 수 있다. 더구나 해외무역관장이 알고 있는 현지인맥을 통하여 그 해당 바이어에 대한 보다 심층적인 정보도 얻을 수 있다.

그림 4-6 KOTRA 사이트 홈페이지

4) 기타 국내 무역거래알선사이트

우리나라의 수입업체들이 모여서 만든 Koima는 수입업체전문 무역거래알선사이트이다. 한편 전자무역 전담사업자인 KTNET의 자회사인 ecplaza 역시 꾸준히 성장하고 있는 무역거래알선사이트이다. 또한 중소기업체들이 별도로 수출유망제품을 등록해놓은 중소기업 전문사이트도 존재한다.

그림 4-7 중소기업 수출지원센터 홈페이지

2. 오프라인 거래선 발굴기법

사실 전통적으로 20세기 전반기까지만 하더라도 바이어를 발굴하는 데 가장 많이 사용해온 방법이 오프라인 거래선 발굴기법이다. 해외여행경비가 매우 비쌌던 시절에는 해외에 간다는 것은 엄두가 나지 않는 일이었다. 따라서 서적을 통해서 바이어 존재를 탐색하거나 비싼 돈을 들여서 해외박람회에 참가하는 것이 거래선 발굴의 대부분을 차지하고 있었다. 현재에도 효과 면에 있어서는 월등한 측면이 있다.

1) 상공인 명부 등 정기간행물 활용

사실 중소기업이 해외바이어를 발굴할 수 있는 신속하고도 저렴한 방법은 국내 대한상공회의소나 한국무역협회를 방문하여 상공인 명부를 찾아보는 것이다. 서울 삼성동 소재 트레이드타워 빌딩에 가면 한국무역협회 자료실이 있다. 이곳에 가서 각종 무역 관련 자료를 찾아보는 것도 기초적인 방법이다.

2) 해외박람회 및 전시회 참가

해외바이어를 발굴할 수 있는 가장 효과적인 방법은 직접 해외전시회나 해외박람회에 참가하는 길이다. 직접 해외박람회에 참가하면, 첫째, 말이 필요 없이 몸으로 현지사정을 실감하게 된다. 둘째, 해외바이어와 직접 만나보는 이점이 있다. 보통 해외박람회는 3일이나 4일 동안 열리며, 해외바이어를 직접 면대면 접촉하기 때문에 가장 풍부한 정보를 얻게 된다. Media Richness Theory(MRT)에 의하면 직접 만나서 대면하는 것이 신뢰가 더 간다고 한다.[14] 셋째, 해외박람회 참가 도중 그 자리에서 상담이 진행되기도 해서 실적을 올릴 수 있는 장점이 있다.

3) 홍보물 활용

카탈로그를 비롯한 해외홍보물은 영문 또는 해당국 언어로 제작해야 한다. 홍보물내용은 상품의 정확한 규격, 용도, 재질 등 구매자가 흥미를 가지는 상품 설명에 중점을 둔다. 홍보물은 가격이 저렴한 광고기획사 전문가의 도움을 받아 제작하는 것이 바람직하다. 해외홍보용 e-카탈로그는 한국무역협회 등에서 지원하고 있다. 해외홍보용 e-카탈로그는 이메일주소를 확보하여 직접 발송하는 방법과 거래알선 사이트에 등록하여 잠재바이어가 볼 수 있도록 하는 방법이 있다.

4) 무역상사의 활용

중소기업들이 전통적으로 해외거래선을 발굴할 수 있는 방법으로는 무역상사를 활용하는 방법이 있다. 보통 종합무역상사는 중소기업들에게 해외시장정보를 제공하고 마케팅도 대행하여 중소기업들의 수출을 대행하고 있다. 사실 우리나라의 중소기업 수출은 종합무역상사의 역할이 컸다고 할 수 있다. 우리나라에는 현대종합

e-무역상사와 종합무역상사

우리나라 수출에 있어서 종합무역상사의 역할을 빼놓을 수 없다. 종합무역상사의 기원으로 영국의 동인도회사를 드는 사람도 있다. 우리나라 종합무역상사에 영향을 준 것은 일본의 종합무역상사제도이다. 대항해 시대 동인도회사들은 본국에서 떨어져 있었기 때문에 상업적 비즈니스활동만을 한 것이 아니라 해외시장개척에 따른 다양한 의사결정을 내려야 했다. 일본은 일찍부터 미쓰이상사 등 종합무역상사를 활용하여 수출증대를 시도하였다. 우리나라 경우도 삼성물산, 현대종합무역상사, 효성물산, 대우인터내셔널, SK International 등 다양한 종합무역상사가 수출에 기여하였다.

특히 중소기업들은 해외마케팅능력이 부족하고, 해외시장정보가 많지 않았다. 종합무역상사는 중소기업의 수출에 크게 기여하였다. 그러나 1998년 아시아 금융위기가 닥치자 종합무역상사는 해외지사를 줄이는 등 기능이 약화되었다. 정부는 이때 전자무역을 시행하는 e-무역상사제도를 도입하여 그 취지를 살리려고 하였다.

무역상사, 삼성물산, 효성물산, 대우인터내셔널 등 종합무역상사들이 수출 진흥에 활약하였고 기여하였다. 그러나 IMF쇼크 이후 각 기업들은 비용을 줄이는 과정에서 해외에 있던 종합무역상사의 지사들을 축소하였다. 정부는 e-무역상사를 지정하여 종합무역상사의 부재를 보완하려고 시도하였다.[15]

5) 국내 외국 상공회의소 및 대사관 활용

우리나라에는 EU 상공회의소, 주한 미국 상공회의소 등 여러 국가의 상공회의소들이 진출해 있다. 또한 각 대사관에는 상무관이라는 직책을 가진 사람이 있다. 그는 자국의 산업 및 기업을 대사관이 있는 국가에 소개하는 임무가 있다. 이들을 만

해외시장개척단 사례

서울시 구로구는 베트남 해외시장개척단을 현지에 파견하였다. 주요 목적은 우수 중소기업에 효율적인 상품마케팅과 해외진출기회를 제공함을 목적으로 한다. 충청남도도 동남아 해외시장개척단을 인도네시아 자카르타와 말레이시아에 파견하였다. 경기도 포천시는 2019년 3월, 두바이와 이스탄불에 중동 해외시장개척단을 파견하여 중소기업들에 바이어 섭외기회와 항공비 지원을 하고 있다. 전남, 광주광역시는 일본시장개척단을 파견하여 108건 수출상담을 진행하여 158만 달러 상당의 수출 MOU를 체결하였다. 경상북도 포항시는 2018년 9월 기간 중, 포항상공회의소와 포스코와 공동으로 터키 이스탄불, 인도 뭄바이지역에 해외시장개척단을 파견한 바 있다. 강원도와 강원경제진흥원은 신남방정책의 핵심지역인 인도시장 진출을 위하여 뉴델리에 강원도 시장개척단을 파견하였다.

해외시장개척단은 보통 4일에서 7일까지 파견대상국에 머무르는 과정으로 주요 일정은 현지에서 활동 중인 한국기업을 방문하여 성공경험을 전수받고, 현지에서 개최되는 국제무역박람회에 참가하고, 바이어와 일대일 상담이 주요 내용으로 구성되어 있다.

출처: 더뉴스 24시(2018.11.15.), 경북연합일보(2018.9.10.), 포천일보(2019.1.3.), 펀딩뉴스(2019.5.29.)

나서 우리가 진출하고자 하는 국가의 바이어를 소개받는 것도 하나의 방법이 될 수 있다. 특히 우리나라와 교역관계가 많지 않은 국가에 진출하고자 할 때에는 이러한 공식적인 창구를 활용하는 것도 하나의 방안이다.

6) 해외시장개척단 및 수출상담회에 참가

해외바이어를 발굴하는 다른 방안은 각 지방자치단체들이 주관하여 해외에 보내는 해외시장개척단의 일원으로 참가하는 것이다. 이러한 경우 많은 비용을 들이지 않고 지방자치단체의 도움을 받아서 해외바이어들과 면담도 할 수 있어서 일거양득이다. 예를 들어 강원도의 경우, 원주권지역에 의료기기공단이 있어서 강원도청이 주관하여 해외시장개척단을 파견하고 있다. 한편 한국무역협회나 KOTRA는 한국상품의 수입을 희망하는 해외바이어들을 한국상품구매사절단의 이름으로 모집하여 국내에서 수출상담회를 개최하고 있다. 이곳에서는 한곳에서 바이어들과 상담할 수 있으므로 장점이 있다.

7) 현지방문

수출하고자 하는 해당국 시장에 가서 유력한 바이어를 직접 만나서 상담하는 방법이다. 경비가 많이 드는 것이 단점이지만 바이어를 발굴하고 거래를 성사시킬 수 있는 가장 확실한 방법이기도 하다. 성공확률을 올리기 위해서는 이메일 등으로 사전에 접촉하여 상대방 의향을 타진할 필요가 있다. 사전에 접촉이 어려울 경우에는 해당국에 출장을 가서 그 나라의 해당 상품 관련 협회, 조합 등의 협조를 받아 입수한 유력 바이어 명단을 바탕으로 직접 방문하여 얼굴을 맞대고 상담하는 것이 바람직하다.

표 4-3 바이어 발굴수단별 비교[16]

바이어 발굴수단	장점	단점
무역거래알선사이트	신속하다. 비용이 적게 든다.	바이어 진위를 가리기 어렵다.
상공인 명부 활용	비용이 적게 든다.	즉시적 정보 획득이 어렵다.
해외전시회 참가	직접 바이어를 만난다.	비용이 많이 든다.
종합무역상사 활용	비용이 적게 든다.	기업이 원하는 정보와 차이가 있다.
국내 외국상공회의소	비용이 적게 든다.	정보가 제한적이다.
해외시장개척단 참가	보조를 받아 비용이 적게 든다.	개별 업체에 자유가 적다.
현지방문	직접 바이어와 만난다.	비용이 많이 든다.

제 4 절 해외거래선관리

국제무역에서 성공하는 지름길은 신뢰성 있는 해외바이어와 오랜 장기적 관계를 맺은 다음 그 바이어를 통하여 지속적으로 수출하는 길이다. 또는 해외수출상과 오랜 장기적 관계를 맺은 다음 지속적으로 그 거래선을 통하여 수입하는 길이다. 해외거래선과의 거래가 일회성, 단발성으로 끝난다면 별 의미가 없다. 해외바이어와 관계를 구축한 다음 지속적으로 수출할 때 비로소 해외바이어와의 관계가 의미가 있다. 따라서 관계마케팅기법을 활용하여 해외바이어를 지속적으로 관리하는 것이 무엇보다도 중요하다.

1. 관계마케팅이론

신뢰 구축에 관한 이론에 의하면 인간 간의 신뢰는 먼저 계산적 신뢰(calculative trust)가 먼저 형성되고 그 뒤에 정서적 신뢰(affective trust)가 나중에 생긴다고 한다. 그리고 정서적 신뢰가 계산적 신뢰보다 신뢰도가 강한 것으로 나타나고 있다.[17] 여기서 계산적 신뢰란 경제적 관점에서 거래선과 거래를 하여 수익이 생기는, 즉 경제적 이득이 생김으로써 발생되는 신뢰이다. 이에 반해서 정서적 신뢰는 경제적 계산과는 관계없이 거래상대방이 인간 자체가 신뢰할 만하다고 생각하는 것이다.[18] 따라서 해외거래선관리는 먼저 반복되는 거래관계 속에서 서로 간 계산적 신뢰가 형성되면 인간적인 접근을 통해서 감정적 · 정서적 측면에서 상대방을 신뢰하게 되는 것이다.

2. 거래선과의 관계형성

1) 초기단계

거래선과 처음 거래를 시작할 때에는 사실 서로 신뢰가 부족한 상태이다. 왜냐하면 거래선에 대한 신용조사를 해본 결과, 상대방이 괜찮은 거래처라고 판단된다고 하더라도 아직 상대방에 대한 상세한 내막은 알 수 없는 상태이기 때문이다. 사실 어떠한 바이어는 첫 거래의 경우는 결제를 성실하게 이행하지만, 2차 주문 때는 외상으로 주문하고 물건이 도착하면 대금을 지급하지 않고 잠적해버리는 사례도 발생해서, 바이어의 신용도를 알기가 쉽지 않다.[19] 따라서 다음과 같은 노력이 필요하다.

첫째, 거래선과의 관계 초기단계에서는 서로 경제적인 이익을 공유하는 것이 신뢰를 구축하는 데 매우 중요하다. 이 초기단계의 목표는 무엇보다도 계산적 신뢰를 형성히도록 노력한다.

둘째, 거래선과의 관계 초기단계에서는 상대방 바이어에게 경쟁회사보다 품질이 더 나은 제품을 제공한다.

셋째, 거래선에 부가서비스를 제공하고, 우리와의 관계에서 편리함을 느끼게 함으로써 우리 회사와의 관계에서 만족을 증진시킨다.

2) 성장단계

해외바이어와의 관계가 성장단계에 들어서면 본격적으로 서로 협력을 통해서 신뢰를 강화하도록 노력해야 한다. 신뢰라는 것은 나무, 식물과 같은 생명체와 비슷해서 꾸준히 지속적으로 신경을 써주어야 성장한다. 거래 초기단계에서 미약하나마 서로 간 신뢰가 만들어졌다면, 성장단계에서는 본격적으로 신뢰를 성장시켜야 한다. 이 단계에서는 첫째, 거래선과 본격적인 협력을 통하여 지속적인 거래관계 형성 구축에 노력한다. 바이어와 지속적인 거래를 통해야 수익이 창출되기 때문이다. 예를 들어 상대방의 최소주문량이 적더라도 협력해서 관계를 키워나가야 한다.

둘째, 거래선에 대한 약속을 충실하게 이행하는 등 거래선에 대한 배려를 통하여

거래선과 관계변화과정

초기단계: 경제적 · 기능적 이익에 기반을 둔 관계형성

- 고객획득을 위한 마케팅활동
- 품질, 서비스, 편리성, 가치 제공

성장단계: 협력을 통한 신뢰 구축

- 거래선과 협력
- 거래선에 대한 약속이행
- 거래선에 대한 배려

성숙단계: 몰입구조화

- 거래선과의 관계에 대한 투자
- 거래선의 자발적 충성도 제고
- 거래선과 공동마케팅

해체단계: 기존 관계에서 발생한 불만족분석

- 제품서비스 실패요인
- 관계 재형성전략 채택
- 일정한 주기로 후속조치 시행

출처: 이동진(2004), 『전략적 관계마케팅』, 그림 2-2(p.36) 수정

신뢰도를 배가시킨다. 예를 들어 손해가 나더라도 약속한 가격에 물품을 제공하는 등 신뢰가 구축될 수 있는 행동을 보여야 한다.

셋째, 상대방 거래선에 대한 배려를 해야 한다. 예를 들어 설령 우리는 송금결제방식으로 대금지급문제를 해결하고자 하지만, 상대방 거래선이 신용장 결제방식을 선호한다면 그들의 요구를 반영하는 것이 바람직하다.

3) 성숙단계

해외거래선과의 관계가 성숙단계에 들어서면 서로 간의 관계가 몰입(commitment) 단계에 들어선다. 즉 이때에는 설령 다른 바이어가 더 좋은 조건으로 거래를 제의해도 이 바이어와의 관계를 고집하는 단계이다. 성숙단계의 특징은 다음과 같다.

첫째, 거래선과의 관계에 대한 투자가 적극적으로 시행된다. 예를 들어 바이어 생일에 선물을 보낸다든지, 바이어가 힘든 부탁을 해도 들어준다든지 하는 등이다.

둘째, 이쪽에서 말 안 해도 상대방이 알아서 힘든 일을 해주는 거래선의 자발적 충성도 제고가 이루어진다.

셋째, 우리 수출상과 해외거래선 간에는 정서적 신뢰(affective trust)가 구축된다고 볼 수 있다.[20]

4) 해체단계

해체단계에서 가장 중요한 것은 기존의 관계에서 발생했던 불만족사항을 분석하는 것이다.[21] 예를 들어 거래선이 우리 기업과의 관계를 단절하고 다른 회사와 거래를 시작하였다면, 왜 그러한 일이 일어났는지 분석해야 한다. 또한 구체적으로 우리가 제공하는 제품이나 서비스가 해외시장에서 실패한 요인을 분석하고 바이어와의 관계를 재형성할 수 있는 전략을 도입해야 한다. 그리고 이때 중요한 점은 일정한 주기로 후속조치를 시행하는 것이다.

요약

해외거래선은 잠재바이어, 일회성 바이어, 단골바이어, 동반자바이어로 구분할 수 있다. 해외거래선(바이어)을 효과적으로 관리하기 위해서는 바이어를 세분화하는 것이 필요하다. 그리고 각 세분화된 거래선에 대하여 차별적인 서비스를 제공하는 것이 바람직하다. 고객관계관리기법(CRM)에 의하면 다른 고객은 다르게 대우하라는 원칙이 있다.

거래선 발굴은 크게 온라인기법과 오프라인기법으로 나눌 수 있다. 온라인으로 거래선을 발굴하는 대표적인 방법으로는 무역거래알선사이트를 활용하는 방법을 들 수 있다. 오프라인방법으로는 해외박람회나 전시회에 참가하거나 지방자치단체가 주관하는 해외시장개척단의 일원으로 참가하여 해외에 직접 가서 거래선을 발굴하는 것이다.

과거에는 중소기업은 해외마케팅능력이 제한되어 있어 직접 수출하기가 어려웠다. 그러나 전자무역이 활성화되면서 가상공간에 e-마켓플레이스라는 전자장터가 개설됨에 따라 중소기업도 저렴한 비용으로 바이어를 만날 수 있게 되었다.

전자무역에서 활용되고 있는 대표적인 e-마켓플레이스로는 무역거래알선사이트를 들 수 있다. 무역거래알선사이트란 가상공간(cyber space)상에 형성된 장터(market place)이다. 이 장터에서 물건을 파는 사람과 물건을 사고자 하는 사람들이 서로 흥정하고 조건이 맞으면 물건을 사고판다는 점에서는 물리적인 장터와 다를 바 없다. 다만 무역거래알선사이트가 화개장터와 같은 물리적 장소에 형성된 것이 아니고 인터넷 네트워크에 의하여 구축된 가상공간상에서 형성되었기 때문에 e-마켓플레이스라 부르고 있을 뿐이다.

무역거래알선사이트에는 우리나라 무역업체들이 회원으로 가입하고 팔고자 하는 물품에 대한 오퍼를 게시하며 외국의 무역업체들도 이 거래알선사이트에 회원으로 등록하여 역시 팔고자 하는 물품에 대한 오퍼를 등록한다. 무역거래알선사이트란 전자장터는 물건을 팔고 싶으나 누가 사고 싶은지 모르거나 물건을 사고는 싶은데 누가 그 물건을 갖고 있는지 모르는 답답한 상황에서 사고자 하는 사람들과 팔고자 하는 사람들을 모아놓아서 거래를 쉽게 하도록 한 것이다. 특히 이 전자장터는 국경과 시간을 초월한 가상공간상에 자리 잡고 있기 때문에 어느 나라 사람이나 인터넷만 가능하면 들어올 수 있고 시간대를 초월해서 들어올 수 있는 전천후시장이란 점에서 가장 시장다운 시장이라 할 수 있다.

실습문제

01 ecplaza를 방문하여 스마트폰 바이어 리스트를 20개 작성하시오.

02 알리바바를 방문하여 화장품 바이어 리스트를 작성하시오.

03 EC21을 방문하여 기계류 바이어 리스트를 작성하시오.

04 인도 무역거래알선사이트를 방문하여 바이어 리스트를 작성하시오.

05 무역거래알선사이트를 방문하여 전자카탈로그를 다운로드받으시오.

토론주제

01 무역거래알선사이트의 기능에 대하여 토론하시오.

02 알리바바에 대하여 토론하시오.

03 EC21에 대하여 토론하시오.

일반문제

01 잠재바이어에 대하여 설명하시오.

02 일회성 바이어에 대하여 설명하시오.

03 단골바이어에 대하여 설명하시오.

04 동반자바이어에 대하여 설명하시오.

05 종합무역상사의 역할에 대하여 설명하시오.

06 e-무역상사에 대하여 설명하시오

07 바이어관리에 대하여 설명하시오.

08 관계마케팅이론에 대하여 설명하시오.

09 무역거래알선사이트의 기능에 대하여 설명하시오.

10 알리바바의 기능을 설명하시오.

11 EC21에 대하여 설명하시오.

12 ecplaza에 대하여 설명하시오.

참고문헌과 미주

01 정용균 · 심상렬, "무역상사의 위기와 전자무역중재기관의 역할: 정보경제학적 분석", 『국제지역연구』, 한국외국어대학교 국제지역연구센터, 제9권 제2호, 2005년, p.318.

02 김갑종 · 김철수 · 서우종, 『e-비즈니스원론』, 사이텍미디어, 2004, p.121.

03 정용균, 『무역상무론』, 청람, 2019, p.120.

04 권영철, 『글로벌 수출마케팅』, 무역경영사, 2011.

05 인지적 신뢰는 합리적 신뢰라고도 부르며, 계산적인 주고받음에 따라서 형성되는 신뢰이며, 정서적 신뢰는 인간의 감정영역에서 우러나오는 신뢰이나.

06 정용균, "인터넷쇼핑몰에서의 주관적 신뢰와 객관적 신뢰의 결정요인에 대한 연구", 『e-비즈니스연구』, 제10권 제1호, 2009, p.105.

07 정용균, 전게서, p.122.

08 정용균, "수출마케팅 협상과 국가문화의 연관성에 관한 연구: Hofstede와 Hall의 이문화경영론을 중심으로", 『국제지역연구』, 제11권 제1호, 2007, p.261과 나탈리 나하이(2016)의 국별 측정값을 결합한 표임.

09 나탈리 나하이(박선령 역), 『끌리는 온라인 마케팅』, 길벗, 2016, pp.69-104의 내용을 토대로 작성하였음.

10 나탈리 나하이(박선령 역), 전게서, p.83.

11 e-마켓플레이스는 Electronic Marketplace, Web Marketplace, Virtual Marketplace, e-Hub 등 다양한 이름으로 일컬어지고 있다.

12 정용균, 전게서, p.99.

13 조기창, 『걸음마 실무해외마케팅 박영사』, 2018, p.195.

14 정용균, "인터넷쇼핑몰에서의 주관적 신뢰와 객관적 신뢰의 결정요인에 대한 연구", 『e-비즈니스연구』, 제10권 제1호, 2009, p.109.

15 정용균, 전게서, 2019, p.99.

16 정용균, 전게서, p.104.

17 정용균, "인터넷쇼핑몰에서의 주관적 신뢰와 객관적 신뢰의 결정요인에 대한 연구", 『e-비즈니스연구』, 제10권 제1호, 2009, p.109.

18 정용균, 전게 논문, p.105.

19 김성훈, 『국제무역 사기 사례와 예방책』, 두남, 2002.

20 정용균, 전게서, p.120.

Chapter 05

무역계약 : 전자계약과 스마트계약

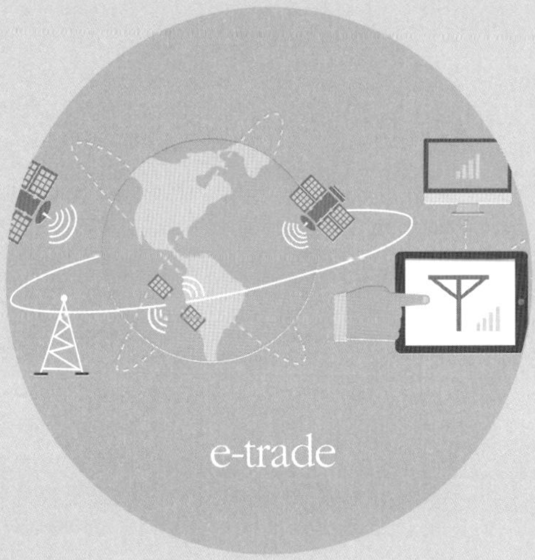

청약에 대한 승낙은 종이문서나 전자문서나 효력이 동일하다.

– UN전자계약협약

원칙적으로 계약의 성립은 매도인이 청약을 하고 이에 대하여 매수인이 승낙을 하면 계약이 성립한다. 무역계약은 세 가지 유형으로 진화하고 있다. 첫째는 고전적 의미의 무역계약이고 둘째, 전자계약, 셋째 최근 연구되고 있는 스마트계약이다. 최근 UN에서는 각국에 구속력을 가지는 UN전자계약협약을 입법하였다. 여기에서도 매도인의 청약과 매수인의 승낙이라는 계약 성립조건은 동일하다. 다만 기존의 관행이 종이문서를 사용하였다면, 전자계약협약은 전자문서를 통해서도 청약과 승낙이 가능하다는 것이다. 한편 최근 블록체인기술이 활용됨에 따라서 스마트계약에 대한 논의가 이루어지고 있다. 블록체인기술로 인해 계약체결과 계약 실행이 동시에 가능한 스마트계약이 출현하고 있다.

제1절 전통적인 무역계약의 체결

1. 의의

원칙적으로 계약의 성립은 매도인이 청약을 하고 이에 대하여 매수인이 승낙을 하면 계약이 성립한다. 전자무역의 여러 단계 중에서 계약체결단계는 아직 전자적으로 가상공간에서 이루어지는 경우는 많지 않다. 따라서 전체 전자무역절차 중에서 계약체결단계는 아직도 상당수 오프라인상에서의 계약체결형태를 가진다.

2. 내용

1) 청약

청약(offer)이란 거래 당사자 일방이 거래조건을 구체적으로 상대방 피청약자(offeree)에게 제시하여 물품을 판매하거나 구매하겠다는 확정적 의사표시이다. 이때 청약은 청약에의 유인(invitation to offer)과는 구별되어야 한다. 왜냐하면 청약에의 유인을 청약으로 잘못 알고 승낙을 한 경우라면 그 계약은 하자(결함)가 있는 것이기 때문이다.[01] 청약에의 유인은 피청약자의 승낙만으로는 구속되지 않고, 청약자의 확인으로 구속되려고 하는 의사표시이므로 청약의 사전준비단계이다.

청약에의 유인이란, 예를 들어 상품광고 같은 경우이다. 상품광고는 청약이 아니라 청약에의 유인으로 보고 있다. 또한 상품에 가격표를 붙여서 상점에 진열하는 것 역시 청약이 아니며 청약에의 유인으로 보고 있다.

| 표 5-1 | 청약과 청약에의 유인 비교

항목	청약	청약에의 유인
청약자의 의도	피청약자의 승낙에 구속되려는 의도	청약자의 확인에 구속되려는 의도
대상	특정인, 특정집단	불특정인, 불특정집단
형식	청약의 발송	상품광고, 가격표 붙여 상점에 진열

2) 승낙

승낙(acceptance)이란 피청약자가 청약자의 청약에 따라서 계약을 성립시킬 목적으로 행하는 동의의 의사표시이다. 이때 승낙은 절대적이고 무조건적인 동의여야 한다. 영미법에서는 이를 경상의 원칙(mirror image rule)이라고 한다. 즉 실체로서의 내 모습과 거울에 비친 내 모습이 완전히 일치하는 것처럼 청약의 내용과 승낙의 내용이 완전히 일치해야 한다는 것이다. 그러나 UN통일매매법(CISG)에서는 청약의 내용을 실질적으로 변경하지 않은 응답은, 청약자가 구두로나 문서로 반대하지 않는 한 승낙으로 간주하고 있다. 따라서 UN통일매매법(CISG) 입장은 영미법의 완전일치의 원칙을 약간 완화시켰다고 할 수 있다.[02]

3. 계약의 성립

무역계약도 일종의 계약이다. 거래 당사자 일방이 청약이라는 의사표시를 하고 상대방 당사자가 승낙이라는 의사표시를 하면 계약이 성립한다. 그러나 계약자유의 원칙에 입각한 계약체결에도 제한이 가해진다.

첫째, 국가가 법률에 의하여 계약을 제한하는 경우이다. 예를 들어 방산물자에 대해서는 국가가 수출입을 제한하고 있다. 왜냐하면 적국에 수입되어 우리나라를 공격할 무기로 사용될 위험이 있기 때문이다.

둘째, 민법에 규정된 행위무능력자의 계약은 제한을 하고 있다. 예를 들어 미성년자가 체결한 계약은 미성년자를 보호하기 위하여 제한을 가하고 있다.

셋째, 계약 당사자의 의사표시가 착오나 사기, 강박에 의한 경우는 계약을 무효로 하고 있다. 왜냐하면 계약 당사자의 진정한 의도가 반영되지 않았기 때문이다.[03]

제2절 전자계약의 체결

1. 전자계약의 가치

1) 거래비용 절감

전통적인 종이서류에 의한 계약의 성립과 계약관리는 거래 당사자들의 참여와 관심을 요구한다. 따라서 계약과정상의 비용을 발생시킨다. 윌리엄슨(Oliver Williamson) 교수는 계약을 성사시키기 위해서는 정보비용, 탐색비용 등 다양한 거래비용이 따른다고 하고 있다.[04] 한편 거래를 통하여 이윤을 창출해야 하는 기업은 계약체결 및 계약관리과정에서 발생하는 비용을 최소화해야 한다. 정보통신기술을 활용하게 되면 다음과 같은 장점이 있다.

첫째, 계약체결과정에서 발생하는 인건비, 출장비, 서류작성의 오류 등 인적비용을 절감할 수 있다.

둘째, 계약체결과정에서 발생하는 물리적 비용인 종이, 우편료 등 부대비용을 절감할 수 있다.

셋째, 서비스 또는 제품 인도에 대한 책임부분에 있어서도 기업들은 계약위반에 대해 즉각적으로 대처할 수 있게 된다.

2) 경쟁우위 확보

경영전략의 석학인 미 하버드대학교 마이클 포터(Michael Porter) 교수는 경쟁우위 확보가 기업 생존에 중요하다고 갈파하였다. 경쟁우위 관점에서 보면 글로벌화에 따른 경쟁심화환경에서 전자계약은 거래관계의 역동성을 증가시킴으로써 기업 간 관계의 짧은 존속기간과 새로운 당사자와 계약체결가능성을 제고하는 데 유리하다. 더구나 효율적인 정보관리와 활용으로 계약관리의 효율성이 50% 이상 개선될 수 있다는 견해도 있다.[05] 즉 계약내용을 디지털화하면 계약관리시간이 크게 감소한다.

3) 이해관계자의 가치

기업들이 계약을 체결하는 데 투여되는 시간, 즉 거래의 계획과 협상 그리고 계약을 체결하는 데 보통 평균적으로 15주가 걸린다고 한다. 그러나 현대 글로벌경쟁에 처해 있는 국제무역환경에서는 너무 긴 시간이다. 더구나 최근 물류의 혁신으로 기업의 경쟁력은 품질과 가격의 우위를 넘어서 고객에게 얼마나 신속하게 물품을 배송하느냐에 달려 있다. 전자계약은 당사자들에게 신속하고 저렴하게 계약 구축 관계를 제공할 수 있다.[06]

2. 전자상거래계약의 특성

1) 격지성

일반적으로 계약은 청약에 대한 승낙이 있을 때, 즉 계약체결에 의하여 성립한다. 그런데 전자상거래에서는 청약과 승낙의 의사표시를 전자적 방법, 특히 전자문서의 송신과 수신을 통하여 하는 경우가 일반적이다. 이러한 경우, 발신인과 수신인의 컴퓨터는 물리적으로 분리되어 있고 발신과 도달이 동시에 일어나지 않는다. 따라서 전자적 의사표시는 격지자 간의 의사표시로 보는 것이 타당하다. 일반적으로 격지자 간에 승낙기간을 정하지 아니한 계약은 승낙자가 상당한 기간 내에 승낙의 통지를 발송할 때에 성립한다. 발신주의 원칙상 승낙의 통지가 상대방에게 도달하지 않더라도 계약의 성립에는 영향이 없다. 이 경우 계약은 상당한 기간 내에 승낙이 도달하지 않는 것을 해제조건으로 하여 성립한다. 그런데 전자상거래의 경우에는 승낙데이터가 실시간으로 도달했는지 여부를 승낙자가 알기 쉬우므로 발신주의보다는 도달주의가 타당하다는 견해도 있다.[07]

2) 비대면성

전자상거래는 직접 서로 대면하지 않고 전자통신수단을 활용한 비대면방식으로 거래하는 경우가 상당수이다. 일반적인 상거래에서는 적어도 바이어와 수출업자가 직접 만날 기회를 가질 것이다. 그러나 전자상거래 경우는 당사자들이 아예 만나지 않고서도 거래가 가능하다. 따라서 일반적인 무역거래와는 성질이 다르다고 할 수 있다. 「전자상거래법」은 청약확인에 관하여 "통신판매업자는 소비자로부터 재화 등의 거래에 관한 청약을 받으면 청약 의사표시의 수신 확인 및 판매가능여부에 관한 정보를 소비자에게 신속하게 알려야 한다"고 규정하고 있다. 이 규정은 비대면으로 이루어지는 전자상거래에 있어 구매자가 쇼핑몰에 게시한 상품정보를 보고 구매의사를 밝혀 인적사항과 수령지 · 주소 등을 적고 구매대금의 결제를 하는 것을 '청약'으로 보고, 이에 대하여 판매자가 구매자의 구매의사에 대한 수신 확인 및 판매가능여부에 대한 정보를 구매자에게 통지하는 것을 '승낙'으로 본다는 취지로 해석된다.

3) 신속성

전자상거래는 인터넷을 기반으로 이루어지기 때문에 계약체결속도가 매우 신속한 특징이 있다. 즉 수출상이 청약을 하였을 때 이메일이나 그 외 전자적 수단을 활용할 경우, 그 속도가 매우 신속하며 승낙 역시 이메일이나 그 외 전자적 수단을 활용할 경우 그 속도가 매우 신속하다. 다만 청약자가 청약을 하였을 때 승낙자가 바로 응답한다는 보장은 없다. 그러나 인터넷 이전의 시대와 비교해보면 전자상거래상 계약체결절차는 비교적 신속하다고 할 것이다.

3. UN전자계약협약상의 청약과 승낙

1) 의의

UN전자계약협약은 전자거래분야에서 구속력이 있는 전자계약에 대한 국제규범이라는 데 의의가 있으며,[08] 기술중립성의 원칙과 기술등가성의 원칙을 천명하고 있다는 데 의미가 있다. 기술중립성의 원칙은 전자계약협약이 구체적인 기술이나 매체에 관계없이 모든 형태의 전자적 의사표현을 규율한다는 의미이다. 기술등가성의 원칙은 전자적 의사표현에 의해서도 전통적인 종이문서에 의한 서면요건을 충족시킨다는 의미이다.[09] 우리나라는 2008년 1월 15일 전자계약협약에 서명함으로써 전자거래에 관한 국내외 법규범을 통일할 필요성이 제기되고 있다.[10]

2) 송신과 수신

(1) 송신의 정의

의사표현(communication)은 전자계약협약에서 처음 제시된 개념으로 계약의 성립이나 이행과 관련하여 청약과 승낙을 포함하는 진술을 말한다. 전자적 의사표현(electronic communication)은 당사자가 데이터 메시지방법으로 행한 모든 의사표시를 말한다. 전자적 의사표현의 송신시기는 송신자의 통제하에 있는 정보시스템을 떠난 때이다. 만약 전자적 의사표현이 송신자의 통제하에 있는 정보시스템을 떠나지 않는 경우에는 전자적 의사표현이 수신된 때가 송신시기이다(협약 제10조 제1항). 따라서 우리 전자거래법과는 달리 전자적 의사표시를 활용한 송신에 따른 위험부담은 수신자가 지는 범위가 상대적으로 크다.[11]

(2) 수신의 정의

전자적 의사표현의 수신시기는 수신자가 지정한 전자주소로부터 수신자가 전자적 의사표현을 수령할 수 있게 된 때이다(협약 제10조 제2항). 수신자가 지정하지 않는 전자주소에서 수신시기는 수신자가 그 주소에 수신된 것을 인식하고 수령가능한 상태가 된 때이다. 전자적 의사표현이 송수신되면 협약에 의한 영업소에서 발신 또는 수신된 것으로 본다(협약 제10조 제3항)고 되어 있다.

(3) 청약과 청약의 유인

UN전자계약협약은 “특정 당사자에게 송신되지 아니하고 정보시스템을 이용하는 당사자들에게 일반적으로 접근가능한 전자적 통신을 통하여 하는 계약체결의 제안은 승낙이 있는 경우에 구속되겠다는 의사를 명백히 표시하지 않는 한 청약의 유인으로 본다"(협약 제11조)고 규정하고 있다. 이 규정은 웹사이트 등에서 계약체결을 위해 하는 제안은 당사자의 특별한 의사표시가 없으면 청약의 유인으로 본다는 취지이다. 판매자가 웹사이트에서 공중에 대하여 판매할 상품을 광고하는 것은 청약이 아니라 청약의 유인에 해당한다.

쇼핑몰에서 공중에게 상품을 전시하고 구입을 유도하는 것도 청약이 아니라 청약의 유인에 해당한다. 청약의 유인 자체는 계약의 요소가 되지 못하며, 청약의 유인에 응하여 구매자가 하는 매수의 의사표시가 청약이 된다. 그러나 판매자가 계약조건에 대한 구매자의 승낙이 있으면 계약이 성립하여 확정적으로 구속되기로 하는 의사를 명백히 표시한 경우에는 구속력 있는 청약으로서 유효하고, 이에 대한 청약은 구속력을 가진다고 본다.

4. 전자대리인에 의한 청약과 승낙

1) 전자대리인의 의의

자동화가 진전됨에 따라서 사람의 개입 없이 컴퓨터가 설정한 자동화된 프로그램에 의하여 계약이 성립할 수 있는가 하는 문제가 대두되고 있다. 이를 소위 '전자대리인(electronic agent)'에 의한 계약문제라고 한다. 컴퓨터 사용자는 컴퓨터프로그램을 통하여 자동으로 거래를 수행하도록 할 수 있다. 예를 들면 슈퍼마켓의 컴퓨터는 판매되는 상품을 스캐닝하여 재고가 프로그램으로 미리 지정된 수준에 미달하면 사람의 개입 없이 자동적으로 공급자의 컴퓨터에 접속하여 주문을 한다. 공급자의 컴퓨터는 사람의 개입 없이 주문을 받고 주문서와 배송지시서를 자동적으로 출력하여 주문을 처리한다. 이 경우 컴퓨터는 전자대리인이 된다.[12]

2) 유효성

UN전자계약협약은 자동화된 메시지시스템과 자연인 사이의 상호작용 또는 자동화된 메시지시스템 사이의 상호작용에 의하여 성립하는 계약의 유효성을 인정하고 있다. 미국의 「통일전자거래법」도 "자동화된 거래에서 당사자가 전자대리인의 행위 또는 그에 따른 계약조건이나 합의를 알지 못하거나 검토하지 아니한 경우에도, 계약은 각 당사자의 전자대리인의 대화에 의하여 성립할 수 있다"고 규정한다. 더 나아가 계약은 전자대리인과 개인과의 대화에 의하여 성립할 수 있다. 또한 미국의 「통일컴퓨터정보거래법」(UCITA)도 "인증, 이행 또는 승낙을 포함한 합의를 위하여 전자대리인을 선택한 자는 그 전자대리인의 행위에 구속된다"고 규정하고 있다.

| 표 5-2 | 전자계약 관련 국제법규[13]

1. UNCITRAL 전자상거래모델법	「전자상거래모델법」은 "계약의 성립에 관하여 당사자 사이에 다른 약정이 없으면 청약과 승낙은 데이터메시지로 표시될 수 있다. 계약의 성립에 있어 데이터메시지를 사용하는 경우 해당 계약은 데이터메시지가 그 목적을 위하여 사용되었다는 이유만으로 유효성 또는 구속력이 부인되지 아니한다"고 규정하고, 일정한 사항에는 그 적용을 배제할 수 있는 선택권을 부여하고 있다. 이 규정은 전자적 의사표시의 유효성을 확인함으로써 전자적 수단에 의한 계약체결에 관하여 법적 명확성을 부여하기 위한 것이다. 또한 "데이터메시지의 작성자와 수신자 사이에서 의사의 표시, 그 밖의 진술은 데이터메시지형태라는 이유만으로 법적 효력, 유효성 또는 강제성이 부인되지 아니한다"고 규정하고, 일정한 사항에는 그 적용을 배제할 수 있는 선택권을 부여하고 있다.
2. UN전자계약협약	UN전자계약협약은 전자통신의 법적 승인에 관하여 "통신 또는 계약은 전자통신의 형태라는 이유만으로 법적 효력 또는 강제성이 부인되지 아니하며, 이 협약은 당사자가 전자통신을 사용 또는 수락할 것을 요구하지 아니하나 당사자의 그러한 합의는 당사자의 행위에 의하여 추론될 수 있다"고 규정하고 있다. 또 전자통신의 방식요건에 관하여 "법률이 통신 또는 계약이 서면일 것을 요구하거나 서면 부존재의 경우에 관한 효과를 규정하는 경우에 전자통신에 포함된 정보가 그 후의 참조를 위하여 접근될 수 있으면 그 요건은 전자통신에 의하여 충족된다"고 규정하고 있다. 이 규정들은 당사자가 계약의 성립을 위하여 전자통신을 사용한 경우에 그 방식요건과 효력에 관하여 규정한 것이다.
3. 유럽연합(EU)의 전자상거래지침	유럽연합의 「전자상거래지침」(2000)은 전자적 수단에 의한 계약체결에 관하여 "회원국들은 계약이 전자적 수단에 의하여 체결될 수 있도록 법제도가 허용하도록 하고, 특히 계약과정에 적용되는 법적 요건이 전자계약의 이용에 장애를 설정하거나 계약이 전자적 수단에 의하여 체결되었다는 이유로 법적 효력 및 유효성을 박탈하는 결과를 가져오지 않도록 하여야 한다"고 규정하고 있다.

일반적으로 계약의 청약과 승낙은 구두, 서면, 그 밖의 행위에 의하는데, 전자상거래에서도 계약이 성립하기 위해서는 청약자에 의한 청약과 승낙자에 의한 승낙이 있어야 한다. 다만 전자상거래에서의 청약과 승낙은 전자적 방법, 즉 전자우편 · 전자문서 등의 전자적 통신문에 의하거나 버튼 클릭 또는 내용물의 다운로드에 의하는 것이 다르다. 전자적 방법에 의한 의사표시의 효력은 일반의사표시의 효력과 같다. 일반적으로 전자상거래에서 계약의 청약은 이를 철회하지 못하는 것이 원칙이지만, 「전자상거래법」은 소비자보호를 위하여 청약철회제도를 두고 있다.

❙ 표 5-3 ❙ 전자계약 관련 국내 법규[14]

1. 전자문서법	「전자문서법」은 전자문서는 다른 법률에 특별한 규정이 있는 경우를 제외하고는 전자적 형태로 되어 있나는 이유로 문시로서의 효력이 부인되지 아니한다고 규정하고 있다. 이 규정은 전자상거래모델법 제11조 제1항과 같은 취지로 볼 수 있다. 이법은 계약의 청약 및 승낙과 관련하여 전자문서의 송신 · 수신의 시기 및 장소에 관하여 규정하고 있다. 이러한 규정을 제외하고는 청약과 승낙에 관하여는 민법, 상법 및 관련 특별법의 규정과 법해석에 따른다.
2. 전자금융거래법	전자금융거래를 위하여 사용되는 전자문서에 대하여는 「전자문서법」의 송신 · 수신의 시기 및 장소, 작성자가 송신한 것으로 보는 경우, 수신 확인 및 작성자와 수신자 간의 약정에 의한 변경에 관한 규정을 적용한다. 「전자문서법」의 "수신한 전자문서의 독립성"에 관한 규정은 전자금융거래에 대하여 적용하지 아니하며, 거래지시와 관련하여 금융회사 또는 전자금융업자가 수신한 전자문서는 원칙적으로 각 문서마다 독립된 것으로 본다. 다만 금융회사 또는 전자금융업자와 이용자 사이에 전자금융거래계약에 따라 확인절차를 거치는 경우에는 그 절차에 따른다.
3. 전자상거래법	「전자상거래법」은 전자문서에 의한 청약 · 승낙의 방법에 대하여는 특별한 규정을 두지 않고 있다. 이에 관하여는 「전자문서법」의 규정에 따른다는 취지로 볼 수 있지만, 이 법상의 청약확인 등에 관한 규정과 관련하여 어떠한 행위를 청약 또는 승낙으로 보는지에 관하여는 해석이 필요하다. 「전자상거래법」은 통신판매업자는 계약체결 전에 소비자가 청약내용을 확인하고, 정정하거나 취소할 수 있도록 적절한 절차를 갖추어야 한다고 규정한다. 이에 따라 이 법은 청약확인 등과 청약철회 등에 대하여 규정하고 있다.

5. 전자무역계약의 성립

전자무역계약은 다음의 세 가지 유형으로 구분해볼 수 있다. 첫째, 전자문서교환(EDI)을 활용한 계약이다. 둘째, 이메일에 의한 계약이다. 셋째, 무역거래알선사이트상에서의 계약체결이다.

1) 전자문서교환(EDI)에 의한 계약

전자문서교환(EDI)이란 거래 당사자들이 상호 의사전달방식에 대해서 기본거래약정서를 체결하고 컴퓨터로 상호 의사표시를 전달하는 방식이다. 기본거래약정서에는 전자메시지를 전송하고, 전송받고, 저장하는 거래 당사자들의 역할과 책임이 포함되어 있다. 이때 전자무역계약은 발송된 전자청약을 수신자가 수락한다는 승낙의 의사표시를 발송자가 EDI방식으로 받았을 때 체결된다.[15]

2) 전자우편에 의한 계약

전자우편(electronic mail)이란 전자메시지를 발송하고 수신하는 데 필요한 특별한 양식이 없이 사용자가 전자메시지를 컴퓨터로 주고받을 수 있는 방식이기 때문에, EDI와 같은 일정한 양식을 필요로 하지 않는다. 이메일은 사용자가 형식에 구애받지 않고 자유롭게 작성하여 인터넷을 이용하여 수신자의 컴퓨터로 송신한다. 수출상이 이메일을 활용하여 전자청약을 발송하고 수입상은 이메일형태로 된 전자청약을 확인하면 이에 전자청약의 내용을 승낙한다는 전자문서를 이메일로 수출상에게 송부하면 전자무역계약은 성립한다.[16]

3) 무역거래알선사이트를 통한 계약

무역거래알선사이트는 e-마켓플레이스의 일종으로 가상공간상에 수출상과 수입상이 각각 수출하겠다는 의사와 수입하겠다는 청약의사를 등록하는 가상시장이다. 수출상은 무역거래알선사이트에 상품명, 판매가격, 대금결제방법 등이 기재된 전자청약을 등록하게 된다. 물품을 수입하고자 하는 수입상은 무역거래알선사이트에 접속하여 수출상이 등록한 전자청약의 조건을 검토한 후에 이러한 거래조건으로 수입하겠다는 승낙의 의사표시를 무역거래알선사이트에 입력하면 전자무역계약은 성립한다.[17]

제 3 절 스마트계약과 블록체인

1. 블록체인

1) 블록체인의 정의와 의의

(1) 정의

블록체인은 거래와 관련되어 생성된 데이터들을 시간석인 순서에 따라 차례대로 연결하고, 연결된 정보를 거래 당사자들이 공유하고 관리한다는 점에서 분산형 원장(distributed ledgers)으로도 불리고 있다. 분산화는 블록체인기술의 중요한 특

그림 5-1 분산시스템 vs. 중앙통제시스템 아키텍처

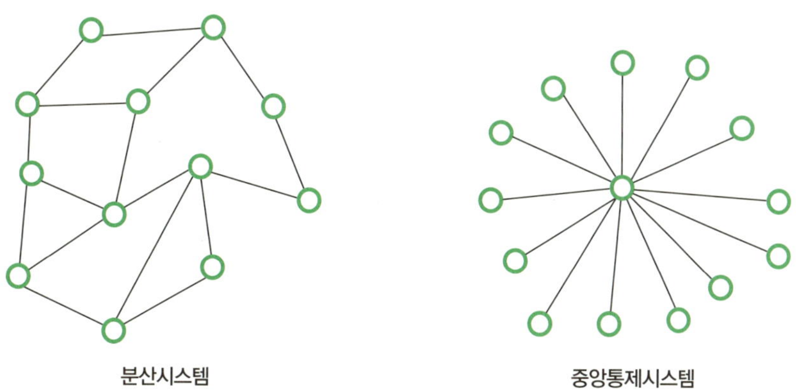

출처: 다니엘 드레셔(이병욱 역), 『블록체인 무엇인가?』, 이지스퍼블리싱, 2019, p.28.

성이며 정보의 위조와 변조를 방지할 수 있다. 블록체인은 거래에 참여한 당사자들이 정보를 공유하므로, 그 모든 사람들의 동의를 얻기 전에는 정보변경이 어렵다. 따라서 보안가능이 강하다.

(2) 의의

블록체인은 분산된 장부이다. 보통 거래장부는 관리기구가 거래장부를 관리하고 있다. 기업회계장부는 기업이 보관하고, 부동산 소유관계에 대한 장부는 등기소가 보관하고, 예금 보유에 관한 장부는 은행이 보관한다.[18] 그러나 블록체인의 경우는 관리기구가 따로 존재하지 않는다. 해당 블록체인 공동체 참여자의 모든 컴퓨터가 공동으로 장부를 관리한다. 블록체인을 이용하면 파일의 위조나 변조가 불가능하다. 왜냐하면 블록체인 안에서는 각 자산에 관하여 첫 소유자부터 현재 소유자까지 소유권 변동이 순서대로 기록되어 있다. 만약 기록을 고치려면 처음 블록부터 고쳐야 하므로 매우 어렵다. 또한 사본 수백만 부가 전 세계에 퍼져 있으므로 그 모든 사본을 일일이 변조한다는 것은 불가능하다.[19] 상거래에서 신뢰받는 제3자가 필요한 것은 상대방을 믿을 수 없기 때문이다. 신용장거래에서 수출상이 수입상을 믿지 못하므로 은행이 신용장을 제공하여 불신을 해소한다. 그러나 은행의 신용장제도는 수출상이나 수입상에게 많은 수수료를 요구하고 있다. 따라서 일부 국가들의 경우 신용장결제방식을 기피하고 있는 실정이다. 그러나 블록체인에서는 컴퓨터가 중개인 역할을 한다.

2) 블록체인기술의 특성

블록체인기술의 특성은 다음과 같다.

첫째, 탈중앙화, 즉 분산화(decentralized)를 들 수 있다.[20] 거래 참여 당사자들이 모두 거래 관련 자료를 공유하고 관리할 수 있기 때문에 중앙에서 관장하는 시스템 자체가 존재하지 않는다. 따라서 새로운 데이터가 블록체인에 추가되기 위해서는 기존 블록체인상의 당사자들의 인증이 필수적이기 때문에 금융거래나 일반적인 상거래와 같은 분야에서 거래의 안전성을 보장할 수 있다.

둘째, 보안성을 보장하는 무결성(integrity)을 들 수 있다. 무결성은 송수신 메시지가 전송 도중 변조되지 않았다는 것을 증명해주는 기능으로 거래내용의 변조나 승인되지 않은 거래의 생성을 방지하기 위한 것이다. 블록체인은 거래와 관련된 모든 자료가 암호화되고,[21] 분산되어 저장되어 있기 때문에 해당 블록체인에 있는 모든 당사자들의 자료를 해킹하지 않는 이상 해당 블록체인 자체의 조작은 거의 불가능하다.

셋째, 저렴한 유지비용을 들 수 있다. 현재 정보의 확인을 위해 사용되는 공인인증이나 My-pin과 같은 인증이나 공증 자체가 필요 없기 때문에 공증과 관련된 수수료가 발생되지 않으며, 중앙거래자가 없이 직접 거래가 가능하기에 거래수수료가 발생되지 않는다.

넷째, 이중지출의 방지를 들 수 있다. 블록체인은 높은 안정성과 자유도를 바탕으로 한다. 일반적으로 개인용 컴퓨터나 노트북에 있는 자료는 복사와 이동, 전송이 매우 자유롭다. 게다가 한 번 다운로드받은 자료를 타인에게 복사해서 전송할 수도 있는 위험이 존재한다. 그러나 블록체인기술을 사용하면 자료에 대한 이중지출을 방지할 수 있다.

다섯째, 블록체인기반시스템의 활용은 관련 정보를 영구히 저장할 수 있는 특성이 있다. 거래와 관련된 정보가 완전 저장되어 하나의 블록을 형성하게 된다. 최초의 정보부터 현재 정보에 이르기까지 모든 이력이 블록으로 저장하여 활용될 수 있다.[22]

여섯째 투명성을 들 수 있다. 즉 모든 거래기록에 공개적 접근이 가능하다.

표 5-4 | 블록체인의 특징[23]

구분	특징
익명성	개인정보를 요구하지 않으며 은행계좌, 신용카드 등 기존 지급수단에 비하여 높은 익명성을 제공한다.
P2P	공인된 제3자의 공증 없이 개인 간 거래가 가능하다.
확장성	정보통신 구축비용이 절감되며 오픈소스에 의하여 쉽게 구축, 연결, 확장이 가능하다.
투명성	모든 거래기록에 공개적 접근이 가능하다.
보안성	정보를 다수가 공유하고 소유하여 해킹이 불가능하여 보안 관련 비용이 절감된다.
신속성	거래의 승인기록은 다수의 참여에 의하여 자동 실행된다.

2. 스마트계약

제4차 산업혁명의 중요한 기술 중의 하나인 블록체인의 등장은 금융, 통관, 물류, 유통이력, 저작권, 부동산, 의료, 에너지 등 모든 산업분야에 적용되어 진화를 거듭하고 있다. 이러한 블록체인기술은 당사자들 간의 계약에도 적용할 수 있다.

1) 스마트계약의 정의와 의의

(1) 스마트계약의 정의

첫째, 스마트계약(smart contract)이란 블록체인기술을 활용하여, 당사자 간의 계약조건에 따라서 블록체인에서 자동 실행되도록 만든 컴퓨터프로그램으로 미리 작성된 알고리즘 코드를 의미한다.[24]

둘째, 스마트계약은 단순히 거래기록을 보관하는 블록체인의 용도를 확장하여 거래관계자의 합의에 따른 계약을 자동 실행할 수 있도록 하여 블록체인 2.0이라고 부르기도 한다.[25]

셋째, 스마트계약은 계약의 교섭과 이행이 코드를 통해 자동적으로 이루어지므로 거래 당사자의 청약과 승낙의 구조를 가진 전통적인 계약과 구분된다.[26] 거래와 관련된 조건이 만족되면 거래 당사자들 간에 자동으로 계약이 체결되고 계약체결과 동시에 대금결제가 이루어지는 기반기술이 스마트계약이다.

(2) 스마트계약의 기원

스마트계약이라는 용어는 1994년 컴퓨터 과학자 닉 자보(Nick Szabo)가 처음 제안한 개념으로 "프로그래밍된 조건이 모두 충족되면 자동으로 계약이 실행되는 자동화시스템"으로 스마트계약을 정의한 데서 기원하였다. 그 이후 2013년 비탈릭 부테린(Vitalik Buterin)이 비트코인의 블록체인기술을 이용하여 대금결제, 송금 등 금융거래뿐만 아니라 모든 종류의 계약을 처리할 수 있도록 확장함으로써 스마트계약의 활용가능성이 나타나기에 이르렀다.[27]

(3) 스마트계약의 의의

전통적인 개념에서 계약은 당사자 간의 의사합치에 의한 법률행위로 상호 약속의 교환이다. 계약이 성립된 후 당사자들은 계약서에서 합의한 의무를 이행하여야 하며 의무의 이행이 완전히 이루어지면 계약은 종료된다. 하지만 계약 체결 당사자의 신의성실에 의한 의무가 이행되지 않거나 처음부터 계약이행에 대한 의사가 없는 당사자들로 인한 사기의 위험도 있다. 그러나 블록체인기반 스마트계약에서는 이러한 문제들을 사전에 방지할 수 있다. 즉 계약 체결 당사자들은 블록체인에 자신들에 대한 정보를 등록하여야 한다. 이러한 정보의 등록에 대한 진위여부는 이전에 기록 저장된 당사자들의 다른 블록체인상의 정보와 일치하여야만 등록이 가능하다. 그리고 이러한 정보들은 허위로 작성하거나 이전의 기록을 수정하거나 삭제하는 것이 불가능하다.

스마트계약에서 가장 중요한 부분은 거래중개자(은행)의 참여 없이 대금결제가 이루어진다는 것이다. 또한 플랫폼에 포함된 모든 당사자들이 특정 거래와 관련된 정보를 저장하고 관리하기 때문에 특정 계약 당사자 중 한 명이 당해 계약 자체를 부정하거나 당해 거래 자료를 삭제하는 것이 불가능하다. 즉 블록체인기반 스마트계약은 사기와 같은 위험을 미리 방지할 수 있다는 점에서 안전계약의 체결이 가능하다.

2) 스마트계약의 작동원리와 특성

(1) 스마트계약의 작동원리

스마트계약은 블록체인 내 특정 조건이 충족됐을 때 자동으로 거래내용을 실행하는 프로그램으로 기존 거래내용의 기록방식을 채택한 비트코인의 블록체인기술에 계약 코드와 실행 이력 등을 추가함으로써 별도의 통제수단 없이 자동으로 계약내용을 처리할 수 있게 한 것이다. 따라서 이론상으로는 모든 종류의 계약을 처리할 수 있도록 설계할 수 있는 특징이 있다. 즉 스마트계약은 당사자 간 계약의 조건을 미리 코드화하여 설계된 프로그램을 작동시키면 네트워크상에서 계약의 이행과 불이행에 따른 결과가 자동으로 표시되어 각 당사자는 계약 이행여부에 따른 결과를 확인하고, 이에 상응하는 대금지급 또는 가치를 이전하는 방식으로 거래가 실행됨에 따라 별도의 집행기관에 의존하지 않고 탈중앙화된 방식으로 간편하고 신속하게 계약을 처리할 수 있게 된다.

이더리움에서 실행되는 스마트계약프로그램의 실행 프로세스를 살펴보면 ① 프로그래밍 코드 작성, ② 코드 서명, ③ 블록체인 저장, ④ 실행(계약체결과 전자서명) 순으로 작동된다. 여기서 실행되는 코드와 그 결과는 트랜잭션에 포함하여 체인으로 연결된 블록 위에 데이터베이스형태로 저장하여 모든 참여자가 공유하게 되며, 계약내용의 추가 없이 수정만 가능하게 되어 있다. 여기서 참여자들은 공개키 암호화방식으로 만들어진 지갑주소(wallet address)를 블록체인과 상호작용하여 계약을 체결하고 전자서명을 하게 된다.

예컨대 음원에 대한 저작권의 경우 노래 한 곡에 가수와 작곡가, 프로듀서, 발행사, 소속사 등이 각자의 권리를 일정비율로 나누고 계약서를 작성하여 보관하게 되는데, 제3자가 특정 트랙의 음원 저작권 사용계약을 맺으려면 각 권리 보유자를 일일이 파악하여 계약을 체결해야 하는 복잡한 절차를 거쳐야 한다. 이때 블록체인방식으로 절차를 자동화하는 스마트계약을 활용한다면, 음원 구매자가 지급한 비용이 각 권리자의 비율에 따라 실시간 자동으로 지급될 수 있어서 복잡한 과정 없이 계약체결 및 대금지급을 자동으로 처리할 수 있게 된다.[28]

그림 5-2 스마트계약절차

(2) 스마트계약의 특성

첫째, 스마트계약은 특정 조건이 성취되면 청약자의 의사를 묻지 않고 계약이 자동으로 실현되는 특수한 유형의 의사 실현계약이라고 할 수 있다.[29]

둘째, 스마트계약의 계약조건은 프로그램 코드로 표현된다. 따라서 스마트계약은 법적 성질의 측면에서 이중성을 갖는다. 하나는 당사자 간의 계약관계를 관리하는 문서의 기능을 수행하고 다른 하나는 지식재산권의 대상이다.[30]

셋째, 스마트계약은 핵심이 프로그램 코드이므로 다양한 해석을 허용하지 않는다. 따라서 계약의 해석에 관한 법원칙이 적용되지 않는다.[31]

넷째, 스마트계약은 일단 체결되면 더 이상 그 실행에 제3자 또는 계약 당사자의 동의가 필요하지 않다. 그러므로 인간의 기회주의적 행동이나 계약위반을 고려할 여지가 없다.

다섯째, 블록체인구조에서는 정보가 분산되어 있으므로 중앙서버에 모든 것을

▎표 5-5 ▎스마트계약의 특징

번호	평가항목	내용
1	의사 실현계약	특정 조건이 성취되면 청약자의 의사를 묻지 않고 계약이 자동으로 실현된다.
2	법적 측면에서 이중성	하나는 당사자 간의 계약관계를 관리하는 문서의 기능을 수행하고 다른 하나는 지식재산권의 대상이다.
3	프로그램 코드	다양한 해석을 허용하지 않는다. 따라서 계약의 해석에 관한 법원칙이 적용되지 않는다.
4	동의 불필요	실행에 제3자 또는 계약 당사자의 동의가 필요하지 않다.
5	높은 보안성	정보가 분산되어 있으므로 중앙서버에 모든 것을 보관하는 방식보다 상대적으로 높은 보안성(secure)유지가 가능하다.
6	신뢰성	모든 참여자가 정보를 공유하므로 거래기록이 개방되고 투명하여 신뢰성이 높다.
7	신속성	거래의 승인기록이 다수 참여자에 의해 자동으로 실행됨에 따라 거래의 신속성을 확보할 수 있다.
8	계약절차의 단순화	동의를 위한 과정이 한 번의 승낙으로 이루어지면 매우 단순하게 계약이 체결될 수 있다.
9	중개기관 불필요	중개기관 및 제3자의 공증이 없어지기 때문에 비용이 저렴하고 시스템 통합에 따른 인프라비용이 절감된다.
10	거래비용 절감	은행과 같은 중개자의 개입 없이 자동으로 계약을 체결하고 동시에 이행되므로 거래비용을 절감할 수 있다.
11	튜링-안전	이더리움 플랫폼을 활용한 블록체인은 스마트계약을 기록 · 관리 할 수 있도록 설계됨으로써 튜링-안전이 제공된다.

보관하는 방식보다 상대적으로 높은 보안성(secure)유지가 가능하여 안전한 거래가 보장된다. 거래 당사자들이 블록체인에 기업의 정보, 대표자의 이력, 기존 거래처와의 관계 등에 대한 정보를 등록하면 블록체인에 등록된 모든 당사자들에게 저장되고 보관이 이루어진다. 그리고 계약조건에 대한 정보가 입력되면 해당 계약조건과 일치하는 당사자가 자동으로 연결되고 계약과 관련된 정보가 블록체인에 기록된다. 이전에 사기와 같은 거래내역도 저장되어 있기 때문에 사기와 같은 문제를 미연에 방지할 수 있다. 하지만 이더리움 스마트계약의 경우 일반적으로 다양한 프로그램 언어로 작성하여 블록체인기반의 애플리케이션으로 구현하는 만큼 보안성이 취약하다는 약점이 있다.

여섯째, 모든 참여자가 정보를 공유하므로 거래기록이 개방되고 투명하여 신뢰성이 높다.

일곱째, 거래의 승인기록이 다수 참여자에 의해 자동으로 실행됨에 따라 거래의 신속성을 확보할 수 있다.

여덟째, 계약절차의 단순화를 들 수 있다. 기존의 계약은 일방의 청약과 이에 대한 동의의 과정을 거쳐 이루어진다. 하지만 동의를 위한 과정이 한 번의 승낙으로 이루어지면 매우 단순하게 계약이 체결될 수 있다. 실무상으로 여러 데이터베이스와 전사적 자원관리(ERP)시스템에서 계약절차를 간소화할 수 있다는 점에서 잠재적 활용가능성이 큰 것으로 알려져 있다.

아홉째, 중개기관 및 제3자의 공증이 없어지기 때문에 비용이 저렴하고 시스템 통합에 따른 복잡한 프로세스와 인프라비용이 절감되는 효과가 있다.

열 번째, 거래 관련 비용을 절감할 수 있다. 당사자들은 은행과 같은 중개자의 개입 없이 자동으로 계약을 체결하고 동시에 이행되는 스마트계약의 특성은 계약과 관련된 절차가 사라지기 때문에 거래와 관련된 시간과 비용을 절감할 수 있다.

열한 번째, 이더리움 플랫폼을 활용한 블록체인은 스마트계약을 기록 · 관리할 수 있도록 설계됨으로써 튜링–안전(turing–completeness), 가치인지능력(value–awareness), 블록체인인지능력(block chain–awareness) 등이 포함된 강력한 기능들을 제공한다.

3. 스마트계약의 적용사례

스마트계약은 조건에 의해 계약이 자동으로 실행되도록 프로그래밍한 자동화계약시스템으로 블록체인의 분산원장을 사용하면 비즈니스계약을 자동으로 실행하는 것이 가능해진다. 즉 P2P 데이터베이스가 기관과 고객이 맺은 계약의 모든 조건을 파악하고, 분산된 노드(서버)에서 수집한 데이터를 이용하여 이러한 계약조건의 이행여부와 지급승인 등을 파악할 수 있게 된다. 따라서 스마트계약은 중개기관이 존재하지 않는 물품계약이나 부동산 소유권의 이전계약, 재산상속, 증여 등 다양한 계약체결을 위한 시스템으로 활용할 수 있으며, 특히 주식, 채권, 보험, 토큰, 투표, 기록, 에스크로, 예측시장 등에서 분산 애플리케이션을 활용하여 계약의 실행기능을 대체할 수 있다.[32]

1) 소비자계약 사례

블록체인기반 스마트계약 플랫폼에서 선사세품을 구매하고자 하는 소비자는 자신의 구매조건을 블록체인에 입력하면 이미 거래조건을 입력한 등록된 판매자들 중에서 자신이 입력한 조건과 일치하는 판매자를 찾아서 자동으로 계약을 체결한다. 블록체인기반 스마트계약의 경우 계약의 체결과 동시에 대금결제가 이행되기 때문에 정해진 시간 내에 물품에 대한 권리가 이전되었음을 인정하는 암호화 토큰이 소비자에게 전송되어야 한다. 안전한 거래를 위해 스마트계약 플랫폼은 정해진 일자에 이러한 정보가 도착되지 않으면 자동으로 결제한 대금이 모두 환불처리되도록 설정하고 동시에 정해진 일자에 암호화 토큰이 도착하면 해당 계약과 관련된 모든 정보가 블록체인에 있는 모든 당사자들에게 전송되도록 설정되어 있다.

2) 금융산업 사례

스마트계약은 핀테크산업분야에서 증권거래, 청산결제, 송금, 투자 · 대출, 상품거래소, 무역금융 등의 효율성을 높이는 시스템으로 잠재적 가치가 크다. 대표적으로 미국 나스닥의 경우 분산된 장부를 통해 중개기관 없이 무명의 개인 투자자에게 주식을 이전하는 방식의 스마트계약을 NASDAQ Private Market 거래에 활용하는 기술로 준비하고 있다. 이 방식은 기존에 3일이 소요되던 처리과정(주문-결제-승인-펀드이체 및 디지털 서명-체결-정산)을 10분으로 단축하는 주식결제시스템에 활용하기 위한 테스트를 마치고 플랫폼사업 개시를 추진하고 있다.

국내의 경우 한국전력이 블록체인기반 이웃 간 전력거래 및 전기차 충전서비스를 구축하고 시범사업을 하고 있으며, 교보생명의 경우 실손 의료보험금 자동청구 서비스에서 블록체인기반의 인증과정에서 스마트계약을 활용하고 있다. 또한 삼성 SDS는 이더리움의 스마트계약기능을 참고하여 기존 비트코인의 블록체인시스템에 이더리움 가상머신을 구현하는 방식으로 자체 스마트계약기능을 갖춘 넥스레저(Nexledger) 플랫폼을 개발하고 있다.[33]

3) 국제상거래에의 스마트계약 도입 필요성

국제상거래를 이행하는 당사자 입장에서는 생산요소이동의 계약, 국가 간의 상이한 경제정책과 제도의 차이, 대금회수의 위험성, 언어와 상관습의 차이 등으로 인한 상거래 장벽을 극복하여야 하는 많은 문제가 있다. 정보통신기술의 발달과 인터넷의 등장은 전자상거래라는 새로운 형태의 상거래방식을 태동시켰으며 이러한 전자상거래는 국내뿐만 아니라 국제상거래에도 널리 활용되고 있으며 점점 더 확대될 전망이다.

블록체인을 기반으로 하는 플랫폼의 국제상거래 도입은 전통적인 상거래와 기존의 전자상거래가 추구하지 못했던 효과를 발휘할 수 있다. 강력한 신뢰성과 탈중앙화의 특성을 가진 블록체인 플랫폼의 국제상거래에서의 활용은 전통적인 상거래방식 및 기존 전자상거래방식에 상당한 변화를 예견하고 있다. 특히 블록체인기반 플랫폼은 국제상거래 SCM(Supply Chain Management, 공급사슬관리) 전체에 거래당사자들이 정보를 관리하고 저장함으로써 국제상거래의 신뢰성, 효율성, 투명성, 안전성을 개선할 수 있다.

4. 스마트계약 활용사례와 입법화 동향

최근 4차 산업혁명 시대의 기술발달에 따라 새롭게 나타나는 서비스와 거래형태를 입법적으로 해결하려는 노력이 주요국에서 활발히 논의되고 있다. 선진국의 블록체인 관련 입법 동향은 가상통화에 대한 규제에서 출발하여 최근에는 신기술에 대한 정의를 규정하고 관련 산업에 적용하기 위한 기반을 마련하는 방향에서 논의가 이루어지고 있다. 즉 블록체인기반의 가상통화에 대해서는 이용자보호를 위한 입법이 주를 이루고 있는 반면에, 스마트계약과 관련하여서는 신기술에 대한 명시적인 정의규정을 마련하여 블록체인에 의한 거래기록의 증명력을 부여하거나 법원의 증거자료로 삼을 수 있는 법적 근거를 마련하는 방향에서 입법이 시도되고 있다.[34]

1) 미국

2014년의 「온라인시장보호법(Online Market Protection Act of 2014)」 SEC.3.(i)에서 스마트계약에 관한 최초의 정의규정을 마련하고 있다. 즉 스마트계약을 "암호화로 인코딩된 계약으로서 다중서명기술이 활용되어 사전에 결정된 변수가 충족될 때 자동화되어 다중 당사자에 대하여 실행되고 공공기록 또는 자산의 이전이 가능한 것"으로 정의하고 있다. 아울러 블록체인에 대해서도 정의하고 있는바 블록체인이란 "프로그램을 작성하는 알고리즘에 관한 다양한 신기술의 개념 중 암호화된 알고리즘 체인"이라 정의하고 있다.[35] 미국에서는 주(state)정부 차원에서 블록체인에 관한 정의조항을 마련한 사례도 있다. 즉 버몬트주는 입법을 통해 인터넷 상호작용, P2P 네트워크 또는 어떠한 다른 방법을 통해 유지되든 간에 수학적으로 안전하고 시간 순으로 분산된 합의장부 또는 데이터베이스를 블록체인이라고 정의하고 있다.

한편 애리조나주 「전자거래법(Arizona Electronic Transactions Act)」에서는 직접적인 스마트계약 관련 조항을 마련하고 있다. 즉 스마트계약은 분산 및 탈중앙화되고 공유하는 복제된 원장에서 작동하여 그 원장을 보존하고 자산 양도 및 지침 전송을 명령할 수 있는 이벤트기반 프로그램이라고 정의함으로써 스마트계약에 관한 법적 근거를 마련하고 있다. 동법의 주요 내용을 살펴보면 블록체인이란 분산형 장부기술로서 분산화되고 비집중화되며 공유가능한 복제장부이며, 이러한 분산형 장부는 공공 또는 사적으로 이용할 수 있고, 허가 또는 무허가로도 사용될 수 있으며, 장부의 데이터는 암호화되어 변조할 수 없고 쉽게 확인할 수 있으므로 별도의 검증이 요구되지 않는 정보라고 규정하고 있다.

최근 플로리다주 의회에서도 스마트계약에 법적 근거를 부여하는 법안이 제출되었다. 즉 블록체인에 기록된 데이터를 법적 증거자료로 사용할 수 있도록 허용하는 법안(HB 1657)인데, 블록체인 원장과 스마트계약에 기록된 내용을 증거자료로 채택할 수 있도록 하는 내용으로 법적 유효성을 부여하고 있다. 다만 스마트계약에 포함된 전자기록이 법률이나 규정에 위반되지 않을 때 한하여 적용가능하다는 단서조항을 마련함으로써 기존 계약법이론과의 충돌을 최소화하려고 노력한 점이 주목된다. 동 법안은 블록체인기술을 통해 확보된 기록 또는 계약을 전자적 형식의 기록으로 보며, 또 블록체인에 기록된 서명을 유효한 전자서명으로 볼 수 있도록 한다는 점에 의의가 있다.

2) EU

EU에서는 스마트계약에 관한 입법을 위한 다양한 포럼이 운영되면서 폭넓은 의견 수렴을 하는 단계인데, 영국은 핀테크기업을 중심으로 신기술산업에 대한 규제 샌드박스(regulation sandbox)를 마련하여 정책적으로 규제를 완화해주는 제한된 구역을 설정하는 방식으로 기술혁신을 지지하고 있으나 아직 스마트계약에 관한 직접적 근거규정은 논의 중인 것으로 파악되고 있다.

3) 기타 국가

한편 일본과 중국의 경우 가상화폐를 중심으로 규제 및 세금부과를 위한 입법단계에 있거나, 가상화폐에 대한 폐해를 차단하려는 정책적 규제방안을 마련하는 등 관련 주의조치나 가이드라인을 제시하는 단계로서 스마트계약에 대한 입법 움직임은 아직 없는 것으로 알려졌다. 국내의 경우에는 전자금융거래법의 일부개정 법률안이 의원입법형식으로 제안되고 있는데, 동 개정은 가상통화에 대한 정의규정과 가상통화 취급업의 인가 신청 및 요건 등에 관한 사항 그리고 가상통화 이용자를 보호하기 위한 예치금제도 및 피해보상계약, 설명의무부과 등의 내용을 담고 있을 뿐이며, 아직 국내에는 블록체인과 스마트계약에 관한 입법 시도는 없는 상황이다.

요약 summary

전통적인 의미의 계약은 거래 당사자 일방이 청약이라는 의사표시를 하고 상대방 당사자가 승낙이라는 의사표시를 하면 계약이 성립한다. 전통적인 종이서류에 의한 계약의 성립과 계약관리는 거래 당사자들의 참여와 관심을 요구한다. 따라서 계약과정상의 비용을 발생시킨다. 윌리엄슨(Oliver Williamson) 교수는 계약을 성사시키기 위해서는 정보비용, 탐색비용 등 다양한 거래비용이 따른다고 하고 있다. 이와는 대조적으로 거래를 통하여 이윤을 창출해야 하는 기업은 계약체결 및 계약관리과정에서 발생하는 비용을 최소화해야 한다.

그러나 정보통신기술을 활용하게 되면, 계약체결과정에서 발생하는 인건비, 출장비, 서류작성의 오류 등 인적비용을 절감할 수 있으며, 물리적 비용인 종이, 우편료 등 부대비용을 절감할 수 있다. 그리고 서비스 또는 제품인도에 대한 책임부분에 있어서도 기업들은 계약위반에 대해 즉각적으로 반응하게 된다.

UN전자계약협약은 전자거래분야에서 구속력이 있는 전자계약에 대한 국제규범이라는 데 의의가 있으며, 기술중립성의 원칙과 기술등가성의 원칙을 천명하고 있다는 데 의미가 있다. 기술중립성의 원칙은 전자계약협약이 구체적인 기술이나 매체에 관계없이 모든 형태의 전자적 의사표현을 규율한다는 의미이다. 기술등가성의 원칙은 전자적 의사표현에 의해서도 전통적인 종이문서에 의한 서면요건을 충족시킨다는 의미이다. 우리나라는 2008년 1월 15일 전자계약협약에 서명함으로써 전자거래에 관한 국내외 법규범을 통일할 필요성이 제기되고 있다.

스마트계약(smart contract)이란 당사자 간의 계약조건에 따라 블록체인에서 자동 실행되도록, 컴퓨터프로그램으로 미리 작성된 알고리즘 코드를 의미하며, 이는 단순히 거래기록을 보관하는 블록체인의 용도를 확장하여 거래관계자의 합의에 따른 계약을 자동으로 실행할 수 있는 것을 말한다.

즉 스마트계약은 전통적인 서면방식에 의한 계약과 달리 계약의 규정에 따른 일련의 행동을 수행하기 위해 상호 합의된 계약조건을 컴퓨터네트워크상에 구현시킴으로써 계약의 체결과 이행이 자동으로 실행되는 특징이 있다. 그 결과 모든 관계자가 계약조건에 동의할 수 있고, 자동 실행에 대해 신뢰할 수 있으며, 오류나 외부의 조작 등의 위험이 제거된 상태에서 계약을 실행시키는 수단으로 활용된다. 또한 스마트계약은 암호로 코딩된 계약서로 일정하게 예정된 조건(매개변수)이 충족될 경우 자동 또는 다수 당사자의 실행과 거래 또는 자산 이전의 공개된 기록을 허용하는 약정으로 종종 다중서명기술을 활용하는 방식으로 구현된다.

실습문제

01 무역매매계약서를 영문으로 작성하시오.

02 무역계약서류를 영문으로 작성하고, 이를 상대 고객(학생, 실습동료)에게 이메일로 발송하시오.

03 UNCITRAL를 방문하여 전자계약협약을 다운로드받으시오.

04 스마트계약이 무엇인지 인터넷으로 검색하여 제출하시오.

05 블록체인이 무엇인지 인터넷으로 검색하여 제출하시오.

토론주제

01 전통적 계약에 대하여 토론하시오.

02 전자계약에 대하여 토론하시오.

03 스마트계약에 대하여 토론하시오.

일반문제

01 청약에 대하여 설명하시오.

02 청약의 유인에 대하여 설명하시오.

03 승낙에 대하여 설명하시오.

04 전자계약에 대하여 설명하시오.

05 UNCITRAL 전자계약협약의 특징에 대하여 설명하시오.

06 전통적 계약과 전자계약의 차이점에 대하여 설명하시오.

07 블록체인의 정의와 의의에 대하여 설명하시오.

08 블록체인의 특징에 대하여 설명하시오.

09 스마트계약에 대하여 설명하시오.

10 블록체인 2.0에 대하여 설명하시오.

11 미국의 온라인시장보호법에 대하여 설명하시오.

12 스마트계약의 특성에 대하여 설명하시오.

참고문헌과 미주

01 정용균, 『무역상무론』, 청람, 2019, p.151.
02 석광현, 『국제물품매매계약의 법리』, 박영사, 2010, p.22.
03 정용균, 전게서, p.150.
04 Oliver E. Williamson, *Markets and Hierarchies*, Free Press, 1975.
05 이상진 · 신승만, "전자무역계약의 가치와 전자무역추진환경에 관한 고찰", 『무역학회지』, 제33권 제5호, 2008, p.162.
06 이상진 · 신승만, 전게 논문, p.164.
07 손진화, 『전자상거래법』, 신조사, 제4판, 2018, p.88.
08 최경진, "UN전자계약협약에 관한 연구", 『중앙법학』, 제11권 제4호, 2009, p.133.
09 최경진, 전게 논문, p.138.
10 정진명, "UNCITRAL 전자계약협약의 국내법에의 수용", 『비교사법』, 2009, p.43.
11 정진명, 전게 논문, p.74.
12 손진화, 전게서, p.95.
13 손진화, 『전자상거래법』, 신조사, 제4판, 2018, pp.53-60; 이제현, 『전자무역실무』, 박영사, 2010을 참조하여 작성하였음.
14 손진화, 전게서, pp.53-60; 이제현, 전게서를 참조하여 작성하였음.
15 이제현, 『전자무역실무』, 박영사, 2010, p.170.
16 이제현, 전게서, p.171.
17 이제현, 전게서, p.172.
18 김창희, "스마트계약에 수반되는 자력 집행에 관한 법적연구", 『법학연구』, 인하대학교 법학연구소, 제22권 제1호, 2019, p.469.
19 김창희, 전게 논문, p.470.
20 윌리엄 무가야(박지훈 · 류희원 역), 『비즈니스 블록체인』, 한빛미디어, 2017, p.80.
21 윌리엄 무가야(박지훈 · 류희원 역), 전게서, p.80.
22 이수현 · 김혜리 · 홍승필, "스마트 컨트랙트에서 개인정보보호를 위한 설계방안 연구", 2017년 한국통신학회 하계종합학술발표회, p.605.
23 비트뱅크(주) & 블록체인의 충격 편집위원회(김응수 · 이두원 역), 『블록체인의 충격』, 북스타, 2017, p.129.
24 양영식 · 송인방, "블록체인 스마트계약의 상용화를 위한 법적 과제", 『법학연구』, 한국법학회, 제18권 제2호, 2018, p.107.
25 양영식 · 송인방, 전게 논문, p.108.

26 정진명, "블록체인 기반 스마트계약의 법률문제", 『비교사법』, 제25권 제3호, 2018, p.930.
27 양영식 · 송인방, 전게 논문, p.109.
28 양영식 · 송인방, 전게 논문, p.110.
29 정진명, 전게 논문, p.940.
30 정진명, 전게 논문, p.941.
31 정진명, 전게 논문, p.941.
32 양영식 · 송인방, 전게 논문, p.115.
33 양영식 · 송인방, 전게 논문, p.117.
34 양영식 · 송인방, 전게 논문, p.117.
35 양영식 · 송인방, 전게 논문, p.118.

Chapter 06

전자통관과 국제전자무역네트워크

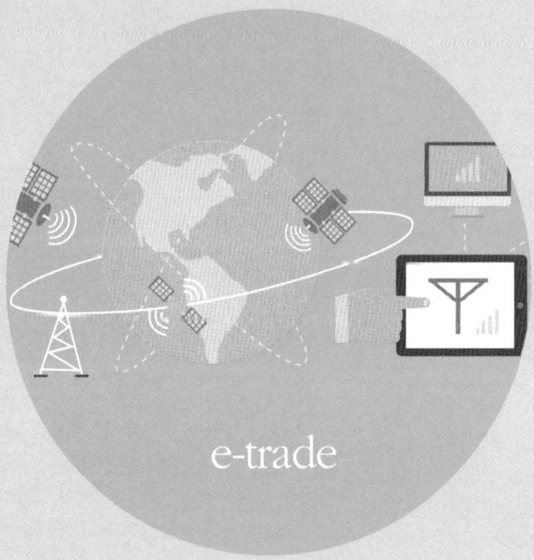

단일창구에서 업무가 이루어짐에 따라서 통관 관련 비용이 획기적으로 절감되었다.

– 관세청

통관은 예나 지금이나 무역거래절차에서 중요한 절차이다. 무역 관련 규범 중에서 가장 광범위하게 사용되고 있는 정형거래조건에서도 11가지 무역조건들을 구별하는 중요한 것 중의 하나가 수출통관과 수입통관을 누가 하느냐이다. 최근 EDI가 광범위하게 사용되면서 통관절차에도 사용되기에 이르렀다. 따라서 과거와는 달리 EDI서류로 종이서류를 대체함에 따라서 인력과 비용을 획기적으로 절감하는 전자통관이 활성화되기에 이르렀다. 현재 세계 각국은 전자통관제도를 구축하여 사용하고 있다. 우리 역시 전자통관을 통하여 통관수속을 하고 있다.

제1절 통관의 의의

1. 통관제도의 목적

1) 재정수입의 확보

통관제도의 주요 목적의 하나는 통관제도를 통하여 관세를 부과함으로써 재정수입을 확보하는 데 있다. 한 국가를 운영하려면 적지 않은 비용이 들어간다. 국방을 위하여 군대도 유지해야 하며, 전기를 공급하기 위하여 댐을 건설하기도 한다. 이러한 일을 하려면 재정이 필요하다. 이 모든 돈을 국민으로부터 세금만 거두어서는 한계가 있다. AD 7세기경 중국 당나라에도 시박사라는 세관이 있었으며, 주요 목적은 관세부과였다.[01] 이처럼 관세는 유용한 재정수입기반이 된다.[02]

2) 국내 산업보호

자유무역을 하는 경우 제일 큰 위험은 아직 우리나라 산업이 외국기업의 제품들과 경쟁하기에는 제품의 품질이나 가격이 너무 비쌀 때 외국물건이 자유롭게 들어오는 경우이다. 이럴 경우 결국 우리나라 산업은 성장하지도 못하고 없어지고 말 것이다. 따라서 우리나라 산업이 발달할 때까지 국내 산업을 보호할 필요가 있다. 이러한 목적으로 수입물품 중 경쟁력이 강력한 제품에 대해서는 고율의 관세를 부과하여 국내 경쟁력을 약화시킨다.

3) 소비자보호

허위로 표시된 상표나 위조된 상표, 허위로 표시된 원산지 등은 우리나라 소비자들에게 잘못된 정보를 제공한다.[03] 또한 현대에 올수록 지식재산권이 중요해지고 있다. 지식재산권을 침해하는 물품의 유입이나 유출을 통관과정에서 방지한다.

4) 국민건강 생태계보호

외국물품 가운데는 우리 국민의 육체적 · 정신적 건강에 해를 끼칠 수 있는 물건도 있다. 그러한 물건들은 통관제도를 통하여 걸러낸다. 또한 외래종 동식물은 들어오면 우리나라 생태계를 교란시킬 수도 있다. 이러한 동식물도 통관을 통하여 걸러낸다.

5) 국가 안전보장 및 풍속보호

각 국가는 나라마다 고유의 문화가 있다. 수입품 중에는 우리나라 풍속과는 맞지 않은 물건들도 있다. 이러한 물건들은 통관제도를 통하여 걸러낸다. 그 결과 우리의 문화나 풍속을 보호한다.

6) 통상정책 시행

자유무역을 지원하는 방향으로 통상정책기조를 유지할 것인가, 아니면 관세장벽을 높여서 우리나라 시장을 방어할 것인가 결정하는 정책을 통상정책이라 한다. 이때 통관제도는 관세 및 비관세장벽 등 다양한 수단으로 활용된다.[04]

제2절 전자통관 추진절차

1. 전자통관 연혁

우리나라 최초의 전산통관시스템은 김포 및 서울세관의 항공화물 전산시스템(CCS)으로 1986년 개발을 시작하여 1991년 시행되었다. 특히 1990년대에 들어서면서 통관절차의 간소화가 국제적인 이슈로 떠올랐으며, 이 시기 관세청에서도 물류비용 절감을 위해 EDI방식으로 통관절차를 전산화하기 시작하였다. 1991년 자료관리실을 신설하고, 1992년 EDI 통관자동화 6개년 종합계획을 수립하였으며,[05] 1994년 EDI 수출통관소요시간을 종전의 4시간에서 5분 이내로 단축시켰다. 1995년 WTO 출범 이후 시장개방과 함께 기업의 국제경쟁력 강화를 위하여 관세청에서는 물류적체현상을 통관절차 개선으로 해소하고자 적하목록취합시스템(MFCS)에 의한 화물관리시스템을 구축하였으며, 1996년 수입통관, 1997년 수출화물과 관세환급, 1998년 수입화물시스템 구축으로 EDI 통관 · 화물자동화시스템을 단계적으로 구축하였다.

1999년에는 검사 · 검역기관 및 수출입요건 확인기관과 EMI로 연계하여 실시간으로 전산망을 통하여 확인이 가능해졌으며, 이를 바탕으로 동년 9월 서류 없는(paperless) 수입통관시스템을 개방 · 시행하게 되었다. 2003년 관세청의 업무 중 수출입 통관절차와 관련된 6개의 시스템을 인터넷 통관서비스로 통합하여 제공하기 시작하였으며, 2005년에 수출입에 필요한 각 기관별 절차를 통합한 통관단일창구시스템을 추가 연결하여 전자통관시스템인 UNI-PASS를 완성하였다. UNI-PASS에서는 관세행정에서 중요한 업무인 신고와 납부를 종이서류가 아닌 인터넷을 이용하여 수행할 수 있으며, 업무지원, 정보지원, 정보조회, 통관단일창구, AEO, 고객지원 등의 서비스를 제공하고 있다. 또한 환율정보와 화물의 진행정보

표 6-1 전자통관 연혁

연도	내용
1970년	무역통계전산화
1985년	항공화물 수출입통관 화물처리시스템 개발
1991년	파일전송시스템 도입
1992년	EDI 통관자동화 6개년 종합계획
1994년	EDI 수출통관시스템 구축
1996년	EDI 수입통관시스템 구축
1997년	관세환급시스템 구축
2002년	사용자화면을 인터넷환경의 관세행정정보시스템으로 통합
2005년	UNI-PASS 통관단일창구시스템 완성

출처: 이호형 · 전외술, "전자통관의 해외사례연구", 한국관세학회학술대회, 2010, p.222

를 화물관리번호나 Master B/L 또는 House B/L번호로 조회할 수 있으며, 각종 증명서 발급도 가능하다.[06]

그림 6-1 관세청 UNI-PASS 전자통관

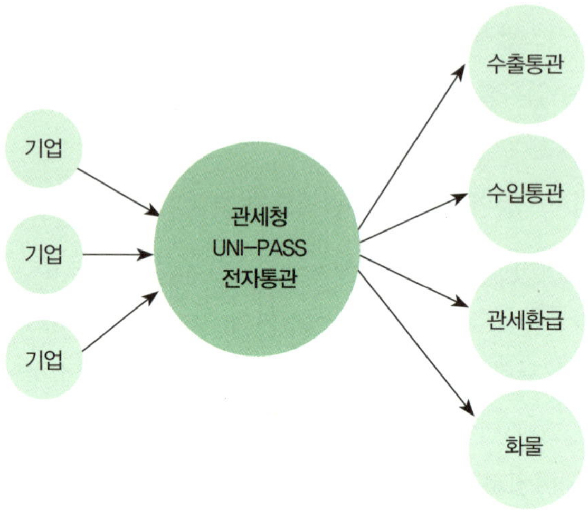

2. 전자통관 구축현황

1) 전자통관시스템 필요성

첫째, 세계경제의 글로벌화가 진행됨에 따라서 국제무역 대상국 수와 교역품목 수는 크게 증가하고 있으며, 과거 국제경제질서와 무관하게 살았던 국가들도 국제경제질서에 편입됨에 따라서 세계 전체 교역량도 증가하고 있다. 따라서 통관시스템의 전자화가 필요하게 되었다.

둘째, 우리나라는 세계 각국과 FTA를 체결함에 따라 원산지규정이 중요해지는 등 관세행정은 복잡 다기화하고 있다. 이에 따라서 품목별 관세율체제, 원산지 확인 등이 더욱 다원화됨에 따라 기존의 세관시스템으로는 업무처리가 쉽지 않게 되었다.

셋째, 관세행정이 증가하는 데 비하여 세관공무원의 증가는 이에 미치지 못하여, 국제 간 상거래의 시간지연 등 개선해야 할 과제들이 나타나서 통관절차 자동화의 발전 필요성이 대두되었다.

넷째, 주요 국가 및 국제기구에서는 단일창구에서 관련된 관세 관련 모든 업무를 일괄처리하는 단일창구(single window) 구축 필요성을 인지하고, 지속적으로 정보화 투자를 확대시키고 있다.

다섯째, 세계관세기구(WCO), 세계무역기구(WTO), 경제협력개발기구(OECD), 국제연합(UN) 등과 같은 국제기구에서도 전자무역 표준화를 위해 단일창구 가이드라인을 제정하는 등 많은 논의가 진행되고 있다.

그림 6-2 UNI-PASS 통관시스템 홈페이지

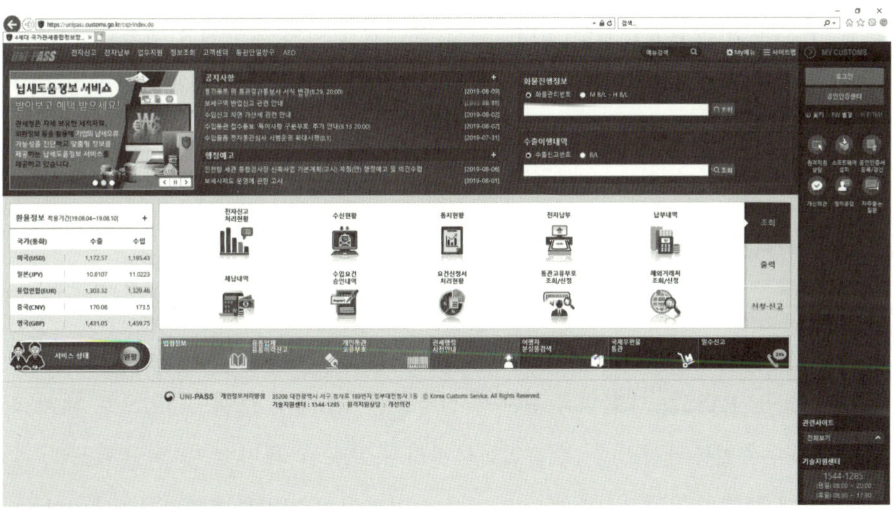

2) 전자통관시스템의 도입

(1) 전자통관의 정의

전자문서와 통신방식을 표준화하여 컴퓨터를 이용해 송 · 수신하는 전산기술을 수출입통관업무에 적용하는 통관방식이 전자통관이다.

(2) 전자통관의 목적

수출입절차에 대한 규제완화와 간소화, 통관의 일원화를 위하여 이 시스템이 도입되었다. 한국 관세청시스템인 UNI-PASS 개발의 계기가 된 것은 국가행정전산망 6대 사업의 하나로 통관업무가 선정되면서부터이다. 1985년부터 약 5년간에 걸쳐 항공화물 통관관리시스템을 개발하여 1990년부터 운영에 들어갔고, 1990년 4월 관세청에 전산 전문조직인 자료관리관실이 발족되면서 관세행정정보화는 비약적인 발전을 이루게 되었다.[07]

(3) 전자통관의 목적 및 효과

정부기관으로는 최초로 서류 없는 수출통관제도를 개발하여 시행함으로써 관세행정을 실현할 수 있게 되었다. 수출입업무를 효율적으로 추진하기 위해 개발한 전산시스템으로 수출입통관업무 처리속도가 빨라짐에 따라 물류비용 절감은 물론 공항, 항만 증설 억제효과가 있으며, 세계관세기구가 권고하는 국제표준을 모두 반영하였기 때문에 세계 어느 나라에서나 사용할 수 있는 시스템이라 할 수 있다.

3) UNI-PASS시스템

(1) 특징

첫째, UNI-PASS는 대한민국 관세청 전자통관시스템의 브랜드네임으로 세계 최초로 전자수출입통관시스템, 수출입화물관리시스템, 관세징수 및 환급시스템, 요건확인기관 통관단일창구시스템으로 구성된 일괄처리 전자통관포털시스템이다.

둘째, UNI-PASS는 각 시스템마다 고유의 관세행정업무를 관리하며 자체적인 업무처리기능뿐만 아니라 다른 시스템과의 연계기능도 갖추고 있다.

셋째, 모든 시스템은 표준화된 프로토콜을 따르고 있기 때문에 각 시스템 간 또는 세관외부시스템과의 원활한 정보공유가 가능하다.

넷째, UNI-PASS는 운송인, 무역업체, 관세사, 보세창고, 은행, 세관 및 다른 정부기관 등 11만여 개의 수출입물류 관계인을 사이버공간에서 하나의 커뮤니티로 연결하여 관계자에게 신속하고 정확한 화물추적정보를 사전에 제공함으로써 최적의 운송, 입출고 배송, 통관을 계획할 수 있도록 하는 종합 네트워크를 구축하고 있다.

(2) 효과

1일 이상 소요되던 수출통관 처리시간을 2분 이내로, 2일 이상 소요되던 수입통관 처리시간을 2.5시간 이내로, 관세환급 업무처리를 5.2시간 이내로, 4시간 이상 걸리던 세금납부 업무처리를 10분 이내로 단축시키는 등의 시간 및 수출입물류비용의 절감효과에 이바지하고 있다.

4) 전자통관시스템의 해외진출 사례

UNI-PASS는 국제적으로 인정을 받아 여러 국가들로부터 벤치마킹되고 있다. 아시아, 태평양권역, 아프리카대륙 등 여러 국가에서는 전자통관시스템을 도입하거나 도입 관련 타당성조사를 시행하고 있다. 정보화수준이 낮은 개발도상국은 국가조세세입 중 관세와 수입분 부가가치세 의존도가 높아 전자통관시스템의 구축 및 업그레이드 수요가 확대되고 있어서 우리나라의 전자통관시스템 수출 수요가 계속 증대하고 있다. 다음 표에서 보듯이 우리나라는 키르기스스탄, 몽골 등 중앙아시아지역 국가뿐만 아니라 아제르바이잔, 카자흐스탄 등 과거 구소련권 국가들, 그리고 탄자니아 등 아프리카 국가들에도 전자통관시스템 도입 컨설팅 및 수출을 시행하고 있다.

| 표 6-2 | 전자통관시스템 컨설팅 및 수출[08]

국가	내용	기간
키르기스스탄	관세행정 현대화 컨설팅	2008년 3월~2009년 8월
아제르바이잔	전자통관시스템 구축 타당성조사	2006년 4월~2006년 7월
카자흐스탄	관세행정 현대화 컨설팅	2005년 10월~2006년 3월
몽골	전자통관시스템 구축 타당성조사	2006년 4월~2006년 7월
도미니카공화국	출입국관리시스템 구축 타당성조사	2010년 6월~2010년 9월
탄자니아	신통관 자동화시스템 구축	2012년 8월~2014년 8월
탄자니아	동아프리카지역 내 무관세시스템 구축	2014년 7월~2015년 6월

5) 전자무역시스템의 해외진출 사례

전자통관시스템과 아울러 아시아, 태평양권역, 아프리카대륙 등 여러 국가에서는 전자무역시스템을 도입하거나 도입 관련 타당성조사를 시행하고 있다. 중앙아시아의 우즈베키스탄, 서남아시아의 스리랑카와 말레이시아, 몽골, 남미대륙의 페루와 칠레, 유럽대륙의 루마니아 등 여러 대륙에 걸쳐서 다수의 국가들이 우리의 전자무역시스템 도입 및 도입 타당성조사를 요청하고 있다.

| 표 6-3 | 전자무역시스템 컨설팅 및 수출[09]

국가	내용	기간
우즈베키스탄	전자무역시스템 구축 타당성조사	2008년 9월~2008년 12월
스리랑카	국가 전자무역분야 사전 타당성조사	2012년 3월~2012년 12월
필리핀	수출입행정정보 사전 타당성조사	2012년 3월~2012년 12월
몽골	전자무역시스템 구축 타당성조사	2010년 9월~2010년 12월
페루	전자무역시스템 구축 타당성조사	2011년 8월~2011년 11월
칠레	전자무역시스템 구축 타당성조사	2010년 9월~2010년 12월
루마니아	전자무역시스템 구축 타당성조사	2009년 6월~2009년 9월

제3절 전자통관절차

통관부문 무역자동화는 무역업체가 내국물품을 외국으로 반출하거나 외국물품을 국내로 반입할 때 제반 통관서류를 EDI를 통하여 전자적으로 처리하는 것을 의미한다. 통관업무의 자동화는 무역자동화의 핵심으로서 국내외적으로 그 필요성이 제기되어왔다. 대외적으로는 1970년대 말부터 통관자동화를 추진해온 미국, 일본 등 선진국들이 통관 관련 서류를 EDI로 제출할 것을 요구하고 있어 이들 선진국에 대한 수출비중이 높은 우리나라로서는 통관자동화의 필요성이 요청되고 있다.

1. 수출통관업무

수출통관은 수출상이 내국물품을 외국으로 보낼 때 거치는 세관절차이다. 관세청은 1994년부터 EDI방식을 수출통관에 도입함으로써 수출상들은 세관을 직접 방문하지 않고서도 수출신고를 할 수 있게 되어 업무처리가 몰라보게 빠르게 변화되었다.

첫째, 일반적인 경우 수출상은 통관업무에 정통한 관세사를 통하여 세관에 수출신고를 하게 된다. 즉 수출상은 자기 사무실의 컴퓨터에 설치되어 있는 EDI시스템을 사용하여 관세사에게 수출신고의뢰 전자문서인 EXPREQ를 전송한다.

둘째, 수출신고 실무를 담당한 관세사는 수출신고의뢰 전자문서에 나타나 있는 데이터를 활용하여 수출신고 전자문서인 CUSDEC를 작성하고 이를 세관에 전송한다.

셋째, 세관에 설치되어 있는 EDI시스템은 수신된 수출신고를 심사하여 오류가 발생한 신고 건에 대해서는 오류통보 전지문서를 관세사에게 전송하고 관세사는 오류를 정정한 후 다시 송신한다.

넷째, 세관심사를 통과한 신고 건은 세관시스템이 자동으로 수출신고가 받아들여졌다는 내용의 전자문서인 CUSRES를 송신함으로써 관세사에게 통보된다. 관세사는 수리된 신고 건을 종이문서로 출력하고, 확인도장을 날인한 후 수출신고필증으로 사용한다.

다섯째, 관세사는 통관업무를 위탁한 수출상에게 수출신고수리 전자문서인 EXPRES를 전송한다.

2. 수입통관업무

수입통관은 수입상이 외국물품을 국내로 들여올 때 거치는 세관절차이다. 관세청은 1996년부터 EDI방식을 수입통관에 도입함으로써 수입상들은 세관을 직접 방문하지 않고서도 수입신고를 할 수 있게 되어 2~3일 내에 수입통관이 가능하게 되었다. 전자문서교환(EDI)에 의한 수입통관절차는 다음과 같다.

첫째, 일반적인 경우 수입상은 통관업무에 정통한 관세사를 통하여 세관에 수입신고를 하게 된다. 즉 수입상은 자기 사무실의 컴퓨터에 설치되어 있는 EDI시스템을 사용하여 관세사에게 수입신고의뢰 전자문서인 IMPREQ를 전송한다.

둘째, 수입신고 실무를 담당한 관세사는 수입신고의뢰 전자문서에 나타나 있는 데이터를 활용하여 수입신고 전자문서인 CUSDEC를 작성하고 이를 세관에 전송한다.

셋째, 세관에 설치되어 있는 EDI시스템은 수신된 수입신고를 심사하여 오류가 발생한 신고 건에 대해서는 오류통보 전자문서를 관세사에게 전송하고 관세사는 오류를 정정한 후 다시 송신한다.

넷째, 세관심사를 통과한 수입신고 건은 접수통보 전자문서인 CUSRES가 관세사에게 송신된다.

다섯째, 접수통보를 받은 관세사는 수입신고서를 출력하여 첨부서류와 함께 세관에 제출한다.

여섯째, 관세사가 해당신고 건의 납부고지서를 출력하여 국고수납기관에 관세를 납부하고 관세수납기관은 세관에 관세 수납사실을 통보하는 전자문서인 CREADV를 전송한다.

일곱째, 세관은 수납기관이 전송한 영수필 통지를 검증하여 정상 오류여부를 전자문서인 GENRES를 수납기관에 송신, 통지한다.

여덟째, 세관은 심사 및 검사를 수행한 후 신고수리요건이 되면 관세 수납사실이 확인되는 즉시 신고필증을 발급한다.

아홉째, 관세사는 통관업무를 위탁한 수입상에게 수입신고수리 전자문서인 IMPRES를 전송한다.

3. 전자통관의 특징

1) 통관단일창구 구축

각국은 세관수출입신고, 수출입승인, 검사 및 검역, 추천 등의 업무를 함께 처리할 수 있는 통관단일창구를 발전시켜나가고 있다. 미국은 유관기관별로 얽혀 있는 업무 및 절차, 그리고 다양한 형태의 서류 등을 일원화하는 단일창구 구현뿐만 아니라 인터넷을 기반으로 한 광범위한 국제무역망 구축을 위해 노력하고 있다. 호주는 화물의 통관을 보다 효율적으로 수행하기 위해 관세행정의 단일화, 통합화, 전자화를 목표로 하는 CMR프로젝트를 추진하였다. 독일은 EU의 서류 간소화방침에 따라 150여 가지의 통관서류를 단일화하여 동일양식을 사용하며 EU의 공동관세규정(Codex)에 의거한 물품분류 및 관세부과가 이루어지게 하였다.

2) 관세행정과 무역자동화 연계

주요국들은 관세행정 정보서비스를 수출입 관련하여 무역자동화로 확대하고, 수출입통관, 업무효율화, 수출입물류체계 등 전자무역 및 물류지원까지 넓게 연계하고 있다. 특히 미국과 호주는 세관을 중심으로 무역자동화 확산사업을 추진하는 등 관세행정 현대화에 막대한 재정과 노력을 쏟고 있다. 미국은 이미 ITDS 데이터셋을 구축하여 국내 신고데이터 표준화를 완료하였다.

3) 웹방식으로의 전환

독일 및 EU는 민원인들의 행정편리를 위하여 기존의 VAN/EDI 행정서비스체제를 인터넷 웹기반의 플랫폼으로 통합하거나 전환하여 서비스 채널을 다양화시키고 있다.

4) 국가주도

각국의 통관시스템 구축작업은 범국가적 차원의 필요성으로 인해 국가전략으로 채택되어 강력하게 추진되면서 절차혁신, 정보화시스템 정비, 법률 제정을 병행하고 있다. 한국은 정부와 민간의 협조하에 u-Trade 허브를 확대시키고 있다. 미국의 ITDS는 대통령의 후원을 받아 추진되고, 일본은 E-JAPAN을 국가전략으로 채택 · 추진하고 있다. 호주는 연방정부의 정보화계획 지원 아래 추진되고, 중국은 정부주도로 추진되며, 독일, EU 등도 중앙정부가 중심이 되어 제도적 지원을 뒷받침하고 있다.

제 4 절 세계 각국의 전자통관

인터넷을 통한 거래, 통신, 정보 등의 거래가 급증하며, 인터넷을 통한 수출입통관 요구가 증가되고 있다. 세계관세기구(WCO)에서는 2005년 6월 국제 간 세관업무절차의 표준화 및 세관 간 자료교환 표준화 권고사항 등 회원국 간의 무역원활화에 기여하고 관세업무의 신속성과 안전성의 균형을 촉구하였다. 선진국들은 전자통관시스템 구축사업을 국가전략으로 인식하고, 통관업무를 중심으로 여타 관련업무를 연계시켜 범국가적인 사업으로 발전시켜 가고 있다.

1. 미국

미국은 Automated Commercial Environment(ACE)와 International Trade Data System(ITDS)을 중심으로 전자통관시스템을 구축하고 있다. 미국은 20여 개 유관기관들이 얽혀 있어서 기관별로 상이한 서류를 요구하고 있었다. 이러한 문제점을 극복하기 위하여 미국 관세청은 2001년부터 관세행정 현대화를 위하여 ACE를 추진하였다. 또한 ACE기능을 확대하여 인터넷을 기반으로 하는 ITDS를 추진하였다.[10] 대통령 행정명령에 따라 미국 정부기관은 2020년까지 수출입 화물처리를 위한 데이터를 단일창구를 통해 전자적으로 처리하는 업무체제 구축을 완료할 계획이다. 수출입업체는 ACE를 통해 수출입 관련 서류를 전자적으로 제출하며, 각 주 정부기관은 ACE를 통해 수출입승인을 전자적으로 처리하는 프로세스를 구축하고 있다.

2. 일본

일본의 전자통관시스템은 일본자동화물통관시스템(Nippon Automated Cargo Clearance System: NACCS)으로 부른다. NACCS는 일본에 화물이 도착하여 화주에게 인도될 때까지 일련의 세관수속 세관업무처리가 가능한 컴퓨터시스템이다.[11] 특징을 보면 다음과 같다. 첫째, 고객으로 하여금 수출입신고와 보세화물에 대한 신고와 같은 통관 관련 업무를 전산 데이터의 전송에 의해 처리할 수 있도록 하여, 시스템을 통한 인 · 허가기능을 수행한다. 둘째, 화물의 도착, 창고 내 화물의 위치, 통관 등에 대한 정보를 실시간으로 고객에게 제공하여 화물의 위치를 추적할 수 있다. 24시간 NACCS 이용이 가능하여 세관의 업무시간 종료 이후에도 입력된 수출입신고 데이터는 다음날 세관업무의 시작과 동시에 우선적으로 처리하도록 하고 있다. 외국 정부시스템과의 데이터 교환을 통해 수입화물 사전검사를 가능하게 하고 있다.[12]

그러나 일본의 단일창구는 접속창구만 인터넷환경을 사용하고 실제 내부 업무체계는 대부분 기존 시스템을 그대로 유지하고 있으며, 아직 모든 수출입업무처리가 한 번의 입력으로 모두 완결되는 완전한 단일창구시스템체제를 갖추지 못하고 있는 상태이다.[13]

3. 베트남

베트남의 전자통관시스템은 VNACCS/VCIS로 일본의 베트남 무상원조사업(ODA)의 일환인 '세관 현대화를 위한 전자세관 및 단일창구 구현'하에서 도입되었다. 베트남에서는 전자통관시스템 가동에 맞춰 통관체계 개선을 목표로 2013년 11

월에 3년 만에 시행규칙을 개정하였으며, 2014년 4월 1일 하노이와 하이퐁 세관에서 정식으로 가동하기 시작하여 같은 해 6월 30일부터는 전국으로 확대하였다. VNACCS시스템은 민간과 공공부문에서의 정보공유를 통하여 정부와 기업 간 수출입통관철차 중 정보의 수신에서 결과통지까지 자동으로 정보가 처리된다. 베트남에서는 전자통관시스템을 구축하고는 있지만 아직까지 전국적으로 100% 전산화가 되어 있지 않아 종이서류를 요구하는 경우가 발생하고 있다. 베트남 정부에서는 현재 100% 이용이 가능하다고 하고는 있지만 현지에서의 기업들의 전자통관시스템에 대한 애로는 끊이지 않고 있다.

이로 인하여 종이서류 제출에 대한 시간과 비용이 소요되고, 경우에 따라서는 베트남어로 된 서류 제출을 요구하여 번역 등에 시간지연문제가 발생할 수도 있다. 베트남 정부에서도 이러한 문제를 해결하기 위해 주요 도시에서부터 전자통관시스템을 적극 활용하고 있다. 그 한 예로 호치민시는 2018년 1월 1일부터 본격적으로 4개의 항구와 공항에 상품을 자동으로 모니터링하는 자동관리시스템을 적용하기로 하였다.[14]

4. 중국

중국의 전자통관시스템은 대통관(大通關)이라고 부른다. 중국은 복잡한 세관조직을 가지고 있다. 통관절차는 '대통관', 즉 하나의 데이터베이스와 데이터교환센터 및 서비스창구를 기점으로 각 관할구역의 세관이 하나의 항구를 중심으로 집결되고 나아가 항구의 네트워크는 다시 중앙 관세총국으로 연결되는 소위 연결고리 형태의 시스템을 보유하고 있다. 그러나 중앙으로 집중되기 전까지의 단계가 각 지역 항구별로 다른 시스템이 운영되고 있어 연계가 어렵다는 구조적인 문제점이 있다. 지역 간 네트워크 발전단계가 모두 상이하기 때문에 통일된 통관정책이 전국적으로 동시에 실행되기는 어려우며, 각 지역별로 사용하는 서로 다른 시스템을 통합하는 데도 어려움이 있다.

중국의 전자포트기능은 크게 '정부정보 플랫폼', '상무정보 플랫폼', '물류정보 플랫폼'으로 이루어진다. '정부정보 플랫폼'은 전자포트 플랫폼의 항구부문의 관리자원을 통합시키는 기능을 통해 해관, 상공업, 세무, 외환, 품질검사 등이 원스톱서비스로 제공된다. 정부부문은 중앙 전자포트 플랫폼을 통해 통관에 대한 관리감독을 실행하고 전자납세, 전자통관 등의 기능을 수행한다. '상무정보 플랫폼'은 하나의 식별카드로 제3자 지불 플랫폼의 발전을 촉진하고 중앙데이터센터를 통해 기업들은 운송, 은행, 저장, 보험 등의 중개서비스를 제공받을 수 있으며 기업 간의 네트워크를 통해 전자상거래를 실현한다. '물류정보 플랫폼'은 정부의 감독과 관리정보, 기업물류정보, 포트정보 등을 통합시켜 지역 간, 부문 간, 업체 간 데이터 교환과 네트워크 검사조회서비스를 제공받을 수 있다.[15]

5. 호주

호주의 전자통관시스템은 통합화물시스템(Integrated Cargo System: ICS)이라고 부른다. 이에 따른 관세행정 현대화를 위해 CMR(Cargo Management Re-engineering) 프로젝트를 계속적으로 추진하고 있고,[16] 수출통관과 수출적하목록 관련 시스템인 EXIT(Export InTegration System), 수입통관시스템인 COMPILE(Customs Online Method of Preparing from Invoices Lodgeable Entries), 항공 및 해상 화물 관련 시스템인 ACA(Air Cargo Automation)와 SCA(Sea Cargo Automation)를 통합하는 중이다. 수입통관절차는 모든 수입물품이 호주로 반입되기 전에 관세청에서 전자적으로 물품에 관한 정보가 기록되어야 한다. 이 정보는 관세청과 호주 검역청(AQIS)의 위험평가에 중요한 결정기준이 된다. 호주의 수입통관은 수입신고 전, 수입신고, 물품검사, 관세납부 및 통관완료로 이루어진다.

6. 독일

독일의 전자통관시스템은 Automatic Rate and Local Customs Clearance

System(ATLAS)이라 부른다. 독일은 ATLAS를 활용하여 세관통관을 하여야 한다. 관련 기업은 세관 에이전트, 세관 인터넷통관서비스, 온라인 세관 소프트웨어를 활용하거나 또는 ATLAS 소프트웨어를 선택하여 통관을 진행할 수 있다. ATLAS는 독일연방 재무부가 관할하며, 현재 전국 50여 개의 세관에서 운영 중이다. 홈페이지사이트는 www.kost-atlas.de이다. ATLAS의 구현은 독일의 'Bund Online 2005'의 일환으로 인터넷을 활용하여 통관절차를 인터넷처리, 상품분류 코드에 따라 관세 등 세율 자동계산, 해당 세관을 직접 방문하지 않고도 중앙 데이터처리 서버에 직접 접속함으로써 시간과 노력을 절약하는 효과를 얻고자 만들어졌다.[17]

7. EU

유럽연합의 전자통관시스템은 European Customs Information Portal(ECIP)로 불린다. EU는 2014년부터 세관종합포털서비스(ECIP)를 사용하고 있다. 이 서비스는 모든 통관행정을 원스톱으로 처리하도록 발전시켜나가고 있다. EU는 Customs 2020 추진을 통하여 첫째, 전자통관환경(paperless customs environment) 조성에 노력하고 있다. 둘째, 직원교육을 통한 세관시스템 이해도 제고, 특히 낙후지역의 세관인력 경쟁력 향상을 목적으로 하며, e-러닝시스템을 활용한 교육도 병행한다. 셋째, 위험도의 평가 및 개선(intelligent risk assessment)이다. 집행위는 위험도 평가시스템 개선을 위해 회원국 세관당국, 관련 정부기관, 업계와의 협력 강화를 추진 중이다. 신속한 물품 위험도평가 및 AEO 확대로 교역 활성화가 기대된다.[18]

제5절 통관제도의 활성화방안

1. 통관시스템의 문제점

첫째, 자가통관에 따른 전문인력 확보부족의 문제이다.

FTA가 국제무역에 본격적으로 활용됨에 따라 기업체 내에 통관과 FTA에 대한 전문지식을 갖춘 인력확보가 중요해지고 있다. 관세청의 적극적인 홍보활동 및 전문교육의 활성화가 필요하다.

둘째, 자가통관율 미비의 문제이다.

대기업을 중심으로 한 자가통관은 인력적인 운용과 활용에 있어서 열악하기 때문에 현재까지도 확산하는 데는 많은 어려움을 겪고 있다. 관세청은 인터넷통관시스템 운용의 취지에 맞게 실질적인 효과를 누릴 수 있도록 P/L신고의 확대, 통관행정 간소화, 검사 생략의 확신 등을 위한 적극적인 행정 지원이 필요하다.

셋째, UNI-PASS의 연결 미비문제이다.

UNI-PASS는 보건복지부, 농림축산식품부 등의 2개 부처와 자료의 데이터베이스를 공유하고 있을 뿐이며, UNI-PASS와 각 정부기관사이트의 병행신고구조로 되어 있다, 법무부의 출입국관리시스템(KISS), 수출입승인과 관련된 협회(ASPLINE), 단체와는 연결되어 있지 않다. 현재 UNI-PASS는 국토교통부의 Port-MIS와 부분적으로 접속되어 있어 선박입출항, 위험물관리, 화물 반출입 등의 항만정보 조회 및 신청, D/O처리 조회, 컨테이너 보세운송 신청 및 반출입 조회 등 항만물류정보의 조회 및 신청이 완전하지 못하다.

2. 통관시스템의 구조개선[19]

1) 세관의 유무형적 변화 및 지원

세관은 혁신적인 정보통신기술의 장비도입, 항만 · 공항 · 보세장치장 및 수출입업무처리를 위한 시설, 세관업무자동화 소프트웨어 확보, 운영 및 유지보수에 필요한 직원교육 등 폭넓은 변화 및 기반시설 도입이 병행되어야 한다. 또한 세관업무 관련 기관인 관세사, 수출업자, 포워더, 운송사, 항만, 공항, 항만공사 및 은행 등 다양한 기관과의 연계가 병행되어야 한다. 한편 관세시스템의 국제표준화를 준수하여 타국 세관과의 협력을 강화해야 한다.

2) 수요자 중심의 변화

첫째, 수요자를 위한 국가 차원의 전문교육 강화 및 인력개발이 필요하다. 통관시스템 이용자들의 편의를 위해 국가 차원에서의 전자통관시스템 개발 운영 및 변화는 신속하게 진행되고 있으나 이에 대한 관련 기관들의 전문교육 및 홍보는 거의 이루어지지 않고 있는 실정이다. 따라서 통관업무담당자 및 중소기업들을 위한 체계적인 교육프로그램 구축이 필요하다.

둘째, 경제성을 추구하여야 한다. 대규모 재해 발생 시 위기관리 강화, 효과적인 홍보방안 수립, 물류 및 항만 관련 업무를 UNI-PASS와 연동하여 이용실적이 저조한 업무는 개선 운영, 프로그램 개선비용에 관하여 투명성이 높은 실적기법의 채용 등 경제성을 추구하여야 한다.

셋째, UNI-PASS의 해외수출 및 관리가 필요하다. UNI-PASS의 해외수출 및 홍보를 통해 UNI-PASS방식의 전자통관시스템이 국제표준으로 채택될 수 있도록 한국 관세청의 국제적인 위상을 제고시켜나가야 하며, UNI-PASS의 해외수출이 국내 소프트웨어산업의 육성에 기여할 수 있도록 노력해야 한다.

3) 통관시스템의 시스템개선

(1) 안정적인 전자통관체계 구축

통관시스템은 개방형 네트워크로서 다른 서비스와는 달리 외부에 노출되어야 하고, 다양한 애플리케이션들이 웹서비스와 연동되는 등 보안에 취약하다는 단점이 있다. 실제로 간간히 오류가 발생되어 통관시스템으로만 완벽히 통관을 진행하기에는 어려움이 따라서 EDI를 병행하여 사용되고 있으므로 안정적인 전자통관시스템 구축에 노력하여야 한다.

(2) 행정 및 법적 지원체제의 확립

통관시스템에서는 검역 · 검사증을 교부받아 진행함으로써 업무의 간소화 및 서류 없는 수출입시스템이 구축되어 있으나 시스템의 오류 및 홍보 미비 등 문제점이 있다. 통관시스템의 이용 활성화를 위해 정부는 전자서류의 법적 · 제도적 보완장치 구비, 전자문서의 유통, 수출입 행정창구 일원화제도 확대, 통관시스템에 의한 관세징수, 검역 및 검사방법의 강화 등의 지속적 노력이 필요하다.

(3) 정부기관 전산망과 시스템 연동

단일창구를 구현하고 있는 국가들은 관련 정부기관의 합의하에 공동으로 통합시스템을 구축하거나 기존 정부기관의 전산망을 통합하여 운영하고 있다. 그러므로 한국의 UNI-PASS 역시 농림축산식품부, 법무부의 출입국관리시스템 및 수출입승인과 관련된 협회단체 D/B, 국토교통부의 Port-MIS를 연동시켜야 한다.

(4) 콘텐츠 확보

수입은 입항부터 화물의 하역, 수입신고 허가, 국내 거래까지 이용자 중심의 콘텐츠를 확보하고, 수출은 화물의 보세지역의 반입으로부터 수출신고, 허가, 선적, 출항까지 이용자 중심의 콘텐츠를 확보하여야 한다. 서비스 콘텐츠는 기존 메뉴에 추가하여 Port-MIS 콘텐츠와 법무부 출입국관리 콘텐츠, 수출입 허가 및 승인 관련 ASPLINE 콘텐츠, 전략물자관리 콘텐츠 등이 포함되어야 한다. www.uTradeHub.or.kr과도 상시 연결하여 외환 및 상역서비스까지 제공받도록 하여야 한다.

(5) 국제적 통관단일창구 구축

수출입요건 확인기관이 요구하는 확인서류가 WTO에서 정한 투명성원칙에 적합한 것인지, 불필요한 규제사항은 없는지를 우선 파악하여 글로벌표준에 맞게 합리적으로 축소 · 조정해야 한다. 수출입요건 확인대상서류의 신고항목을 비교분석하여 데이터표준화를 추진하고 전산망을 상호 연계하여, 원스톱으로 한 번에 업무를 처리할 수 있도록 시스템을 구현해야 한다. 미국의 ACE, 일본의 NACCS, 기타 통관시스템 등, 모두 연동하는 글로벌 단일창구(single window)체제로 발전시켜 나가야 한다.

제6절 국제전자무역네트워크

1. 동아시아전자상거래연합

최근 우리나라는 과거 30년간 전통적인 수출시장이었던 미국과 일본시장에서 중국을 비롯한 경쟁국들과 치열한 경쟁을 벌이고 있다. 향후 수출 확대를 위해서는 경제성장속도가 어느 지역보다도 빠른 동아시아지역에 대한 수출에 노력하지 않으면 안 된다. 이러한 배경에서 2019년 8월 말 현재, 우리나라를 비롯한 중국, 일본, 대만, 홍콩, 마카오, 싱가포르, 인도네시아, 태국, 말레이시아, 필리핀, 동아시아 11개국은 국가 간 전자무역네트워크를 구축하여 무역 관련 비용을 절감함으로써 역내교역을 활성화하는 데 노력하고 있다. 참여업체로는 한국은 KTNET, 중국은 CIECC, 대만은 Trade Van, 홍콩은 Tradelink, 마카오는 TEDMEV, 인도네시아는 EDI-I, 일본은 NACCS, 말레이시아는 Dagang Net, 싱가포르는 CrimsonLogic, 태국은 CAT Telecom, 필리핀은 InterCommerce가 참여하고 있다.

동아시아전자상거래연합(Pan Asian e-Commerce Alliance: PAA)의 실천목표는 첫째, 11개 국가들이 서로 교역할 때 필요한 무역서류를 종이문서 대신에 전자문서로 송수신하고, 둘째, 이들 국가들의 수출입기업들에 대한 통합데이터베이스를 구축하고 이 데이터베이스상에 들어있는 기업정보를 전자무역네트워크에 가입한 기업들끼리 공유함으로써 무역업자 간 신뢰성을 높여서 동아시아지역의 역내무

그림 6-3 PAA 홈페이지

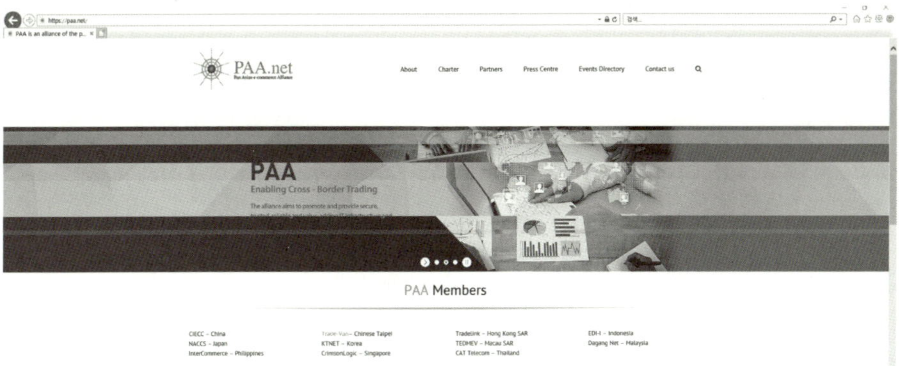

역을 활성화하기 위한 것이다.

2. 한일 전자무역네트워크

한국과 일본은 부역을 보다 활성화하고 무역부대비용을 절감하기 위하여 전자무역 네트워크를 구축하기로 노력하고 있다. 첫째, 한국의 무역자동화사업자인 KTNET과 일본의 TEDI가 중심이 되어 양국 간의 무역에 공통의 전자문서를 사용하기로 하고 이를 개발해나가는 것이다. 이러한 사업의 일환으로 2002년에는 선적정보통보, 포장명세서, 상업송장, 3개 전자문서의 개발을 마쳤으며 선하증권과 구매지시서의 개발에도 착수하고 있다. 둘째, 한일 양국의 업종별 B2B e-마켓플레이스를 연계하는 작업에 들어갔다. 이 사업의 목적은 한일 양국의 중소기업들이 인터넷상에서 시장정보 검색, 거래선 발굴, 신용조사, 상담 및 계약 등 계약체결 이전단계의 무역활동을 지원하는 e-마켓플레이스를 구축하는 데 있다.

3. 전자원산지정보교환시스템(EODES) 구축

우리나라는 2017년 한중 원산지정보교환시스템 협정을 체결하였으며, 2019년 4월 한국과 인도네시아 양국은 원산지정보교환시스템 구축을 위한 양해각서를 교환하고 2020년까지 구축에 들어가기로 하였다. 또한 2019년 9월 8일에는 한 · 인도간 원산지정보교환시스템협정을 체결하기로 하였다. 동 협정이 시행되면 현지 세관당국과 원산지증명서정보를 실시간으로 교환함에 따라서 원산지증명서 제출 없이도 FTA 혜택을 받을 수 있게 되었다. 이번 합의로 인도 현지에서 통관 당시 FTA 세율 혜택을 받지 못하는 애로가 크게 해소될 전망이다. 한중 간에 EODES 구축 전인 2016년에는 통관애로가 133건 발생하였으나, 전자적으로 원산지정보교환이 개시된 2017년 이후에는 통관애로가 발생하지 않고 있다.

요약 summary

전자통관시스템은 수출입업무를 효율적으로 추진하기 위해 개발한 전산시스템으로 수출입통관업무 처리속도가 빨라짐에 따라 물류비용 절감은 물론 공항, 항만 증설 억제효과가 있으며, 세계관세기구가 권고하는 국제표준을 모두 반영하였기 때문에 세계 어느 나라에서나 사용할 수 있는 시스템이라 할 수 있다.

UNI-PASS는 대한민국 관세청 전자통관시스템의 브랜드네임으로 세계 최초로 전자수출입통관시스템, 수출입화물관리시스템, 관세징수 및 환급시스템, 요건확인기관 통관단일창구시스템으로 구성된 일괄처리 전자통관포털시스템이다. UNI-PASS는 각 시스템마다 고유의 관세행정업무를 관리하며 자체적인 업무처리기능뿐만 아니라 다른 시스템과의 연계기능도 갖추고 있다. 모든 시스템은 표준화된 프로토콜을 따르고 있기 때문에 각 시스템 간 또는 세관외부시스템과의 원활한 정보공유가 가능하다.

UNI-PASS는 운송인, 무역업체, 관세사, 보세창고, 은행, 세관 및 다른 정부기관 등 11만여 개의 수출입물류 관계인을 사이버공간에서 하나의 커뮤니티로 연결하여 관계자에게 신속하고 정확한 화물추적정보를 사전에 제공함으로써 최적의 운송, 입출고, 배송, 통관을 계획할 수 있도록 하는 종합 네트워크를 구축하고 있다. 1일 이상 소요되던 수출통관 처리시간을 2분 이내로, 2일 이상 소요되던 수입통관 처리시간을 2.5시간 이내로, 관세환급 업무처리를 5.2시간 이내로, 4시간 이상 걸리던 세금납부 업무처리를 10분 이내로 단축시키는 등의 시간 및 수출입물류비용의 절감효과에 이바지하고 있다.

미국은 ACE와 ITDS를 중심으로 전자통관시스템을 구축하고 있다. 중국의 전자통관제도는 대통관이라고 부른다. 일본의 전자통관시스템은 NACCS로 부른다. NACCS는 일본에 화물이 도착하여 화주에게 인도될 때까지 일련의 세관수속 세관업무처리가 가능한 컴퓨터시스템이다. 베트남의 VNACCS 전자통관시스템은 민간과 공공부문에서의 정보공유를 통하여 정부와 기업 간 수출입통관절차 중 정보의 수신에서 결과통지까지 자동으로 정보가 처리된다. 우리나라를 비롯한 중국, 일본, 대만, 홍콩, 싱가포르, 말레이시아 동아시아 7개국은 국가 간 전자무역네트워크를 구축하여 무역 관련 비용을 절감함으로써 동아시아전자상거래연합(PAA)을 구축하였다.

실습문제

01 UNI-PASS에 들어가서 각 기능에 대하여 살펴보고 리포트를 제출하시오.

02 UNI-PASS에 들어가서 품목별 관세율에 대한 리포트를 제출하시오.

03 일본의 전자통관시스템(Nippon Automated Cargo Clearance System: NACCS)에 접속하시오.

04 독일의 전자통관시스템(www.kost-atlas.de)에 접속하시오.

05 미국의 전자통관시스템(Automated Commercial Environment: ACE, International Trade Data System: ITDS)에 접속하시오.

토론주제

01 전자통관에 대하여 토론하시오.

02 통관의 역할에 대하여 토론하시오.

03 UNI-PASS에 대하여 토론하시오.

일반문제

01 통관제도의 목적에 대하여 설명하시오.

02 오프라인 통관제도의 문제점에 대하여 설명하시오.

03 전자통관이란 무엇인가 설명하시오.

04 전자통관제도의 장점에 대하여 설명하시오.

05 UNI-PASS에 대하여 설명하시오.

06 UNI-PASS의 기능에 대하여 설명하시오.

07 ITDS에 대하여 설명하시오.

08 NACCS에 대하여 설명하시오.

09 대통관제도에 대하여 설명하시오.

10 EU의 통관제도에 대하여 설명하시오.

11 PAA에 대하여 설명하시오.

12 ASEM전자무역네트워크에 대하여 설명하시오.

참고문헌과 미주

01 정용균, 『무역상무론』, 청람, 2019. p.288.

02 정용균, 전게서, p.287.

03 산업자원부 한국무역협회, 『2006 Trade Incubator 무역실무』, 2006, pp.219-220.

04 정용균, 전게서, p.289.

05 이호형 · 전외술, "전자통관시스템의 해외사례연구", 한국관세학회학술대회, 2010, p.222.

06 김영락, "베트남 전자통관시스템(VNACCS/VCIS)에 관한 연구", 『국제상학』, 제33권 제3호, 2018.

07 파일 전송방식에 의한 수출입신고서 처리업무를 자체 개발하여 운영에 들어갔고, 파일 전송에 추가하여 개발한 수출 보세 운송발 도착, 세관면허 정보관리, 수입물품 선별관리 등의 업무가 운영에 들어갔다.

08 KTNET, 『전자무역 물류총서』, 두남, 2016, p.197.

09 KTNET, 전게서, p.197.

10 이호형 · 전외술, 전게 논문, p.226.

11 이호형 · 전외술, 전게 논문, p.226.

12 이상진 · 윤영삼, "전자통관시스템의 활용 실태 분석과 서비스제고전략", 『관세학회지』, 제10권 제1호, 2009, p.67.

13 정분도, 『FOCUS 무역자동화론』, 범한, 2017, p.27

14 김영락, 전게 논문, p.362.

15 정분도, 전게서, p.274.

16 이상진 · 윤영삼, 전게 논문, p.66.

17 정분도, 전게서, p.274.

18 정분도, 전게서, p.276.

19 본 내용은 이상진 · 윤영삼(2009)을 위시한 전자통관에 대한 논문들의 정책제안사항을 요약하였다.

Chapter 07

전자물류와 e-SCM

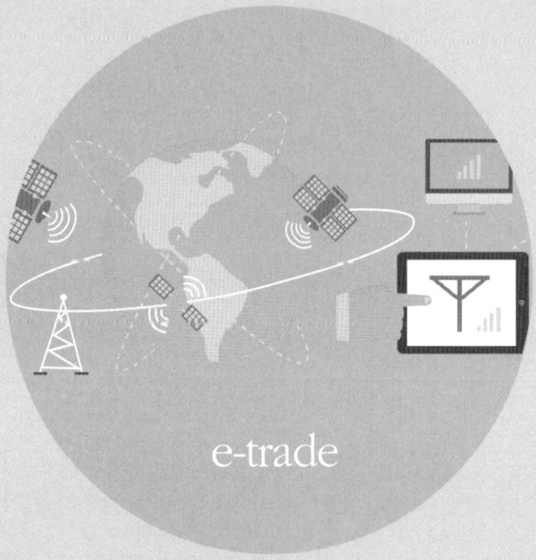

전자상거래 시대의 경쟁력은 물류비용 절감에 달려 있다.

– 경영학의 대부, 피터 드러커

일찍이 경영학의 대부인 피터 드러커는 전자상거래 시대의 경쟁력은 물류비용 절감에 달려 있다고 갈파한 바 있다. 국제무역현장에서는 EDI의 사용으로 물류자동화가 이루어지고 있다. 더구나 RFID가 사용됨에 따라서 화물의 이력추적이 가능해지고 있다. 우리는 uLogisHub를 개통하여 무역분야 물류자동화에 노력하고 있다. 최근에는 각국의 허브항구들은 컨테이너 터미널의 자동화, 무인화에 노력하고 있어서 물류자동화가 더욱 가속화되고 있다. 세계경제가 글로벌 경제로 변화함에 따라서 기업 간 경쟁은 치열해졌으며, 기업 간 기술격차가 줄어들어 제품에 차이가 적어지자 소비자에 대한 서비스의 속도가 새로운 경쟁력의 원천으로 부상하고 있다. 공급사슬관리기법은 기존의 비용 절감과 품질 차별화라는 경쟁우위조건에 추가적으로 속도 개선이라는 효과가 발생하고 있다.

제1절 국제물류 개관

1. 물류운송의 선택기준

무역물류운송은 세 가지 기준을 갖추어야 한다. 신속성, 안전성, 경제성 세 가지이다. 즉 운송방식을 선택할 때 다음 세 가지 기준을 충족시켜야 한다.

1) 경제성

비용이 저렴한 방식으로 물류와 운송이 이루어져야 한다. 수출상도 하나의 기업이므로 이윤을 극대화해야 한다. 그리고 이윤을 극대화하기 위해서는 비용을 최소화해야 할 것이다. 따라서 당연히 경제성은 중요한 고려요인이다. 수에즈운하나 파나마운하가 건설된 것도 결국은 운송시간의 단축과 함께 따라오는 연료비 등 운송비 절감이 큰 요인이라 할 것이다. 물품의 운송을 부탁하는 화주 관점에서는 중요한 고려사항이다.

2) 신속성

화물을 목적지까지 신속하게 운송할 수 있어야 한다. 특히 최근에 와서 공급사슬관리(SCM)기법이 확산되면서 최종소비자에게 얼마나 신속하게 물품을 배송하느냐가 하나의 경쟁력으로 부상하고 있다. 따라서 운송방식도 이러한 점을 반영해야 한다. 최근 지구 온난화로 북극항로를 개척하고 있다. 왜냐하면 북극항로를 거칠 경우, 운송구간이 짧아져서 운송속도가 빨라질 것을 기대하기 때문이다.

3) 안전성

화주 입장에서는 무엇보다도 화물을 목적지까지 안전하게 운송하기를 희망할 것이다. 과거에는 환적이 많았으므로 환적과정에서 중간에서 화물을 분실하거나 도난당하는 경우가 적지 않았다. 따라서 컨테이너운송 등을 활용하여 안전성을 높이는 방향으로 국제운송이 진화하고 있다. 따라서 운송방식을 선택할 때 이러한 안전성을 고려해야 할 것이다.[01]

2. 운송방식의 장단점 비교

화주는 화물을 목적지에 보낼 때 운송방식을 선택해야 한다. 이때 빠르고 적은 비용으로 보낼 수 있고, 안전하게 화물을 도난당하지 않거나 화물의 훼손 없이 보낼 수 있다면 인도의무를 다할 수 있을 것이다. 기본적인 무역운송방식에는 해상운송방식, 항공운송방식, 육상운송방식의 세 가지 운송방식이 있다.

표 7-1 | 운송방식의 장단점 비교[02]

구분	해상운송	육상운송	항공운송
경제성	대량운송이 가능	철도운송의 경우 대량운송가능	대량운송이 불가능
기후 적응	악천후에 운항 못함	철도운송의 경우 전천후 운송가능	악천후에 운항 못함
신속성	속도가 느림	철도운송의 경우 미래 속도가 높아짐	신속성을 확보함
화물 규모	부피 용적이 큰 화물도 운송이 가능	가능하지 않음	부피가 큰 화물은 운송하지 못함
안전성	사고율이 높은 편이어서 안전성이 낮음	안전함	사고율이 낮아서 안전성이 있음

3. 국제물류 개념의 진화

1) 제1자 물류

초기형태의 기업은 모든 부서를 기업내부에 두는 것이 일반적이다. 원초적인 물류는 기업 내에 운송부서를 두는 것이다. 이를 제1자 물류라고 정의한다. 기업의 규모가 크지 않은 경우는 구태여 고객 또는 소비자에게 배송을 위해서 별도의 자회사를 둘 이유가 없다. 물류량이 많지 않은 경우, 기업은 자기 회사 내에 운송부를 두고 모든 운송 물류 관련 서비스를 운송부를 통하여 해결한다.

그림 7-1 제1자 물류

2) 제2자 물류

기업이 성장하고 기업의 규모가 커질 경우, 모기업은 기업 내에 두었던 운송부서를 확대 개편하여 물류회사로 만들어 독립시킨다. 그러나 물류회사는 여전히 모기업의 통제와 관리를 받는 형태이다. 예를 들어 모기업이 크게 성장하여 여러 개 업종으로 다변화되었을 때, 각 개별기업마다 운송부서를 둘 것이 아니라 각 기업의 운송부서를 하나로 통합하여 규모의 경제를 실현하고자 하는 동인이 발생한다. 제2자 물류는 그러한 경우에 해당한다.

그림 7-2 제2자 물류

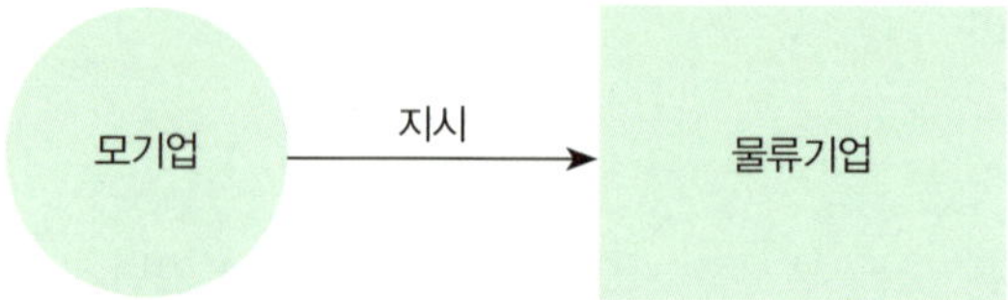

3) 제3자 물류

독립한 물류기업이 성장하기 위해서는 물류기업 자체의 이윤 극대화를 위하여 노력해야 할 것이다. 그러나 모기업의 통제하에서는 물류기업이 성장하는 데는 한계가 존재한다. 예를 들어보자. 물류기업 입장에서는 어떠한 사업분야에 진출해야 한다. 그러나 모기업에 종속되어 있는 경우에는 그러한 의사결정은 모기업에 맡겨야 한다. 모기업은 모기업 전체의 차원에서 물류기업의 이익을 관리할 것이다. 따라서 어떤 경우에는 모기업의 목표와 물류기업의 목표가 차이가 날 수 있다. 이러한 한계점을 타개하기 위해서는 물류기업이 독자적으로 성장해야 한다. 제3자 물류는 최종의사결정을 물류기업 자체가 독립적으로 행하는 경우이다.

그림 7-3 제3자 물류

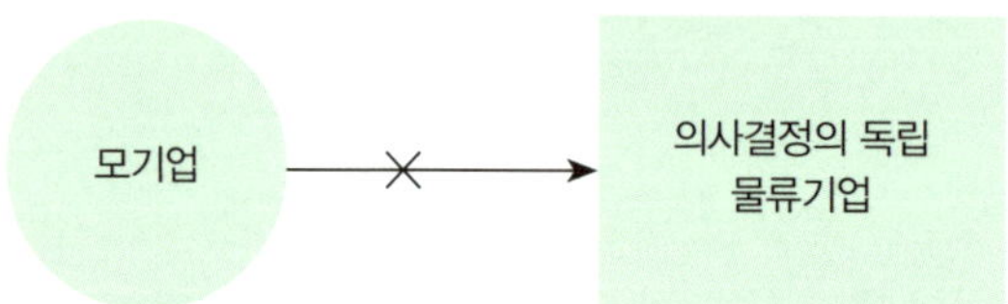

4) 제4자 물류

물류기업이 성장하기 위해서는 현대 정보통신기술을 활용하여 실시간으로 위치 추적을 시행하는 등 고객만족에 목표를 두어야 한다. 제4자 물류는 정보통신기술을 활용함으로써 물류회사들이 하나의 네트워크 내에 통합되는 단계에 도달한 물류이다. 제4자 물류에서는 컨설팅회사, 물류회사, 정보통신기업이 하나의 컨소시엄을 이루어 서비스를 제공한다. 전통적인 물류산업에 있어서는 자신이 보낸 화물이 현재 어디에 있는지 알기가 어렵다. 그러나 제4자 물류는 물류기업 간 정보통신 기술의 도움으로 화주는 자신이 발송한 화물의 위치추적이 가능하다.

그림 7-4 제4자 물류

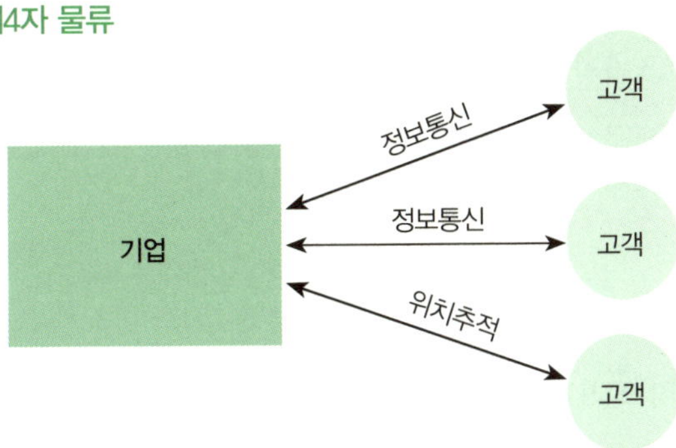

제 2 절 물류자동화와 EDI

1. 물류자동화의 개념

물류자동화는 첫째, EDI를 통한 육상, 항공, 해상운송 관련 서류의 전자문서화와 컴퓨터를 통한 교환, 둘째, 물류 데이터베이스 구축을 통한 물류정보제공, 셋째, 화물추적서비스 등으로 구분해볼 수 있다.

2. 물류자동화의 배경

국가 간 화물이동은 고속컨테이너선의 등장으로 신속히 이루어지고 있으나 화물운송에 관련된 서류는 수작업으로 처리하고 우편이나 인편을 통하여 전달되므로 비용과 시간 면에서 비효율성이 노출되어왔다. 특히 한중일 간 무역은 거리가 가까워서 물품이 선하증권 등 선적서류보다 먼저 도착하여, 업무효율이 떨어지는 문제가 발생하고 있다. 이러한 비효율성을 타개하기 위하여 물류부문 무역자동화가 추진되고 있다. 물류부문이란 크게 보면 세관이나 항만당국 등 정부기관, 선박회사, 창고업체, 화물주선업체 등 민간부문, 그리고 무역자동화사업자인 한국무역정보통신(KTNET)과 한국물류정보통신(KLNET) 등 세 부문으로 구성되어 있다. 이처럼 물류부문 자체가 복잡한 구조로 되어 있어 자동화가 어려운 분야이다. 자동화가 이루어지기 위해서는 표준화가 선행되어야 하는데 정부기관 간, 민간부문, 자동화사업자 간에도 독자적으로 자동화를 추진하고 있어 물류부문 전체적인 자동화는 쉽지 않은 상황이다.

3. 물류자동화와 EDI

수출상이나 수입상이 선박회사와 운송계약을 맺을 때 EDI시스템을 활용하면 선복을 쉽게 수배할 수 있다. 예를 들어 각 선박회사가 하나의 전산망으로 연결되어 있다면 어느 선박이 어느 항로에 투입가능한지 쉽게 알 수 있기 때문이다. 이는 마치 우리나라 철도 전산시스템으로 좌석을 예약하면 어느 역에서 예약하건 전국의 철도망이 하나의 전산망으로 통합되어 있기 때문에 서울역에서 예약하는 손님이나 부산역에서 예약하는 손님이나 컴퓨터 단말기에 종합되어서 동시에 나타나게 되는 것과 마찬가지이다.

4. uLogisHub(차세대 물류포털)

1) 정의

uLogisHub(차세대 물류포털)는 국내외 물류업체를 위한 B2B, B2G 통합물류서비스를 제공하는 전자물류 플랫폼이다. 2013년 5월에 개통된 uLogisHub는 통합물류서비스를 모바일환경에 적합하게 확대 개편하였으며 단위 업무기능별로 단절된 업무 프로세스를 데이터 관점에서 통합 재구성하여 사용자 업무효율성을 제고하였다.[03]

2) 구성

플랫폼은 항공물류포털, 해상물류포털, 글로벌포털, 특송포털로 구성된다. 항공물류포털은 항공사 항공 포워더의 적하목록 및 하기신고, B2B 데이터 교환을 지원한다. 해상물류포털은 선사, 해상 포워더의 적하목록 및 하선신고, 선적자동화, B2B 데이터 교환을 지원한다. 글로벌포털은 해외물류업체의 한국 내 신고업무 및 국내 물류업체 연계를 지원한다.

그림 7-5 uLogisHub 홈페이지

3) 내용

(1) 선적자동화서비스

세관해상수출화물의 부킹, S/R업무, 선하증권 관련 업무 등을 전자문서를 활용하여 처리하는 서비스이다.

(2) MFCS

MFCS(Manifest Consolidation System, 적하목록취합시스템)는 적하목록을 세

관에 제출해야 하는 항공사, 선사, 화물운송주선업자들이 화물목록을 항공기나 선박단위로 쉽고 편리하게 취합하여 제출할 수 있도록 지원하는 서비스이다. 이외에도 보세운송사, 보세장치장, 은행, 검수회사, 관세사 등이 MFCS 적하목록정보를 업무에 활용할 수 있도록 지원한다. MFCS는 운송수단에 따라서 항공 MFCS, 해상 MFCS, 육상 MFCS로 구분된다.[04]

(3) 화물추적서비스

현재 종합물류정보망은 육상, 해상, 항공 등 화물유통 관련 주체들 간의 전자문서 교환서비스, 물류 부문의 경우 CARGOPASS(수출입화물 유통정보)는 무역업체와 물류업체를 위한 통합정보네트워크이다.[05]

제3절 물류자동화와 RFID

1. RFID의 정의

RFID는 제품정보가 저장된 전자태그나 칩을 통해 디지털화된 정보를 주고받는 기술로, 흔히 대형 유통업체나 가게에 가면 볼 수 있는 바코드에서 한 단계 진보한 것이다. 우리가 자주 접하는 바코드는 리더기를 통해 한 번에 하나의 상품만을 인식한다. 이에 비해 RFID는 한 번에 여러 개의 상품을 인식하기 때문에 정보량과 활용도 면에서 차이가 있다. 바코드는 접촉식으로 상품에 리더기를 대야만 인식하기 때문에 인식거리가 매우 짧은 반면, RFID는 비접촉식이라 특정 범위 내에 있는 많은 상품을 동시에 인식한다. 즉 바코드는 사용하는 사람의 주관적 판단에 의해 인지되지만, RFID는 자기도 모르는 사이에 다량으로 인지되어 디지털화된 정보를 주고받는다. 따라서 RFID는 생활 속에 스며드는 끊임없는 서비스를 창출할 수 있다. RFID의 또 다른 장점은 전자태그에 입력된 정보를 컴퓨터를 통해 많은 사람들이 파악할 수 있다는 것이다.

RFID와 농업

농업분야에 있어서 RFID의 활용도가 높은 부분은 생산 이력관리시스템이라고 할 수 있다. 이 시스템은 농산물의 생산과 판매, 유통과정에서 발생하는 모든 문제를 한눈에 추적할 수 있도록 하는 것이다. 농산물의 모든 정보가 입력된 전자태그를 포장단위별로 부착해 단말기가 인식할 수 있도록 함으로써 개별 농가의 디지털화된 생산 이력정보를 제공한다. 소비자는 언제 어디서든 단말기나 휴대전화 인터넷서비스를 통해 농가 인적사항, 생산지, 생산품목, 출하일, 수량, 작업일지 등을 조회할 수 있다.

RFID는 기본적으로 생산자와 소비자의 거리를 좁혀 서로 신뢰수준을 높일 수 있는 계기를 만들어준다. 생산자의 속박을 없애고, 소비자가 시장에 가서 확인해보지 않더라도 농산물 구입정보를 제공해주는 것이다. 2005년의 김치파동처럼 식품사고가 발생했을 경우 원인을 분석하고 대처할 수 있도록 하는 것도 RFID의 중요한 기능이다.

출처: 유병규, 『디지털 농업시대』, RFID가 앞당기는 디지털 유통 세상, 삼성경제연구소, 2007, p.83.

2. RFID의 구성요소

RFID는 안테나와 태그, 판독기로 구성된다. 안테나는 판독기에 부착되어 컴퓨터와 태그 사이의 통신을 가능하게 한다. 태그는 상품에 부착되어 판독기(리더)와 교신한다. 판독기는 태그로부터 전송된 데이터를 수신한다.

3. RFID의 활용

RFID는 실생활에서 교통카드에 활용되고 있다. 카드에 내장된 칩이 버스나 지하철역에 설치된 판독기와 통신하여, 카드를 판독기에 대면 바로 결제가 이루어진다. 도 · 소매업 등에서 RFID를 활용하면 품절이 감소되고 계산시간이 단축되고 회수물류를 실현한다.[06]

제4절 e-SCM

1. SCM 기본 개념

SCM은 공급사슬관리(Supply Chain Management)를 의미한다. 공급사슬관리란 자동차산업에서 보듯이 어떤 완제품을 최종소비자에게 공급하는 데 있어서 여러 단계를 거치는 경우 주로 활용된다. 예를 들어보자. 자동차회사가 자동차를 생산하기 위해서는 2,000개가 넘는 협력업체로부터 부품을 조달받아야 한다. 왜냐하면 승용차 한 대 생산하는 데 들어가는 부품 수가 10만 개 정도 소요되는데 현대나 쌍용 같은 완성차업체가 이 부품 10만 개를 모두 생산하기에는 너무 많이 비용이 들어가고 규모의 경제를 실현하기 어렵기 때문이다. 따라서 완성차업체는 부품을 외부에서 조달한다. 완성차의 품질은 결국 협력업체가 공급하는 부품의 품질에 달려 있다. 따라서 자동차 생산은 생산에 참여한 기업들 간 협력이 있어야 우수한 품질의 자동차를 생산하게 된다.[07]

자동차산업의 구조는 완성차업체, 1차 협력업체, 2차협력업체 등으로 구성된다. [그림 7-6]에서 보듯이 2차 협력업체들은 1차 협력업체에 원재료를 공급한다. 예를 들어보자. 자동차에 반드시 들어가는 부품인 자동차 타이어는 완성차업체 관점에서 보면 1차 협력업체이다. 한편 자동차 타이어의 주재료는 고무이다. 따라서 말레이시아에 있는 고무나무 재배 플랜테이션은 완성차업체 관점에서 보면 2차 협력업체이다. 2차 협력업체로부터 고무를 납품받은 타이어 제조회사는 타이어를 제조

그림 7-6 SCM 기본 모델

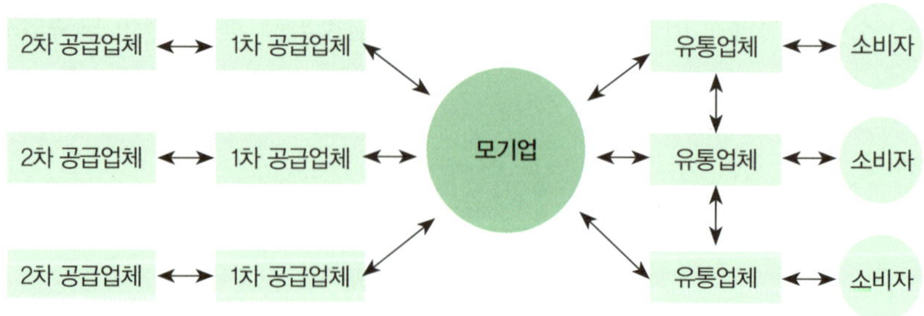

하여 완성차업체에 납품한다. 완성차업체는 완성된 자동차를 유통업체를 통하여 이를 최종소비자에게 판매한다.

2. e-SCM 필요성

최근 SCM이라는 용어와 함께 e-SCM이 같이 사용되고 있다. e-SCM은 e-비즈니스환경에서의 SCM을 의미한다. 즉 SCM의 활동을 인터넷을 기반으로 실시간 신속하고 효율적으로 처리하는 것을 의미한다. 그림에서 보듯이 최종재의 품질은 전적으로 완성차업체와 부품업체 간의 긴밀한 협력에 달려 있으며, 서로 협력하려면 서로 간 의사소통이 필수적이다. 정보통신기술이 발달하기 전에는 전화나 소포 등으로 서로 간 정보를 전달하였다면, 정보통신기술이 발달한 현재는 인터넷이나 인트라넷을 활용하여 서로 간 정보를 공유한다.

e-SCM은 공급사슬관리에 정보통신기술을 활용하는 것을 의미한다. 예를 들어보자. 최근 미국 항공기 제조회사인 보잉사는 전 세계에서 항공기 부품을 납품받고 있다. 우리나라의 항공기회사도 보잉사에 날개를 납품하고 있다. 그러면 고도의 정밀부품인 항공기 날개를 제대로 생산하기 위해서는 보잉사와 한국 항공기 제조회사 간 긴밀하게 실시간으로 협력해야 할 것이다. 이때 정보통신기술이 핵심기술이라 할 수 있으며 이러한 정보통신기술을 융합시켜 SCM기법을 사용하는 것이 e-SCM이라 할 수 있다.

3. SCM의 발전단계

(1) 1단계: 물류단계

초기 SCM은 공급사슬 범위 중에서 하위 흐름 공급사슬의 효율성 향상에 중점을 두었다. 이 단계는 창고와 배송을 동시에 고려하여 고객에게 보다 빠른 배송과 재고비용 절감에 주로 중점을 두는 단계이다.

(2) 2단계: 초기 SCM단계

초기 SCM은 내부 공급사슬의 강화에 중점을 둔다. 이 단계는 조달, 생산, 주문관리기능을 통합하고 강화하는 단계이다. EDI를 본격적으로 사용하여 조달, 생산, 주문관리를 효율적으로 시행하는 단계이다.

(3) 3단계: 통합 SCM단계

현재 많이 사용되는 SCM이다. SCM 1단계가 창고와 배송의 통합, 2단계는 1단계에 내부로의 원자재 유입인 조달과 제품의 출고(주문관리)가 추가된 것이라면, 3단계는 2단계에 원재료 공급사와 고객이라는 경제주체가 양쪽 끝에 추가된 단계이다.

(4) 4단계: 협업 SCM단계

이 단계는 SCM 3단계에 제품개발, 마케팅, 고객서비스 등이 추가되는 단계이다. 이 단계는 공급사슬상의 기업들 간 협업(collaboration)이 매우 중요해지는 단계이다. 이 단계에 들어서면 공급사슬상의 기업들은 각각 핵심역량으로 무장하고 나머지는 아웃소싱한다. 이 단계에 들어서면 협력업체 간의 관계는 더욱 강화된다.[08]

4. SCM의 기법

1) QR

최근 기업들은 고객들에게 신속하게 물품을 배송하기 위하여 물류효율화를 추구하고 있다. 이러한 물류효율화가 중요하게 된 것은 의류산업에서 유행의 주도권이 소비자로 이전함에 따라서 납기가 중요해졌기 때문이다.[09]

QR(Quick Response)은 '신속대응 보급' 개념으로 1985년 미국의 패션의류산업에서 소매업자와 제조업자의 정보공유를 통해 효과적으로 원재료를 조달하여 제품을 제조하고 유통함으로써 재고량을 최소화시키려는 전략'이다. 다시 말해서 QR전

베네통의 QR 성공사례

베네통은 총수요량의 80%에 해당되는 제품을 미리 생산하고, 20%는 판매시기에 맞추어 생산한다. 이때 20%의 물량공급은 긴급한 신속성이 요청된다. 이를 해결하기 위하여 베네통은 전 세계 여러 국가 소비자들의 선호 스타일, 가격 동향과 관련된 데이터베이스를 구축하고 이를 기반으로 생산 및 판매를 하고 있다. 특히 베네통은 의류의 상당부분을 염색을 보류한 채 보유하고 있다가 패션쇼 등을 통해 그 해 유행할 색상에 대한 의사결정이 내려지면, 최종 염색과정에서 당해년도 소비자수요에 맞추어 염색을 한다.

출처: 김갑중 · 김철수 · 서우종, 『e-비즈니스원론』, 사이텍미디어, 2004, pp.195-196.

략이란 유통기업과 제조업체가 상호 협력하여 소비자에게 적절한 상품을 적절한 시기에 적절한 양을 제공하는 것을 목적으로 표준상품 코드, 데이터베이스, 전자문서교환 등의 정보처리기술을 활용함으로써 물류효율화를 실현하는 기법이다.[10]

2) ECR

ECR(Efficient Consumer Response)은 1990년대 초 미국 슈퍼마켓들이 필요한 상품을 필요한 때에 필요한 양만큼 공급받기 위하여 구축한 시스템이다. 요약하면 소매업체와 제조업체가 서로 적시에 정보를 교환함으로써 이제까지 가지고 있던 안전 분량의 재고를 줄이는 것이다. 사실 재고는 항상 기업체에 부담으로 작용하고 있다. 만약 재고량을 줄일 수 있다면, 재고비용의 감소를 통하여 기업경영에 큰 도움이 될 것이다.

ECR을 활용하면 주먹구구식으로 대략적 예상에 의한 재고의 과부족을 줄이고 전표를 보거나 문의하는 사무처리비용도 줄이게 된다.[11] 정보통신기술의 도움으로 유통업체에 물품이 떨어지면 제조업체는 신속하게 물품을 보충해준다. 이러한 물품조달의 신속성을 확보하기 위하여 ECR은 EDI와 POS시스템 등 정보기술을 활용한다.[12]

3) 크로스 도킹시스템

크로스 도킹(Cross-Docking)이란 제조업체와 도매업체, 도매업체와 소매업체 등 공급사슬상의 각종 관련 기업 간 물품이 이동되는 시간을 감소시키기 위해 보관 기능 없이 물품을 통과시키는 시스템을 말한다. 다시 말해서 크로스 도킹이란 "배송된 물건을 창고에 보관하지 않고 운송과 동시에 바로 소매점별로 분류하여 배송하는 시스템"으로 이를 통해 물류창고에서 적체되는 시간을 감소시킬 수 있으므로 당연히 재고보충기간이 짧아지게 된다. 이를 위하여 EDI, 바코드, 스캐닝기술을 통하여 자동화된 창고관리 및 재고관리를 지원하여 물류 및 조달체제를 신속하게 하는 시스템이다.

4) VMI

VMI(Vendor Managed Inventory)란 '공급자 주도 재고관리'라는 의미로서 제조업체가 주도하여 재고를 관리하는 시스템으로서 제조업체 관점이라는 데 특징이 있다. 요약하면 VMI는 제조업체가 유통업체의 상품을 보충하고 유지하도록 유통업체와 제조업체 사이에서 정보를 교환하는 프로그램이다. VMI에서 유통업체의 물류센터에 있는 각종 데이터가 제조업체에게 전달되면, 제조업체가 주도적으로 유통업체의 물류센터로 제품을 배송하고 심지어는 진열까지 하는 SCM방식의 하나이다. 이때 재고수준은 일정할 필요가 없으며 상황에 따라 변하고 변화하는 고객수요 등에 바탕을 두고 적정한 수준으로 재고를 관리해준다. 현재 우리나라의 대형 할인점이나 백화점들은 대부분 VMI기법으로 재고를 관리하고 있다.[13]

5) CMI

CMI(Collaborative-Managed Inventory)란 '공동재고관리'란 의미이다. 그러나 현실적으로는 주로 유통업체가 주도하고 이에 따라서 제조업체가 재고를 관리해주는 기법이다. 유통업체가 주도한다는 점에서 VMI와 구별된다. VMI가 유통업체의 출고데이터에 기반을 둔 반면, CMI는 소비자의 구매정보에 중점을 둔다는 것이 차

아마존의 CPFR 성공사례

미국의 인터넷서점으로 출발한 유통계의 대기업인 아마존을 살펴보자. 아마존은 출판사들과 협력관계를 구축함으로써 재고비용을 줄이고, 독자들에 신속하게 책을 공급하는 데 성공하였다. 공급처인 출판사들과 협업을 위하여 아마존은 공동업무협약서를 체결하고 공동계획을 수립하고, 출판사와 아마존 간의 재고보충계획을 공유하면서 출판사들과 아마존 간의 신뢰도를 제고하는 데 성공하였다.

출처: 김갑중 · 김철수 · 서우종, 『e-비즈니스원론』, 사이텍미디어, 2004, pp.195-196.

별적인 요소이다. CMI는 유통업체가 소비자의 수요예측을 하고 이를 근거로 주문을 하면 이에 따라서 제조업체가 제품을 공급하고 재고를 관리하는 기법이다.[14] 과거에는 소비자의 구매정보를 얻기가 어려웠다. 그러나 최근에는 POS시스템을 통하여 유통업체는 실시간으로 소비자행동을 알 수 있게 되었다. 유통업체는 자신들이 획득한 소비자정보를 제조업체와 공유한다는 점에서 차별성이 있다.

6) CPFR

CPFR(Collaborative Planning-Forecasting and Replenishment)이란 '공동수요예측 공급관리 혹은 협력적 계획 예측 보충관리'라는 뜻으로 "제조업체와 유통업체와의 협업전략을 통해 상품의 생산, 공급에 있어 공동으로 계획 예측하고 상품의 보충을 구현하는 방식"이다. 공급사슬을 구성하는 업체 중에서 어느 한 곳이 주도하게 되면, 서로 간의 입장 차이로 문제가 발생할 수 있다. CPFR이란 공급사슬상의 기업들이 공동으로 소비자수요를 예측하고 생산을 계획하며 재고를 보충해나가는 방식이다. 따라서 제조업체와 유통업체 간의 신뢰 구축과 협업을 전제조건으로 한다.[15]

제5절 제4차 산업혁명과 물류

1. 빅데이터와 물류

1) 의의

최근 빅데이터 시대를 맞이하여 소비자와의 쇼핑을 위한 접점의 변화는 데이터의 통합을 시도하는 추세로 변해간다. 즉 모바일쇼핑, TV쇼핑, 콜센터 등이 모두 소비자의 욕구를 채집하는 채널로 사용된다. 인터넷이든 모바일이든 오프라인 매장이든지 간에 소비자가 이용가능한 모든 채널을 쇼핑의 창구로 유기적으로 연결하여 쇼핑에 불편이 없도록 하고 있다. 이런 채널의 통합을 온-오프 연계형(O2O: Online to Offline) 상거래라 한다. 과거에는 개별적이던 소비자 개인정보가 빅데이터로 통합되고 이를 근거로 고객맞춤형 서비스가 가능한 것이다.[16]

이에 수반되어 물류환경 또한 당연히 변하게 된다. 예를 들어 요즈음 소비자들은 오프라인 매장에서 상품을 고른 다음, PC에서 온라인쇼핑몰을 충분히 검색하여 가장 싼 곳을 찾아서 모바일로 결제한다. 모바일결제 시 추가로 할인이 되기 때문이다. 이때 유통업체는 온-오프 연계형이기 때문에 물건의 배송은 물리적으로 고객과 가장 가까운 근처 매장에서 출고하여 배송하는 형태가 될 수 있다. 예를 들면 아마존은 온라인으로 구매한 상품을 지하철이나 동네 편의점의 주차장에서 찾아가도록 하고 있다.

2) 물류환경에서의 빅데이터

빅데이터를 분석해서 고객의 수요를 예측하고, 발주량을 예측해서 물동량을 물류센터로 이동하는 데 그 정보를 활용하여 최소한의 비용으로 가능한 방안을 찾아간다. 아마존의 경우 빅데이터를 활용해 구매를 예측한다. 구매가 예상되는 상품들을 미리 물류센터에 대기시켜 놓았다가 결제가 일어나는 순간 배송이 시작되는 것이다. 그런가 하면 자라(Zara)는 MIT와 함께 세계 2,000개 매장의 판매와 재고 데이터를 분석해 매출을 최대로 높이는 재고 최적 분배시스템을 개발했다. 매장에서 어떤 제품이 잘 팔리는지 매장의 판매를 실시간으로 분석해 소비자가 원하는 제품을 적시에 해당 매장에 공급해 매출을 극대화하고 있다.

빅데이터분석은 SCM의 전 프로세스에 적용가능하다. 제품개발 영역에서는 SNS에서 제시되는 다양한 정보를 활용, 디자인과 성능개발에 적용한다. 수요계획에서는 프로모션 가격 변동추이, 유통점 재고상황 등 기업 외부 유통망정보와 SNS, 기상 등의 정보를 접목해 수요예측이 아닌 수요측정형태로 활용한다. 공급계획에서는 유통망 판매 추이 정보를 수요계획 수립 시 반영, 공급계획과 실시간으로 연결한다. 물류에서는 수 · 배송 시 위성항법장치로 최적 수송경로를 확보한다.

빅데이터를 SCM에 적용하기 위한 구체적 방법으로는 각 데이터 간의 연관관계를 찾아내는 데이터마이닝기법이 주로 사용된다. 다양한 부서에서 각 지사별로 어떻게 부품을 조달하는지 상관관계를 파악하는 과정에서 이들 데이터 간의 공통성 · 대체성 · 유사성과 같은 측면을 고려하는 것이다. 공통성은 제품별로 서로 비슷한 부분을 찾아내는 것이다. 상품 1과 상품 2는 큰 차이가 나는 것이 아니라 95%의 부품은 공통적이고 나머지 5%만 다를 수도 있다. 이런 경우 공통적인 95%에 대한 조달비용을 낮춰나갈 수 있다. 유사성의 경우는 특정 지역에서 A상품 대신 유사한 B상품의 매출이 높아 보인다면 상품이 서로 다르더라도 비슷한 부품을 사용해 비용 절감효과를 거둘 수도 있다. 이러한 것들은 빅데이터를 기반한 데이터분석기술에 의해 가능한 것이다.[17]

2. 물류와 드론

드론(Drone)은 무인비행체를 말한다. 다시 말해서 드론은 소형 무인항공기를 의미한다. 물류는 경영관리에서 극복해야 할 가장 어려운 과제이다. 특히 전자상거래 시대가 도래하면서 배송량이 증가하고, 고령화로 인한 인력부족까지 겹치면서 물류의 중요성이 커지고 있다. 배달지 현관까지 배송하는 라스트 원마일 개념이 도입되면서 드론이 중요해지고 있다.[18] 보통 온라인쇼핑을 하고 나면 소비자는 빠른 배

물류에서 빅데이터 응용 성공사례

DHL은 2009년 빅데이터를 도입해 매일 기록되는 배송 도착지, 크기, 무게, 내용물 등 수백만 건의 배송정보를 통해 소비자의 물류서비스 이용 흐름을 파악하고 패턴을 분석하는 데 활용하고 있다. DHL은 빅데이터를 활용한 대표적인 성공사례로 스마트트럭(smart truck)을 꼽는다. 스마트트럭은 실시간 교통 상황, 수신자의 상황, 지리적 · 환경적 요소를 고려해 최적화된 배송경로를 실시간으로 제공하는 배송차량이다. 스마트트럭을 도입한 후, 가장 효율적인 경로를 분석해 배송을 진행하고 있으며 배송 실패율이 거의 제로에 달하며 불필요한 연비도 감소했다고 회사 측은 설명했다. 또한 빅데이터를 장 · 단기 투자 규모 예측에도 활용하고 있다. DHL은 수요 증가를 예측해 허브시설 확충, 물류센터 확장, 차량 증편에 대한 투자 규모를 결정하기 때문에 투자위험 부담을 최소화할 수 있다며 빅데이터분석으로 불필요한 지출을 억제하고, 약 7,000명의 업무성과에 달하는 생산성을 낼 수 있을 것이라고 말했다.

출처: 노규성 외, 『빅데이터 시대의 전자상거래』, 생능, 2015.

송을 기대한다. 아마존이 스마트폰의 위치추적시스템을 활용해 받을 사람이 있는 곳으로 곧바로 배송해주는 것을 골자로 하는 드론 배송 관련 특허를 취득하고 앞으로 드론을 이용한 택배서비스를 시작한다고 발표했다. 배송은 사람이 함께 움직여야 하므로 더 이상의 비용 절감을 기대하기 어려운 현실에서 드론의 상용화는 물류에 있어서 일대 혁명이라고 볼 수 있다. 배송 경쟁에서는 속도가 핵심이기 때문이다.

중국의 알리바바는 베이징과 상하이에서 드론 택배 시범서비스를 했다. 아마존은 DHL과 손잡고 드론을 이용한 배송시스템을 추진 중인데 배송 건당 2달러 수준을 예상하고 있다. 현재는 택배비가 건당 최대 8달러 정도까지 소요되지만 실제 아마존의 영업이익률이 저조한 현수준에서 택배비의 절감은 매우 중요한 도전이다. 구글의 쇼핑서비스인 구글익스프레스도 드론 택배 실험을 호주에서 한 바 있고, 도미노피자도 피자 배달에 드론을 이용하는 프로젝트를 추진 중이며 실험 성공한 상태이다. 국내 택배업체들도 발 빠르게 움직이고 있다. CJ대한통운, 한진택배 등에서 드론을 이용한 물류배달 시험 비행을 계획하고 있으며, 서해 섬지역의 혜택이 기대된다.[19]

3. 컨테이너 터미널의 무인자동화

국제물류는 최근 국제적으로 치열한 경쟁에 돌입해 있다. 물류분야의 국제경쟁은 허브항구의 확보로 나타나고 있다. 현재 동북아시아는 한국의 부산, 중국의 상해, 일본의 후쿠오카 등이 서로 국제물류의 중심지가 되기 위해 사활을 건 경쟁이 이루어지고 있다. 각 항구는 허브항구가 되기 위하여 컨테이너 항만의 현대화와 비용 절감에 나서고 있다. 컨테이너 항만의 경쟁력을 제고하기 위해서는 무엇보다도 비용 절감을 위하여 컨테이너 터미널의 자동화, 무인화에 나서고 있다. 예를 들어 네덜란드 로테르담항, 미국의 롱비치항과 우리나라 부산항, 싱가포르항만도 로보틱 항만 건설계획을 추진하고 있다. 최근 중국의 상해항은 컨테이너 터미널을 무인(無人)화하여 새로 개장하고 있다.

4. 3D프린팅과 물류

3D프린팅이 활성화되면 굳이 물품을 국제물류를 활용하여 수입국으로 운송하지 않아도 될지 모른다. 예를 들어 디자인이 독특한 머그잔을 수출한다고 생각해보자. 예전에는 머그잔은 깨지기 쉬운 물품이었으므로 다른 제품에 비하여 포장비가 많이 소요되었을 것이다. 그러나 3D프린팅이 활성화되면 머그잔의 디자인과 설계도면만 인터넷으로 디지털무역을 통하여 수출하고, 실제 머그잔은 3D프린팅을 활용하여 수입국에서 생산할 수도 있다. 그렇게 된다면 물류비용은 크게 절감될 것이다. 그 결과 디지털무역은 더욱 가속화될 것으로 전망된다.

요약 summary

국가 간 화물이동은 고속컨테이너선의 등장으로 신속히 이루어지고 있으나, 화물운송에 관련된 서류는 수작업으로 처리하고 우편이나 인편을 통하여 전달되므로 비용과 시간 면에서 비효율성이 노출되어왔다. 특히 한중일 간 무역은 거리가 가까워서 물품이 선하증권 등 선적서류보다 먼저 도착하여, 업무효율이 떨어지는 문제가 발생하고 있다. 이러한 비효율성을 타개하기 위하여 물류부문 무역자동화가 추진되고 있다. 물류기업이 성장하기 위해서는 현대 정보통신기술을 활용하여 실시간으로 위치추적을 시행하는 등 고객만족에 목표를 두어야 한다.

제4자 물류는 정보통신기술을 활용함으로써 물류회사들이 하나의 네트워크 내에 통합되는 단계에 도달한 물류이다. uLogisHub(차세대 물류포털)는 국내외 물류업체를 위한 B2B, B2G 통합물류서비스를 제공하는 전자물류 플랫폼이다. 2013년 5월에 개통된 uLogisHub는 통합물류서비스를 모바일환경에 적합하게 확대 개편하였으며 단위업무기능별로 단절된 업무 프로세스를 데이터 관점에서 통합 재구성하여 사용자 업무효율성을 제고하였다.

물류자동화는 첫째, EDI를 통한 육상, 항공, 해상운송 관련 서류의 전자문서화와 컴퓨터를 통한 교환, 둘째, 물류 데이터베이스 구축을 통한 물류정보제공, 셋째, 화물추적서비스 등으로 구분해볼 수 있다.

수출상이나 수입상이 선박회사와 운송계약을 맺을 때, EDI시스템을 활용하면 선복을 쉽게 수배할 수 있다. 예를 들어 각 선박회사가 하나의 전산망으로 연결되어 있다면 어느 선박이 어느 항로에 투입가능한지 쉽게 알 수 있기 때문이다. 이는 마치 우리나라 철도 전산시스템으로 좌석을 예약하면 어느 역에서 예약하건 전국의 철도망이 하나의 전산망으로 통합되어 있기 때문에 서울역에서 예약하는 손님이나 부산역에서 예약하는 손님이나 컴퓨터 단말기에 종합되어서 동시에 나타나게 되는 것과 마찬가지이다.

e-SCM은 e-비즈니스환경에서의 SCM을 의미한다. 즉 SCM의 활동을 인터넷을 기반으로 실시간 신속하고 효율적으로 처리하는 것을 의미한다.

실습문제

01 KLNET에 접속하여 방문하고, 각 기능에 대하여 살펴보시오.

02 uLogisHub에 접속하여 방문하고 각 기능에 대하여 살펴보시오.

03 자동차회사의 공급사슬관리(SCM) 페이지에 접속해서 구조를 살펴보시오.

04 RFID의 응용사례를 들어보시오.

05 제3자 물류기업 홈페이지를 방문하여 구조를 살펴보시오.

토론주제

01 물류자동화에 대하여 토론하시오.

02 SCM에 대하여 토론하시오.

03 RFID에 대하여 토론하시오.

일반문제

01 물류자동화에 대하여 설명하시오.

02 KLNET에 접속하여 기능을 살펴보시오.

03 SCM에 대하여 설명하시오.

04 e-SCM에 대하여 설명하시오.

05 RFID에 대하여 설명하시오.

06 제3자 물류에 대하여 설명하시오.

07 제4자 물류에 대하여 설명하시오.

08 3D프린팅에 대하여 설명하시오.

09 ECR에 대하여 설명하시오.

10 크로스 도킹에 대하여 설명하시오.

11 VMI에 대하여 설명하시오.

12 CPFR에 대하여 설명하시오.

참고문헌과 미주

01 정용균, 『무역상무론』, 청람, 2019.

02 정용균, 전게서.

03 KTNET, 『전자무역 물류총서』, 두남, 2016, p.290.

04 KTNET, 전게서, p.294.

05 KTNET, 전게서, p.294.

06 임석민, 『물류관리론』, 제2판, 삼영사, 2016, pp.359-360.

07 김갑중 · 김철수 · 서우종, 『e 비즈니스원론』, 사이테미디어, 2004, p.184.

08 김갑중 · 김철수 · 서우종, 전게서, p.186.

09 김은주 · 박명섭, 『글로벌 전자물류, Global e-로지스틱스의 이해』, 우용출판사, 2004, p.110.

10 김갑중 · 김철수 · 서우종, 전게서, p.194.

11 김은주 · 박명섭, 전게서, p.111.

12 김갑중 · 김철수 · 서우종, 전게서, p.195.

13 김갑중 · 김철수 · 서우종, 전게서, p.196.

14 김갑중 · 김철수 · 서우종, 전게서, p.196.

15 김갑중 · 김철수 · 서우종, 전게서, p.197.

16 노규성 외, 『빅데이터 시대의 전자상거래』, 생능, 2015.

17 노규성 외, 전게서.

18 Nonami Kenzo(강현철 · 박장환 · 류영기 편저), 『드론(무인항공기) 하늘의 산업혁명』, Golden Bell, 2019, p.262.

19 노규성 외, 전게서.

Chapter 08

전자결제

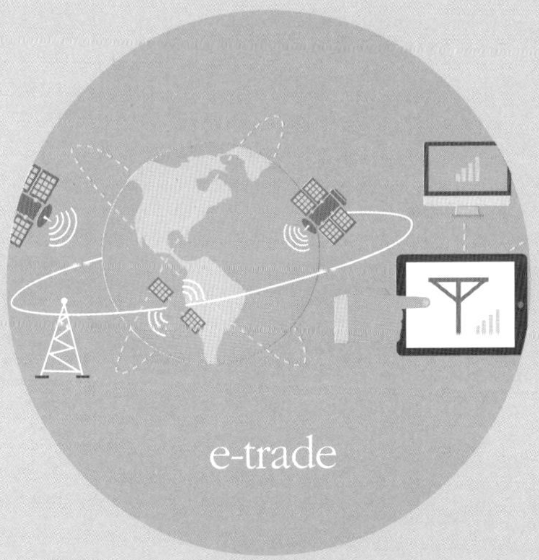

글로벌 외환거래 증대로 인해 은행 간 통신시스템 구축이 필요하다.

– SWIFT의 설립취지

전통적인 무역에서는 신용장결제방식이 가장 보편적으로 사용되어왔다. 그러나 최근에는 송금결제방식이 주종을 이루고 있다. 특히 국제 B2B 거래가 확산되면서 대부분 정보가 인터넷을 통하여 전자메시지형태로 전달되는데, 결제방식은 아직도 종이문서를 사용하고 있어서 전자무역프로세스의 흐름에 병목현상이 발생하여 전체 무역시스템의 효율성을 떨어뜨릴 가능성이 크다. 따라서 무역결제방식도 여타 무역프로세스의 전자화에 맞추어 전자화할 것이 예상된다. 앞으로 전자무역이 활성화되면 대금결제방식도 점차 트레이드카드, 볼레로프로젝트, 전자신용장 등 글로벌 전자무역결제네트워크 등으로 변모할 것으로 전망된다. 그리고 국경 간 B2C 전자상거래가 활성화됨에 따라서 알리페이 등 새로운 결제수단이 부상하고 있다.

제1절 전자결제의 대두 배경

2차 세계대전 이후 세계무역 호황기에 가장 대표적으로 사용된 결제방식은 신용장결제방식이었다. 그러나 이천년대에 와서는 신용장을 활용하는 빈도는 점진적으로 감소하는 추세이다. 신용장결제방식의 가장 큰 문제점은 처리속도가 느리다는 점이다. 이를 반영하여 신용장의 장점을 살리되 처리속도를 증가시킨 전자신용장이 도입되고 있다. 신용장거래방식의 사용 빈도가 하락하게 된 데는 여러 가지 이유가 있다.

1. 본사와 해외지사 간의 거래 확대

우리나라 기업들도 상당수 다국적 기업화되어가고 있다. 이러한 다국적기업의 경우 국내 본사와 해외공장 간의 거래는 국가의 차원에서 보면 국제무역이지만, 기업 차원에서 보면 같은 기업 내의 내부거래이다. 이러한 경우라면 굳이 나중에 수출대금을 받지 못할까 두려워할 필요가 없다. 그렇다면 굳이 은행의 지급 확약을 받지 않아도 될 것이다. 따라서 신용장결제방식의 사용 동기가 하락한다.[01]

2. 거래비용의 증가

신용장결제방식의 경우, 신용장에서 요구하는 조건과 수출상이 은행에 제시하는 서류가 일치하지 않는 경우가 많이 발생하고 있다. 이에 따른 비용과 인력의 소모가 많고 신용장발행에 따르는 부대비용이 적지 않아서, 무신용장결제방식과 비교해 볼 때, 전반적으로 신용장거래에 따르는 비용이 상대적으로 크다.[02] 수출상과 수입상은 신용장개설 및 통지에 수수료를 부담하고 있으며 그 외에 환가료, 하자수수료 등 적지 않은 비용을 부담하고 있다. 이러한 비용부담을 줄이기 위하여 자기회사의 해외현지법인 등과 거래하는 경우에는 신용위험이 크지 않으므로 비용이

많지 않은 추심결제나 송금결제방식이 많이 사용되고 있다.[03]

3. 복잡한 서류처리

화환신용장의 경우, 매도인이 수출대금을 받으려면 신용장조건을 충족시켜야 한다. 즉 신용장 문면에 나와 있는 선적서류들을 갖추어 제출하여야 한다. 예를 들어 상업송장, 선하증권, 보험서류 및 포장증명서, 원산지증명서, 검사증명서 등 다양한 서류들을 갖추어야 한다. 많은 서류를 준비하다 보니, 아무래도 하자를 피하기 어려워서 프랑스에서 미국, 영국, 북유럽으로 발송한 서류 중 50에서 60%, 남미로 보낸 서류의 80%가 신용장조건과 일치하지 않아서 반려되었다고 한다. 이처럼 서류처리절차가 복잡하면 결과적으로 서류처리속도가 늦어져 무역절차에 비효율성이 발생한다.

4. 수입상의 지위 상승

예전에는 수출상이 수입상보다 위세가 강했다면, 현재의 추세는 기업들이 치열하게 경쟁하고 있는 상황에서 오히려 수입상의 위치가 강해져가고 있다. 즉 세계경제가 글로벌화됨에 따라 어느 시장에나 다양한 제품이 쏟아지고 있다. 달라진 무역환경에서 수출상에게 유리한 신용장결제방식보다는 팩토링이나 포페이팅 같이 수입상에게 유리한 제도가 등장하고 있다.[04]

5. 신속한 거래의 요청

신용장결제방식은 은행의 지급보증으로 거래의 안전성은 보장되지만 거래시간이 많이 소요되는 단점이 있다. 그러나 1960년대 이후 고속컨테이너선의 출현 등으로 인해 물품의 수송속도가 빨라진 데 비하여 은행의 서류처리속도는 큰 변화가 없는 처리속도의 비대칭성이 발생하고 있다. 물품은 이미 수입국에 도착하였는데, 물품을 찾는 데 필요한 서류는 수입상에게 인도되지 못해서, 수입상이 물품을 찾는 데 시간이 지체되는 등 비효율성이 발생하고 있다. 그 결과 화물선취보증장(L/G) 등 보완적 방법이 동원되고 있기도 하나 한계가 있다. 이러한 위기를 선하증권의 위기라고도 한다.

6. 무역원활화와 전자결제

20세기 말부터 유럽연합과 NAFTA가 무역장벽을 세움에 따라 세계적 차원의 시장개방 노력은 무역자유화에서 무역원활화로 중심이 옮겨가고 있다. 무역원활화는 '국제무역절차의 간소화와 조화'로 정의된다. 대체로 보아서 무역자유화가 관세율 인하 등 기존의 보호무역정책을 완화하려 한다면, 무역원활화는 복잡한 유통구조와 통관구조 등 기존의 무역절차를 개선함으로써 국가 간 무역을 활성화하려는 개념이다. 무역절차에 정보기술을 활용하는 전자무역은 무역원활화를 달성하는 데 매우 효과적인 수단이라 할 것이다.

그림 8-1 무역결제방식의 변천

제2절 볼레로결제방식

본 절에서는 글로벌 전자무역결제방식 중 유력한 대안으로 검토되어온 볼레로결제방식을 살펴보기로 하자. 볼레로시스템은 금융공급사슬 솔루션이라는 새로운 e-비즈니스 개념을 도입하여 볼레로시스템을 새롭게 정의하면서 돌파구를 모색하고 있는 실정이다.

1. 볼레로결제방식의 개념

볼레로(Bill Of Lading Electronic Registry Organization: BOLERO)결제방식은 종이서류로 이루어져온 무역관행이 초래하는 비효율성을 제거하기 위하여 구축되었다. 볼레로결제방식은 대금결제과정에서 필요한 무역서류들을 종이서류에서 전자서류로 대체하고자 하는 취지에서 구축되었다. 볼레로 전자무역결제방식은 은행들의 국제기구라 할 수 있는 SWIFT와 운송업체, 특히 선주들의 국제기구라 할 수 있는 TTclub이 각각 50%의 지분을 투자하여 결성한 Bolero Association Limited(BAL)가 운영하는 솔루션인 볼레로넷을 통하여 이루어지는 전자무역결제방식이다.

2. 볼레로결제방식의 운영구조[05]

1) 코어메시징 플랫폼

사용자가 볼레로시스템을 사용할 때, 상당수 업무는 코어메시징 플랫폼(core messaging platform)을 통하여 이루어진다. 볼레로시스템은 전자파일형태의 무역관련 서류를 송신자와 수신자가 주고받을 때, 직접 주고받는 것이 아니고 이를 코어메시징 플랫폼이라는 중개기관을 통하여 주고받도록 한다. 수출상과 수입상, 그리고 무역유관기관 간 주고받는 전자무역서류들이 모두 코어메시징 플랫폼이라는 단일창구를 거치게 함으로써 원스톱 무역업무처리가 가능해져 무역업무처리의 효율성을 극대화한다. 이때 송수신되는 전자무역서류는 볼레로권리등록소에 저장되고 전자서류들은 디지털 서명을 함으로써 송수신된 메시지의 보안상의 문제를 해결한다.

그림 8-2 볼레로시스템의 전자문서 전달방식

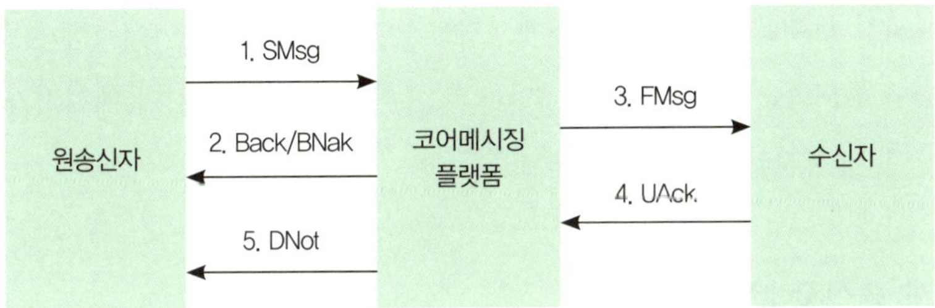

(1) 1단계: 송신자의 메시지 발송

송신자는 코어메시징 플랫폼을 통하여 수신자에게 메시지를 발송한다.

(2) 2단계: 검사 및 저장

송신자로부터 메시지를 받은 코어메시징 플랫폼은 이 메시지가 형식요건을 갖추고 메시지에 디지털 서명이 첨부되었는지 검사한다. 위의 요건이 만족된 경우, 코어메시징 플랫폼이 받은 메시지는 메시지들이 집적된 데이터베이스인 타이틀 레지스트리에 저장된다.

(3) 3단계: 송신자에게 회신

송신자로부터 받은 메시지가 디지털 서명을 첨부하는 등 형식요건을 갖추었으면, 코어메시징 플랫폼은 메시지를 수신하였다는 회신을 송신자에게 발송한다. 여기서 회신메시지는 그 메시지가 수신인에 의하여 받아들여졌다는 것을 의미하는 것이 아니며, 단지 코어메시징 플랫폼이 메시지를 받았고 지금 처리 중이라는 것을

의미한다.[06]

(4) 4단계: 수신자에게 전달

코어메시징 플랫폼은 메시지에 이상이 없는 경우 이 SMsg라는 헤더가 첨부된 메시지를 송신자가 지명한 수신자에게 전달한다.[07]

(5) 5단계: 수신자 회신

코어메시징 플랫폼으로부터 FMsg메시지를 받은 수신자는 코어메시징 플랫폼에 User Acknowledgement의 약자인 UAck라는 헤더를 첨부하여 이 메시지가 수신자가 발송한 메시지라는 점을 나타낸다.

(6) 6단계: 송신자에게 인도통지

수신자로부터 수신자 회신인 UAck를 받은 코어메시징 플랫폼은 만약에 원송신자가 수신자가 받았는지 여부를 확인해달라고 요청하면, 원송신자에게 Delivery Notification의 약어인 DNot라는 헤더를 첨부하여 발송한다.

2) 볼레로 권리등록소

볼레로 권리등록소(title registry)는 볼레로 선하증권(Bolero Bill of Lading: BBL)과 관련된 운송인, 화주, 수화인, 배서인, 볼레로 선하증권의 소지자 등에 관련된 정보를 저장하는 데이터베이스이다. 사실 무역 관련 서류 중 가장 전자화하기 어려운 서류가 선하증권이다. 왜냐하면 선하증권 자체가 화물에 대한 권리를 요구할 수 있는 권리증서로서 신용장결제방식에서 환어음의 매입은행은 이 선하증권을 담보로 하여 환어음 발행자에게 대금을 결제하기 때문이다. 선하증권은 선적서류들 중에서 가장 중요한 서류이다. 따라서 다른 모든 무역 관련 서류, 예를 들어 상업송장, 보험서류, 검사증명서, 원산지증명서, 포장명세서 등은 전자화할 수 있지만 그 자체가 금전적 가치를 가지는 선하증권은 전자화하기 어려운 것이다.

볼레로선하증권(BBL)은 두 부분으로 구성되어 있다. 첫째, Document로서 이

부분은 통상적인 '종이' 선하증권의 내용을 담고 있으며, 선하증권의 발행자인 운송인이 디지털 서명을 하였다는 점에서 종이 선하증권과 다르다. 둘째, Title Registry Record부분으로서 이 부분은 볼레로 선하증권과 관련된 당사자들에 대한 정보가 수록된 데이터베이스이다.

3) SURF

SURF(Settlement Utility for managing Risk and Finance)의 기능을 살펴보면 첫째, 상업송장, 선하증권, 중량증명서, 분석증명서 등 제반 디지털화된 무역서류들이 무역결제조건들과 일치하는지의 일치성여부를 온라인상에서 자동적으로 점검해주는 검색엔진이라 할 수 있다. 둘째, 전자화된 무역서류들이 결제조건상에 나타난 요건들과 일치하면 대금지급을 요청하며, 셋째, 무역서류들이 결제조건상에 나타난 요건들과 일치하지 않으면 불일치보고서를 발급한다.

4) SURF결제절차

(1) SURF약정체결

수입상과 수출상이 매매계약을 체결하면서 결제조건도 합의된다. 수입상이 코어메시징 플랫폼을 통하여 SURF청약서를 발송하면 SURF는 그 청약서를 코어메시징 플랫폼을 통하여 다시 수출상에게 발송한다. 수출상이 그 청약서를 승낙할 경우 이 승낙서는 역시 코어메시징 플랫폼을 통하여 다시 SURF에게 전달되며 SURF는 수입상에게 승낙에 대한 통지를 전달한다. 수출상이 청약에 대한 승낙을 하는 경우 이 청약서가 바로 SURF약정서가 된다. 이 SURF약정서는 마치 신용장결제방식에서 신용장조건과 같은 기능을 수행한다.

(2) 대금지급확약

SURF가 코어메시징 플랫폼을 통하여 대금지급확약요청서를 수입상의 거래은행에 발송하면, 수입상의 거래은행은 코어메시징 플랫폼을 통하여 조건부 지급확약서를 SURF에 제공한다. SURF는 조건부 지급확약서를 다시 코어메시징 플랫폼을 통하여 수출상에게 제공한다.

(3) 무역서류의 준비

수출상이 코어메시징 플랫폼을 통하여 검사기관에 검사요청을 하면 검사기관은 검사를 마친 뒤 코어메시징 플랫폼을 통하여 검사증명서를 수출상에게 발급한다.

(4) 무역서류 제시 및 일치성 점검

수출상은 준비한 무역서류를 코어메시징 플랫폼을 통하여 SURF에 제시한다. SURF는 데이터베이스에 저장된 SURF약정서와 제시된 전자무역서류 세트를 비교하여 일치성여부를 점검한다. 이때 일치하면 일치성을 코어메시징 플랫폼을 통하여 수입상의 거래은행과 수출상에게 통지한다.

(5) 무역서류 인도 및 대금결제

SURF는 일치성이 확정되면 수출상에 제공하였던 무역서류 세트를 코어메시징 플랫폼을 통하여 수입상에게 인도한다. 이때 수입상의 거래은행은 수출상의 거래은행으로 자금을 이체함으로써 수출상에게 대금을 결제한다.

(6) 볼레로 선하증권의 양도 및 물품 인도

물품이 수입국에 도착하면 수입국의 운송대리점은 수입상에게 코어메시징 플랫폼을 통하여 물품의 도착 사실을 통지한다. 권리등록소는 코어메시징 플랫폼을 통하여 운송인 대리점에 선하증권을 양도하고 운송인 대리점은 선하증권을 받은 뒤에 코어메시징 플랫폼을 통하여 물품 인도지시서를 수입상에게 발급해준다. 수입상은 인도지시서를 사용하여 물품을 수령한다.[08]

그림 8-3 SURF를 통한 결제과정

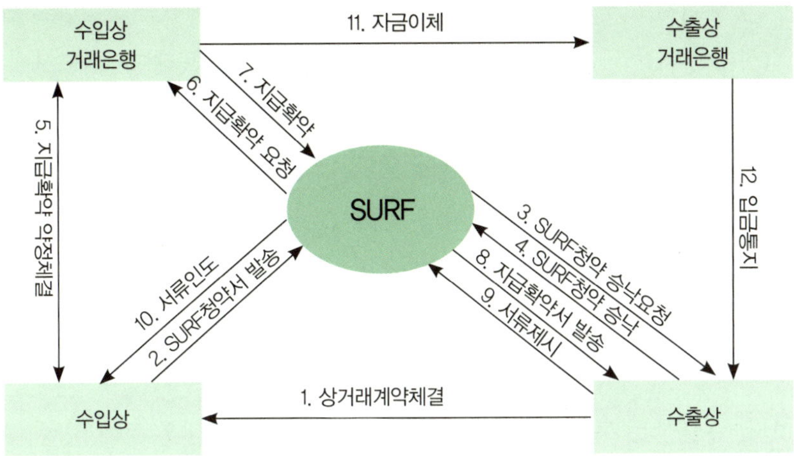

제3절 트레이드카드결제방식

1. 트레이드카드의 연혁

전자무역결제시스템인 트레이드카드(trade card)가 등장한 것은 1994년 무렵이다. 1994년 10월 세계무역센터협회(WTCA)의 자회사인 F.S.T.S가 데이터일치 검색엔진과 금융결제엔진으로 구성된 Trade Card 솔루션을 특허 출원한 데서 출발하였다. 이후 F.S.T.S는 GE 등의 자본참여로 회사 규모가 확대되었고 회사명도 트레이드카드사로 변경하였다. 1998년에는 동 시스템에 대하여 미국에서 특허를 취득하였다. 2000년 4월에는 트레이드카드의 공식적인 상용서비스를 개시하였다.[09]

2. 트레이드카드 무역거래절차

첫째, 수입상은 수출상에 대금지급확약기관인 코파스(Coface), GE캐피탈(GE

Capital) 등에 신용평가를 신청한다.

둘째, 신용장의 경우 발행은행에 해당하는 대금지급확약기관은 수입상의 신용등급을 결정하여 이를 근거로 신용한도를 결정하여 수입상과 트레이드카드사에 통보한다.

셋째, 수입상은 수출상과 무역거래에 관한 협상을 벌여 거래조건에 합의한 뒤, 구매주문서를 작성하고, 디지털 서명을 하여 트레이드카드사의 중앙처리장치(System Administrator: SA)에 전송한다.

넷째, 트레이드카드사의 중앙처리장치는 수입상이 보내온 구매주문서의 내용과 수입상의 신용한도를 검토한 후 이를 수출상에게 전송한다.

다섯째, 수출상은 트레이드카드사의 중앙처리장치가 보내온 구매주문서내용을 확인하고 이에 디지털 서명하여 다시 트레이드카드사의 중앙처리장치에 보내면 무역계약이 체결된다.

여섯째, 수출상은 운송인에게 계약물품을 인도하고 선적지시를 한 뒤에 상업송장 및 포장명세서 등 선적서류를 전자문서형태로 트레이드카드사에 전송한다.

일곱째, 운송인은 계약물품을 선적한 뒤 선적 관련 정보를 트레이드카드사에 전송하고 검사기관 및 보험회사도 화물의 검사증명서와 적하보험 부보내용을 트레이드카드사에 입력 전송한다.

여덟째, 트레이드카드사의 중앙처리장치는 이 회사만의 특징인 자동화점검시스템을 통하여 전자문서형태로 전송되어온 구매주문서와 모든 선적서류가 일치하는지 여부를 점검한다. 트레이드카드사는 자동화점검시스템을 통한 검사결과 서류가 일치하는 경우, 결제금융기관인 토마스 쿡(Thomas Cook)에 대금지급을 지시한다.

아홉째, 결제금융기관은 수입상에게 결제대금 송금을 요청하고 수입상은 결제금융기관으로 수입대금을 송금한다. 결제금융기관은 수출상의 거래은행에 수출대금을 송금한다.

열째, 수출상은 자기 거래은행으로부터 대금을 지급받으며 수입상은 운송인으로부터 물품을 인도받는다. 만약 수입상의 거래은행에 자금이 입금되지 않는 경우 대금지급확약기관인 코파스(Coface), GE캐피탈(GE Capital)이 수입상을 대신하여 대금을 입금한다.

그림 8-4 대금결제과정

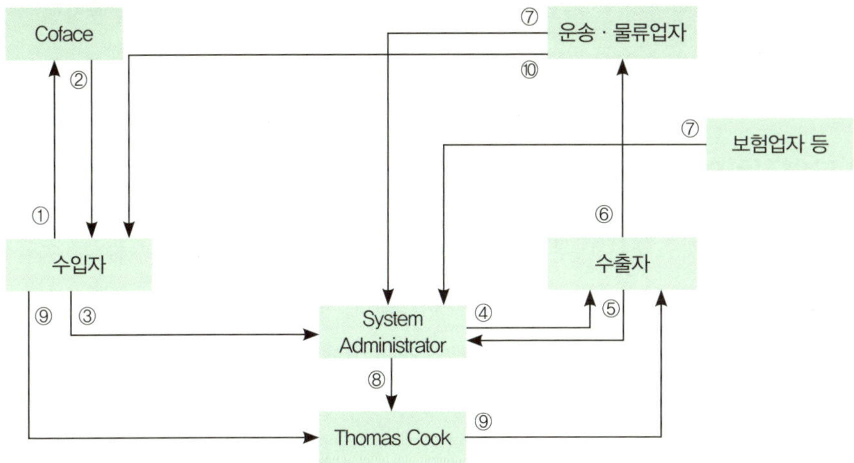

출처: 정용균, "국제무역원활화를 위한 전자결제방식에 대한 연구: 볼레로프로젝트와 트레이드카드의 비교를 중심으로", 『산업과 경제』, 강원대학교 산업경제연구소, 제14집, 2005, pp.91–113.

3. 트레이드카드의 유용성

1) 무역절차 전과정의 일원화

트레이드카드의 결제방식은 앞에서 본 바와 같이 트레이드카드사의 중앙처리장치가 과거 은행이 하던 서류심사기능을 수행하고 결제금융기관에 대금지급을 지시하는 등 금융거래의 중심에 서 있을 뿐만 아니라 수입상이 전송해온 거래주문서를 다시 수출상에 전송하고 이를 다시 전송받음으로써 무역계약을 성사시킨다. 즉 트레이드카드사는 하나의 플랫폼에서 물품매매계약과 금융거래를 모두 수행함으로써 무역거래절차 전과정의 일원화를 달성하고 있다.

2) 자동화된 서류 심사기능

신용장결제방식은 서류의 불일치여부를 심사하는 당사자가 은행원이라면 트레이드카드결제방식의 경우는 자동화된 컴퓨터프로그램이 심사를 담당한다는 점에서 차이가 있다. 자료일치 검색엔진이 자료를 대조한 결과 대금지급조건이 충족되면 자료일치 검색엔진이 수입상이 수출상에게 대금을 지급하라는 지시를 한다. 트레이드카드의 결제방식은 자료일치 검색엔진이 자동적으로 서류의 불일치를 심사하므로 수출상이나 수입상 또는 은행이 서류를 심사할 필요가 없다.

3) 무역절차의 추적용이

트레이드카드시스템은 대부분 문서가 전자문서로 송수신되므로 수출상, 수입상, 신용제공업자, 금융기관, 운송인, 검사기관, 보험회사 등 모든 관계 당사자가 거래정보를 공유하고 있는 특성을 가진다. 그 결과 트레이드카드시스템은 수출상과 수입상 간의 거래 진행상황을 실시간으로 추적할 수 있게 된다.

4) 종이문서를 전자문서로 대체

트레이드카드의 가장 큰 혁신으로는 대부분 선적서류의 송달이 과거와 같이 종이문서형태로 이루어지지 않고 대부분 전자문서의 형태로 이루어져 문자 그대로 종이 없는 무역(paperless trade)을 실현하고 있다는 점이다. 트레이드카드의 경우에는 상업송장, 검사증명서, 보험서류 등 대부분 선적서류가 전자문서의 형태로 트레이드카드사의 중앙처리장치로 전송된다. 트레이드카드는 선적서류가 EDI방식으로 관계 당사자들에게 송달되므로, 첫째 오류가능성이 줄어들고, 둘째 서류처리속도가 신속해진다.

5) 거래비용의 절감

트레이드카드에 의한 대금결제방식은 근본적으로 신용장방식에 의한 복잡한 무역프로세스를 단순화하는 데 그 특징이 있다. 즉 신용장방식의 무역프로세스의 일부를 제거함으로써 비용 절감을 꾀하고 있다.[10] 트레이드카드의 경우는 매도인과 매수인이 거래 한 건당 수수료를 지불하면 온라인으로 결제절차를 마칠 수 있어 비용이 많이 절감된다. 보통 결제금액이 10만 달러 이하이면 균일하게 150달러의 수수료를 지불한다. 5만 달러 규모의 무역거래의 경우 보통 500~1,500달러의 거래비용이 드는 것과 비교해볼 때 한 건당 150달러의 거래비용은 상대적으로 저렴하다 할 것이다.[11] 경제성의 기준에서 볼 때 트레이드카드시스템은 신용장방식에 비하여 활용가능성이 높다고 할 수 있다.

4. 트레이드카드의 단점

1) 전자화되지 않은 무역서류의 존재

무역서류 중의 상당부분이 종이서류에서 전자서류로 대체되었지만 가장 중요한 선적서류 중의 하나인 선하증권(B/L)의 경우에는 아직도 여전히 종이문서가 사용되고 있다. 즉 대금결제에는 전자서류가 사용되고 있으나 통관을 위해서는 아직도 종이문서가 사용되는 이중적 형태가 이루어지고 있어 비효율성이 나타나고 있다.

2) 법규 부재

볼레로 전자결제방식의 경우에는 'Rule Book'을 제작하여서 회원사 간에 분쟁이 발생하였을 때 공통의 법규를 적용할 수 있게 된다. 이는 신속한 분쟁해결을 가져옴으로써 결제방식의 안정성을 가져온다. 신용장방식의 경우, 신용장통일규칙(Uniform Customs and Practice for Documentary Credits: UCP)이 존재하여 분쟁을 극소화한다. 트레이드카드는 분쟁해결 측면에서 취약한 면이 있다.

3) 무역서비스업체의 확보 부족

트레이드카드사에는 물류업체 64개사, 은행 10개사, 검사기관 5개사, 보험회사 1개사가 회원사로 참여하고 있다. 이러한 회원사와 거래를 하는 경우에는 서류를 전자문서의 형태로 전달함으로써 효율성을 기할 수 있으나, 회원사가 아닌 다른 무역서비스업체를 이용하는 경우 전자문서로 송수신할 수 없게 된다. 트레이드카드시스템은 무역서비스업체의 부족문제가 있다.

4) 코파스의 지급보증한도 부족

신용장결제방식이 무역거래에 널리 쓰이게 된 것은 신용이 불확실한 수입상 대신에 신용장발행은행이 수출대금의 지급보증을 하는 데 있다. 트레이드카드결제방식의 경우 프랑스 수출보험회사인 코파스가 수입상에 대한 신용평가를 수행하고 신용평가를 토대로 5단계로 신용등급을 결정하며 신용등급에 따라 지급보증한도가 정해진다. 그러나 최우량등급 바로 아래 등급의 경우에도 미화 30만 달러가 지급보증한도인 점에서 보듯이 코파스의 지급보증한도는 수출상과 수입상의 거래 규모에 따라가지 못하고 있다.

5) 피해보상문제

볼레로결제방식의 경우에는 전자결제제도 자체의 문제로 피해가 발생하는 경우 보험을 통하여 최대한 미화 100만 달러까지 피해보상을 규정해놓고 있다. 그러나 트레이드카드사의 경우는 이러한 부분에 대한 명확한 제시가 없는 실정이다. 국제무역이란 불확실한 상황하에서는 결코 발전하지 않는다는 명제가 옳다면, 피해보상이 명시되어야 불확실성이 감소할 것이다.

제4절 볼레로프로젝트와 트레이드카드의 비교

1. 볼레로프로젝트와 트레이드카드의 공통점

1) 무역절차 전과정의 일원화

신용장결제방식에 있어서 물품매매계약이 수출상과 수입상 간의 계약이라면 신용장계약은 수출상과 신용장발행은행 간의 별도의 계약이다. 따라서 신용장방식에서는 무역거래절차 전체 과정은 물품거래와 금융거래로 이원화되어 있다고 볼 수 있다. 그러나 볼레로결제방식은 코어메시징 플랫폼이라는 단일창구를 통하여 무역거래절차를 일원화하고 있으며 트레이드카드의 결제방식 역시 중앙처리장치(SA)를 통하여 무역거래절차를 일원화한다는 점에서 공통점이 있다.

2) 자동화된 서류 심사기능

신용장결제방식은 서류의 불일치여부를 심사하는 당사자가 은행원이라면 볼레로방식은 SURF엔진을 통하여 일치성여부를 검사하고 트레이드카드사는 미국 등지에서 전자자료일치(patented data compliance) 엔진에 있어 특허를 획득하였다. 신용장방식은 은행원이 수작업으로 서류를 심사하므로 오류가 발생할 가능성이 크다고 할 수 있다. 그러나 볼레로와 트레이드카드는 정형화된 시스템에 의하여 자동으로 서류 일치성여부를 판단하므로 은행원의 실수에 의한 오류를 방지할 수 있고, 서류처리속도가 비교할 수 없을 정도로 신속하다는 장점이 있다.

3) 무역절차의 추적용이

볼레로방식과 트레이드카드시스템은 대부분의 문서가 전자문서로 송 · 수신되므로 수출상, 수입상, 신용제공업자, 금융제공업자, 물류제공업자, 검사제공업자, 적하보험제공업자 등 모든 공급체인파트너가 거래정보를 공유하고 있는 특성이 있다. 그 결과 수출상과 수입상 간의 거래의 진행상황에 대한 정보를 실시간으로 추적할 수 있게 된다. 두 결제방식은 신용장방식에 비하여 우수하다.

4) 종이문서를 전자문서로 대체

신용장방식의 경우, 신용장 자체는 전자문서형태로 전송되고 있는 등 부분적인 전자화가 이루어져왔으나, 선적서류의 경우에는 여전히 종이문서의 형태로 수입상에게 전달되고 있다. 그러나 트레이드카드나 볼레로방식의 경우에는 상업송장, 검사증명서, 보험서류 등 대부분 무역서류가 EDI형태로 볼레로의 코어메시징 플랫폼이나 트레이드카드사의 중앙처리장치로 전송된다. 이에 따라 재입력에 따른 오류가능성이 줄어들고 실시간으로 서류가 처리된다.

5) 디지털서명을 통한 보안

볼레로와 트레이드카드방식 모두 디지털 서명(digital signature)을 보안방식으로 채택하고 있다. 두 결제방식은 디지털 서명방식을 사용하여 자료의 신원확인, 무결성, 기밀성, 자기부인 방지 등의 요건을 충족시키고 있다.

표 8-1 | 신용장방식, 트레이드카드방식, 볼레로방식의 비교[12]

기준	볼레로결제방식	트레이드카드결제방식	신용장결제방식
무역거래절차	코어메시징 플랫폼을 통한 무역절차의 일원화	중앙처리장치(SA)를 통한 무역절차의 일원화	물품과 금융부문의 이원화
서류일치성심사	SURF를 통한 자동화된 서류심사	Data Compliance 엔진을 통한 자동화된 서류심사	은행원의 수작업심사
무역절차 추적	무역절차 추적이 용이함	무역절차 추적이 용이함	무역절차 추적이 용이하지 않음
보안	RSA방식의 디지털서명	RSA방식의 디지털서명	수기 서명
서류의 전자화	대부분 전자화	대부분 전자화	모든 서류가 종이서류
거래비용	전자결제솔루션을 통한 거래비용의 절감	전자결제솔루션을 통한 거래비용의 절감	종이서류의 수발송으로 인한 거래비용 과다

2. 볼레로프로젝트와 트레이드카드의 차이점

1) 선하증권의 전자화

트레이드카드결제방식은 상당수 선적서류를 전자화하여 단일창구(single window)를 통하여 전자서류가 송수신되는 점에 있어서는 과거 종이서류로 송수신하던 때와 비교하였을 때 분명히 장점이 있지만, 가장 핵심적인 선적서류라고 할 수 있는 선하증권을 전자서류로 변환할 수 없다는 점에서 한계가 있다. 이에 비하여 볼레로결제방식은 볼레로선하증권(Bolero Bill of Lading: BBL)이라는 전자화된 선하증권을 통하여 물품이 해상에서 이동 중이라도 소유권 이전이 가능하다. 따라서 선적서류의 전자화라는 측면에서는 볼레로방식이 트레이드카드제도보다 우월하다.

2) 실행 법규

볼레로결제방식은 처음부터 매도인과 매수인이 받아들여야 하는 법규를 요약한 'Rule Book'을 제정하였다. 무역거래란 본질적으로 국내 상거래에 비하여 그 거래 규모가 크기 때문에 경제성 못지않게 안정성이 중시된다. 아무리 저렴하고 간편한 대금결제방식이라 하더라도 안정성이 확보되지 않는다면 새로운 방식으로의 전환을 주저하게 될 것이다. 따라서 무역분쟁을 극소화시키고 설령 분쟁이 발생하더라도 이를 신속하게 해결할 수 있는 공통의 법규는 결제제도의 안정성에 기여할 것이다. 이러한 측면에서 볼레로결제방식은 트레이드카드결제방식에 비하여 우월하다.

3) 지급보증

트레이드카드방식의 경우, 프랑스 수출보험회사인 코파스가 수입상에 대한 신용평가를 수행하고 신용평가를 토대로 5단계로 신용등급을 결정하며 신용등급에 따라 지급보증한도가 정해진다. 그러나 코파스의 지급보증한도는 수출상과 수입상의 거래 규모에 따라가지 못하고 있다. 이러한 점은 트레이드카드시스템의 가장 큰 취약점이라 할 것이다. 그러나 볼레로결제방식의 경우에는 은행이 지급보장을 하고 있어서 지급보증문제에 있어서 볼레로결제방식이 우월하다.

4) 수출금융

신용장결제방식의 경우, 신용장이 통지은행을 통하여 내도하였을 때 수출상은 신용장을 근거로 하여 은행으로부터 수출할 물품의 제조에 필요한 운전자금을 대출받을 수 있는데 이를 수출금융이라고 한다. 트레이드카드의 경우에 매도인이 융자신청서를 작성하고 승인하면 시스템은 당해 신청서를 소수의 금융서비스제공업자에게 송부한다. 볼레로결제방식은 SWIFT 네트워크 내에 있는 모든 은행에서 수출금융을 받을 수 있다. 따라서 거래은행이 수출금융서비스를 제공하는 볼레로결제방식이 트레이드카드에 비하여 상대적으로 편리한 수출금융서비스를 제공한다.

5) 거래절차의 간소화

트레이드카드방식은 무역 관련 서류를 전자서류로 전환하고 동시에 무역거래절차 자체를 대폭 간소화했다는 점에서 효율성을 크게 향상시킨 결제제도라고 분석된다. 이에 비하여 볼레로방식은 종이서류를 전자서류로 전환시켰다는 점에서 신용장제도보다는 효율적이나 무역거래절차는 그대로 이어받았다는 점에서는 트레이드카드보다는 간소화 정도가 덜하다.

6) 은행의 역할

볼레로결제방식과 트레이드카드방식의 근본적 차이점은 은행의 역할에 있다. 트레이드카드결제방식은 근본적으로 은행의 역할을 축소시키고 금융기관은 프랑스

표 8-2 | 트레이드카드방식과 볼레로방식의 차이점 비교

기준	볼레로결제방식	트레이드카드결제방식	신용장결제방식
선적서류의 전자화	선하증권 등 상당수 선적서류들의 전자화	선하증권은 전자화되어 있지 않음	모든 선적서류가 종이서류
실행 법규	Rule Book	공통의 법규 부재	신용장통일규칙
지급보증	은행이 충분한 금액을 지급보증	소수의 금융기관이 충분하지 않은 금액을 지급보증	은행이 충분한 금액을 지급보증
수출금융제도	은행을 통하여 충분한 수출금융제도	충분하지 않음	은행을 통하여 충분한 수출금융제도
은행의 역할	은행의 신용공여기능 구현	은행의 기능 축소(대금결제 중계)	은행이 신용공여
거래절차의 간소화	신용장결제방식과 유사한 거래절차	거래절차를 대폭 간소화함	종이서류처리에 많은 시간 소요
피해보상제도	피해보상제도 있음	피해보상제도 없음	피해보상제도 있음

의 금융업체인 코파스와 자회사 정도로 그 참여를 국한시키고 있다. 그러나 볼레로 결제방식은 근본적으로 신용장결제방식을 전자화하는 데 목적이 있고, 볼레로회사 역시 은행들의 국제네트워크인 SWIFT가 참여하고 있는 회사이므로 은행의 역할은 매우 크다.

제5절 TSU/BPO시스템[13]

1. TSU/BPO 도입 배경

20세기 중반 이후 국제무역이 호황기에 이르자 국제 간 외환거래가 급속하게 증가하였다. 이에 따라 국제 간 표준화된 통신시스템이 요청되었다. 1973년 벨기에에서 북미 및 유럽 15개국 239개 은행이 참여하여 국제적으로 표준화된 금융기관 간의 메시지 통신망인 SWIFT(Society for Worldwide Interbank Financial Telecommunication, 세계은행 간 금융통신기구)를 창설하였다. SWIFT는 2008년 은행 간 무역거래와 관련한 문서의 전자화시스템인 TSU(Trade Service Utility)를 개발하였다. 또한 2009년에는 전자정보일치 검색시스템인 TSU에 은행이 지급을 보증하는 BPO(Bank Payment Obligation)기능을 연계함으로써 현재의 TSU/BPO서비스체제를 완성하였다. 2013년에는 ICC와의 협의를 통해 국제무역거래에 BPO를 정착시키고 활성화시키기 위하여 기존의 신용장통일규칙 UCP 600의 전자화체제인 URBPO(Uniform Rule for Bank Payment Obligation)를 적용하고 있다.

2. 내용

TSU/BPO는 설정된 TSU 베이스라인의 조건에 따라 참여은행(recipient)에 대한 채무은행(obligor bank)의 취소불능 지급약정이다. 이는 BPO가 SWIFT TSU에 설정된 데이터의 일치성을 조건으로 대금지급이 보장된다는 것을 의미한다. 여기에 BPO는 법적으로 유효하고 구속·강제력이 있는 참여은행에 대한 채무은행의 지급약정을 구성한다. 그리고 ICC의 URBPO는 TSU/BPO의 운용에 적용된다. 2016년 말 현재 전 세계 51개국에서 194개 금융기관이 BPO/TSU 솔루션을 운영 중에 있으며, 여기에 60개 이상의 세계적 기업이 BPO시스템을 연결해서 활용하고 있다.

3. TSU/BPO 특징

1) 업무시간 절감

BPO거래의 주요 특징을 살펴보면, 첫째, 수출상과 수입상이 상호 매매계약을 체결한 후, 수입상 거래은행에 수입상의 구매지시서(purchase order)와 수출상의 매도지시서(sales order)정보를 거래은행의 SWIFT TSU시스템에 입력하면, 데이터일치 검사 솔루션을 통해 양은행에 제공하면 당사자의 거래내역이 일치할 경우 수입상의 송금지시절차를 시스템을 통해 거래은행에 요청함으로써 자동으로 결제되는 제도이다. 따라서 BPO에 의한 무역거래정보가 전자정보일치시스템에 의해 일치한다는 확인과정을 거쳤을 경우 대금결제과정까지 서류 확인 및 불일치에 따른 업무시간을 상당기간 줄일 수 있을 뿐 아니라 대금결제에 따른 결제위험 또한 해소할 수 있는 유익점이 있다.

2) 서류 위변조 방지

신용장거래에 나타나는 서류의 하자 및 위변조의 문제를 해소할 수 있다. 즉 BPO거래는 당해 무역과 관련된 정보 또는 시스템상의 필요한 정보만을 일치 검사 솔루션에 의해 매도인과 매수인에게 확인할 수 있게 함으로써 서류 위변조 위험을 경감시켜준다. 아울러 단계별 거래절차를 확인할 수 있는 서비스를 제공함으로써 선적서류를 점검하고 분석하는 데 들어가는 시간과 비용을 절감케 하며 서류의 하자로 인한 무역분쟁과 결제지연, 그로 인한 부대비용을 상당부분 줄일 수 있다.

3) 거래단계별 무역금융 지원가능

TSU/BPO거래는 선적된 물품에 대한 대금지급을 전제로 한 신용장거래방식과 달리 거래 당사자가 시스템에 의해 단계별로 확인되기 때문에 매수인 또는 매도인이 거래은행을 통하여 무역금융을 지원받을 수 있다. 다만 이러한 금융편의는 무역거래 당사자가 반드시 TSU/BPO거래은행을 지정하고 해당 은행을 통해서만 가능하도록 함으로써 서비스가입조건 및 거래 여건상의 제약요소는 존재한다.

제 6 절 전자신용장[14]

1. 전자신용장 활용도

신용장의 '전자화'는 두 단계로 진행되었다. 첫째, 종이로 출력하여 사용되는 EDI신용장이 출현하였다. EDI신용장은 SWIFT망을 통해서 내도하나 이를 업무에 사용하기 위해서는 종이로 출력하여 사용한다는 점에서 '종이 없는 무역'이라는 전자무역의 이상을 완벽하게 실현하지 못하는 한계가 있었다. 또한 EDI신용장은 은행과 수출기업 간 물리적 네트워크의 연결과 EDI업무를 처리할 시스템의 구축이 요구되므로 자본이 빈약한 중소기업에로의 확산에는 한계가 있었다.

둘째, 이러한 EDI신용장의 한계를 극복하기 위하여 별도의 시스템 구축이 없이도 인터넷에 바로 접속하여 사용되는 e-L/C가 출현하였다. e-L/C는 수출상에게 전송되는 과정에서 금융결제원과 전자무역기반사업자가 운영하는 uTradeHub을 경유하면서 신용장 잔액정보가 저장되며, 은행에서 조회할 수 있기 때문에 출력하지 않고서도 매입 등의 거래에 활용할 수 있는 장점이 있다.[15]

이처럼 전자신용장의 인프라 개선 측면에서는 현저한 발전이 이루어지고 있지만, 실제로 전자무역의 구현물인 전자신용장이 얼마나 활용되고 있느냐의 문제는 또 다른 차원의 문제이다. 신용장의 전자화수준과 전자신용장의 활용도를 살펴보기 위하여 한국경제 전체의 거시적 차원에서 신용장의 전자화문제를 살펴보기로 한다. 무역결제부문의 전자신용장 활용범위를 살펴보면 크게 전자적 수단에 의한 수출신용장 통지부문과 전자선하증권 발급부문으로 대별할 수 있다.

| 표 8-3 | 외환 · 상역부문 전자무역활용도

항목	전체 건수 (추정)	2011년 실적		2020년 목표	
		전자화 건수	이용률	전자화 건수	이용률
수출신용장 통지	40만 건	97,200건	24.0%	40만 건	100%
e-B/L 발급	40만 건	59건	0%	30,000건	8%

출처: 한국무역협회, 2012.

한국무역협회가 조사한 자료에 의하면 수출신용장통지부문에서 보면 2011년 전체 수출신용장통지 건수가 약 40만 건으로 추정되고 있는데 이 중에서 9만7천여 건이 전자적 수단에 의하여 통지된 것으로 나타나고 있다. 따라서 수출신용장통지에 있어서는 약 24%의 '전자화'가 진행되었다고 할 수 있다. 한편 무역결제의 전자화가 이루어지기 위해서는 무엇보다도 네고의 핵심서류인 선하증권의 전자화가 선결되어야 할 문제이다. 그동안 우리나라는 볼레로선하증권 등 다양한 선적서류의 전자화 시도가 있었으나 실제로 사용된 경우는 많지 않았다.

| 표 8-4 | 수출신용장 통지현황(2011)

구분	종이신용장	EDI신용장	e-L/C	합계
국내 은행	10.1만 건(추정)	95,607건	3,168건	20만 건(추정)
외국계 은행	19.7만 건(추정)	2,819건	17건	20만 건(추정)
계	29.8만 건(추정)	98,426건	3,185건	40만 건(추정)

출처: 한국무역협회, 2012.

현재 우리나라에서 선하증권의 전자화 정도를 살펴보면, 전체 선하증권 발급 추정 건수 40만 건 중에서 불과 59건에서 전자선하증권이 활용된 것으로 나타나 전체적으로 선적서류의 전자화 정도는 매우 낮은 것으로 나타나고 있다. 한편 e-L/C

의 경우에도 국내 은행은 2011년도에 총 3,168건을 활용한 데 비하여, 외국계 은행은 불과 17건에 그치고 있어서, 전체적으로 볼 때, 수출신용장통지에 있어서 전자신용장 활용은 외국계 은행의 활용도를 높이는 것이 관건으로 나타나고 있다.[16]

2. 신용장수수료

종이신용장에 비해 전자신용장은 수수료가 낮아 기업의 입장에서 비용을 줄일 수 있다는 장점이 있다. 시중은행 두 곳의 신용장 종류별 수수료현황을 보면 대체로 종이신용장의 통지수수료가 20,000원인 데 반해 EDI신용장과 전자신용장의 통지수수료는 10,000원으로 50%수준이며, 신용장개설수수료도 EDI신용장과 전자신용장의 경우 종이신용장의 50%수준임을 알 수 있다. 시중은행들은 대체적으로 종이신용장의 수수료율이 1이라면, EDI신용장과 e-L/C의 수수료는 그 절반 정도라고 대답하고 있다. 따라서 종이신용장 관련 수수료보다 전자신용장수수료가 상당히 저렴함을 알 수 있다.[17] 이 역시 전자신용장의 거래비용을 낮추는 역할을 하게 된다.

3. 통지절차 및 네고절차

종이신용장 통지절차는 영업점 출력 후 고객이 내도하면 고객이 수령하는 형식을 취하고 있으며, 이와는 대조적으로 EDI신용장의 경우는 거래 영업점에서 해당 고객에게 EDI로 송부하는 형식을 취한다고 답변하였다. 한편 e-L/C의 경우는 은행 본점에서 일괄 송부하는 형식을 취하고 있다. 네고절차는 종이신용장의 경우는 수출선적서류들이 영업점에 제시된 후, 담당 은행원의 심사를 통하여 수출대금을 선지급하는 매입절차를 통하거나 수출대금이 입금된 후 지급하는 추심형식을 취한다. 그러나 전자신용장의 경우는 모든 서류를 전자화하여 본점에서 처리한다.

4. 애로사항

1) 기업의 인식부족

한국무역협회 전자무역추진센터에서는 전자신용장이 활성화되지 못하는 이유를 무역업체 관점과 은행의 관점으로 이분화하여 살펴보고 있다. 전자신용장의 활용 저조현상에 대하여 한국무역협회에서 파악하고 있는 국내 수출입업체의 문제점으로는 전자신용장에 대한 인식부족을 첫 번째로 들고 있다. 특히 중소기업의 경우, 인터넷과 컴퓨터를 통한 업무에는 적응되었고 인터넷 홈페이지를 구축한 기업은 많지만, 그 이상의 업무에 대해서는 정보화의 필요성을 인식하지 못하고 있다.

2) e-Nego의 활성화 지연

은행의 입장에서 e-L/C 활용이 저조한 이유로서 첫째, 시스템의 이원화에 따른 부담을 들고 있다. 즉 종이신용장을 대체하는 전자적 대체물인 EDI 신용장과 e-L/C를 병행하여 사용하기 위해서는 별개의 두 가지 종류의 시스템을 구축해야 하는데 이러한 것이 부담이라는 것이다.

3) 법적 효력문제

전자서류의 경우에는 원래 그 효력에 대해 당사자 간에는 사적 계약에 의하여 효력이 발생하고 전자거래의 이행 자체는 가능하지만, 제3자에 대하여도 동등한 효력이 확보되지 않는다면 거래와 관련한 불확실성을 확실히 제거할 수 없으므로 전자화의 확산에 장애가 될 것이다. 유가증권을 발행하기 위해서는 일반적으로 법정사항을 기재하고 기명날인 또는 서명을 할 것을 요구하는데 「전자서명법」 제3조 1항에 의하면 "다른 법령에서 문서 또는 서면에 서명, 서명날인, 또는 기명날인을 요하는 경우 전자문서에 공인전자서명이 있는 경우에는 이를 충족한 것을 본다"고 규정하고 있으므로 유가증권을 발행함에 있어서 전자문서에 공인전자서명이 있는 경우 법률이 요구하는 기명날인 또는 서명의 요건을 충족하게 된다.[18] 전자신용장의 경우는 이러한 법적 · 제도적 보완이 아직도 요청된다고 할 수 있다.

5. 개선안

첫째, 무엇보다도 먼저 외국계 은행의 국내 지점들을 우리의 전자무역시스템 내로 통합해야 하는 선결과제가 제시되고 있다. 이를 위해서 외국계 은행도 전자무역시스템 더 구체적으로는 e-L/C시스템 구축을 의무화하는 등 법령 개정이 필요하다고 보인다. 둘째, 선적서류 중에서 가장 중요한 서류라고 할 수 있는 선하증권의 전자화 정도를 나타내는 전자선하증권(e-B/L)의 활용도가 매우 낮은 것으로 나타나고 있다. 따라서 화주들이 이를 사용할 수 있도록 제도적 환경을 조성하는 것이 무엇보다 중요하다고 보인다. 이를 위해서는 전자선하증권의 법적 효력이 종이선하증권의 법적 효력과 동등하게 바뀌어야 할 것이다. 최근 상법이 개정되어 이를 뒷받침하고 있다.

셋째, 전자신용장 관련 선적서류 등 이 모두 전자문서로 전환되어야 한다. 이를 위해서 전자신용장에서 가장 많이 사용되는 서류부터 표준화작업을 통하여 전자화를 도모해야 한다. 우선적으로 은행과 선사, 보험사 등의 표준화 성과와 가장 큰 서류들의 표준화를 통해 전자화를 우선적으로 도모해야 한다고 본다.

넷째, e-L/C 및 e-Nego시스템이 제대로 구축되기 위해서는 초기 이용자의 빠른 증가와 확산이 필요하다. 특히 중소기업이 e-L/C를 활발하게 활용하기 위해서는 더욱 파격적인 가격혜택과 시스템 사용에 대한 무상교육 등, 초기 투자가 필요하다.

다섯째, e-L/C의 활용도가 높아져서 문자 그대로 'Paperless Trade'가 이루어지기 위해서는 무엇보다도 법률적 · 제도적 보완이 필요하다. 전자거래기본법, 전자서명법, 상법의 개정 등이 이루어지고 있지만 아직도 보완할 점은 많다고 해석된다. 이상옥 · 이정희(2006)는 e-UCP 자체가 주로 전자기록의 제시를 중심으로 하는 내용을 정하고 있을 뿐, 그 밖의 당사자 간의 법률관계라고 할 수 있는 신용장 발행과 통지, 서류심사기간, 전자기록에 대한 인증기준 등에 대한 규정이 없어서 한계가 있다. 따라서 e-UCP와는 별도로 전자신용장통일규칙의 제정을 제안하고 있다.

요약

summary

Bolero(Bill Of Lading Electronic Registry Organization)결제방식은 종이서류로 이루어져온 무역관행이 초래하는 비효율성을 제거하기 위하여 구축되었다. 볼레로방식은 선하증권을 비롯한 무역서류들을 종이서류에서 전자서류로 대체함으로써 온라인상에서 전자적으로 무역거래를 시행하고자 하는 취지에서 구축되었다. 볼레로 전자무역결제방식은 은행들의 국제기구라 할 수 있는 SWIFT와 운송업체, 특히 선주들의 국제기구라 할 수 있는 TTclub이 각각 50%의 지분을 투자하여 결성한 Bolero Association Limited(BAL)이 운영하는 솔루션인 볼레로넷을 통하여 이루어지는 전자무역결제방식이다.

트레이드카드결제방식은 하나의 플랫폼에서 물품매매계약과 금융거래를 모두 수행함으로써 무역거래절차 전 과정의 일원화를 달성하고 있다. Trade Card의 결제방식은 자료일치 검색엔진이 자동적으로 서류의 불일치를 심사하므로 수출상이나 수입상 또는 은행이 서류를 심사할 필요가 없다. Trade Card에 의한 대금결제방식은 근본적으로 신용장방식에 의한 복잡한 무역프로세스를 단순화하는 데 그 특징이 있다. 즉 신용장방식의 무역프로세스의 일부를 제거함으로써 비용 절감을 꾀하고 있다.

볼레로결제방식과 트레이드카드결제방식을 비교한 결과 볼레로결제방식이 트레이드카드결제방식에 비하여 몇 가지 중요한 점에서 우월하다는 점이 나타났다. 첫째, 선적서류의 전자화에 있어서 볼레로방식은 은행의 담보물기능을 수행하는 선하증권을 전자화한다는 점에서 트레이드카드보다 우월하다. 둘째, 실행법규 면에 있어서 Rule Book이 있는 볼레로방식이 트레이드카드보다 분쟁해결의 가능성이 높다. 셋째, 지급보증의 금액이나 편리성에 있어서도 소수의 금융기관에 의존하는 트레이드카드시스템보다 은행의 전통적 신용공여기능이 살아 있는 볼레로방식이 유리한 측면이 있다.

한편 SWIFT는 2008년 은행 간 무역거래와 관련한 문서의 전자화시스템인 TSU(Trade Service Utility)를 개발하고 2009년에는 전자정보 매칭시스템인 TSU에 은행이 지급을 보증하는 BPO(Bank Payment Obligation)기능을 연계함으로써 현재의 TSU/BPO서비스체제를 완성하였다. 2013년에는 ICC와의 협의를 통해 신용장통일규칙 UCP 600의 전자화체제인 URBPO(Uniform Rule for Bank Payment Obligation)를 적용하고 있다. 또한 최근에는 전자신용장을 개통하였다.

실습문제

01 볼레로 홈페이지를 방문하고 그 특징을 살펴보고 중요점을 다운로드받으시오.

02 SWIFT 홈페이지를 방문하고 그 기능을 리포트로 작성 · 제출하시오.

03 전자신용장기능을 리포트로 작성 · 제출하시오.

04 트레이드카드 홈페이지를 방문하고 그 특징을 다운로드받으시오.

05 e-Nego에 대하여 내용을 서술하고 다운로드받으시오.

토론주제

01 볼레로에 대하여 토론하시오.

02 트레이드카드에 대하여 토론하시오.

03 전자신용장에 대하여 토론하시오.

일반문제

01 볼레로결제방식에 대하여 설명하시오.

02 Core Messaging Platform에 대하여 설명하시오.

03 SURF에 대하여 설명하시오.

04 Title Registry에 대하여 설명하시오.

05 볼레로결제방식의 절차에 대하여 설명하시오.

06 트레이드카드에 대하여 설명하시오.

07 트레이드카드의 중앙처리장치(SA)에 대하여 설명하시오.

08 트레이드카드의 결제절차를 설명하시오.

09 볼레로결제방식과 트레이드카드결제방식을 비교하시오.

10 TSU/BPO결제방식을 설명하시오.

11 전자신용장결제방식을 설명하시오.

12 전자신용장방식의 활용도가 낮은 이유를 설명하시오.

참고문헌과 미주

01 정용균, 『무역상무론』, 청람, 2019.
02 최광호, "수출중소기업의 대금결제방식 변화에 따른 리스크 관리에 관한 연구", 『무역보험연구』, 한국무역보험학회, 제19권 제1호, 2018, p.60.
03 정용균, 전게서.
04 정용균 · 정재연, "무역거래대금 결제방식의 결정요인에 대한 사례연구: 은행의 관점을 중심으로", 『통상정보연구』, 한국통상정보학회, 제17권 제4호, 2015, p.365.
05 본 절은 정용균, "국제무역원활화를 위한 전자결제방식에 대한 연구: 볼레로프로젝트와 트레이드카드의 비교를 중심으로", 『산업과 경제』, 강원대학교 산업경제연구소, 제14집, 2005, pp.91-113의 논문에 기반을 두어 서술하였음을 밝힌다.
06 만약 코어메시징 플랫폼이 받은 메시지에 오류가 발견되면, 코어메시징 플랫폼은 Bolero Negative Acknowledgement의 약자인 BNAk라는 헤더로 송신자에게 회신한다.
07 코어메시징 플랫폼이 SMsg 메시지를 수신자에게 전달할 때는 Forwarded Message라는 의미로 FMsg라는 볼레로 헤더를 첨부하여 구별한다.
08 정용균, "국제무역원활화를 위한 전자결제방식에 대한 연구: 볼레로프로젝트와 트레이드카드의 비교를 중심으로", 『산업과 경제』, 강원대학교 산업경제연구소, 제14집, 2005, pp.91-113.
09 본 절은 정용균, "Trade Card 전자무역결제방식의 활성화에 관한 연구: 신용장결제방식과의 비교를 중심으로", 『산업과 경제』, 강원대학교 산업경제연구소, 제13집, 2003, pp.169-189의 논문에 기반을 두어 서술하였음을 밝힌다.
10 신용장방식의 경우, 앞에서 논한 바와 같이 수출상은 신용장통지수수료, 선적서류 매입 시 환가료, 우편료 등의 비용을 부담해야 하며 하자가 발생하는 경우 하자수수료도 지불해야 한다. 수입상의 경우 역시 신용장개설수수료, 이자비용 및 통신비용을 부담해야 한다. 또한 수출상으로부터 선적서류가 제때에 도착하지 않을 경우에는 수입화물선취보증장을 발급받는데도 비용이 수반된다.
11 정용균, "국제무역원활화를 위한 전자결제방식에 대한 연구: 볼레로프로젝트와 트레이드카드의 비교를 중심으로", 『산업과 경제』, 강원대학교 산업경제연구소, 제14집, 2005, pp.91-113.
12 정용균, 전게 논문, p.103.
13 본 절은 김재성, "국내 TSU/BPO시스템의 도입 운용과 향후 과제에 관한 연구", 『국제상학』, 제33권 제4호, 2018, pp.112-118에 근거하였다.
14 본 절은 정용균 · 정재연, "전자신용장의 활용범위와 전자화 정도에 대한 연구: 실무자적 관

점을 중심으로", 『통상정보연구』, 한국통상정보학회, 제16권 제4호, 2013, pp.429-455을 기반으로 서술되었다.

15 본 연구에서는 EDI신용장과 e-L/C를 구분하고 있는데 사실 이 둘은 모두 전자신용장이라고 해야 할 것이다. EDI신용장은 SWIFT신용장의 각 항목을 항목별로 재구성하여 신용장을 생성하는 반면, e-L/C는 SWIFT신용장 전체 항목을 1개의 항목으로 합하여 신용장을 생성한다는 기술적 차이점이 있다.

16 e-L/C는 우리나라 경우도 최근에서야 uTradeHub 구축을 통하여 국제무역절차를 단일창구(single window)로 통합할 수 있었다. 따라서 우리나라보다 전자무역 인프라 구축이 미흡한 여타 국가들은 사실상 e-L/C 활용이 쉽지 않은 것으로 보인다.

17 특히 e-L/C의 경우에는 종이로 출력 자체를 필요로 하지 않기 때문에 EDI신용장에 비하여 거래비용은 더욱 낮아진다.

18 양석완, "개정상법상의 전자선하증권에 관한 법적 검토", 『기업법연구』, 한국기업법학회, 제22권 제1호, p.357.

Chapter 09

국경 간 B2C 전자상거래

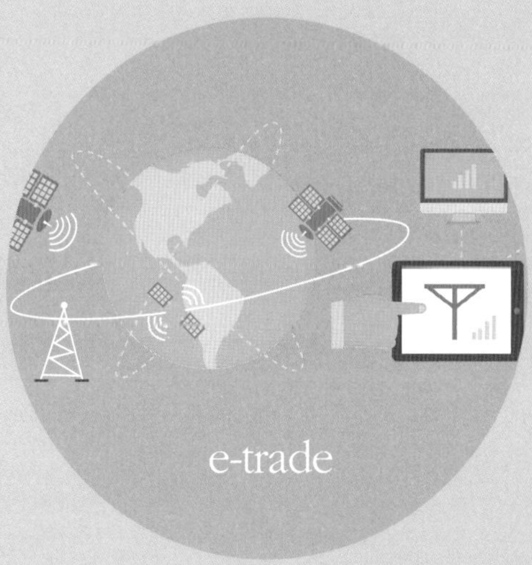

교육수준이 높은 소비자들은 해외전자상거래쇼핑몰에서도 물품을 구매하고 있다.

– 한국소비자원

인터넷의 보급과 글로벌경제가 심화됨에 따라서 소비자가 전자상거래사이트에서 물건을 구입하는 B2C 전자상거래는 국내에서만 이루어지는 것이 아니라 국제적으로도 활성화되고 있다. 최근 들어 소비자들의 교육수준이 높아져서 영어 해독능력을 갖춘 소비자들은 국내 · 국제 간 가격을 비교하고, 적극적으로 외국 인터넷쇼핑몰에서 물건을 구입하기 시작하고 있다. 소위 해외직구현상이 나타나고 있으며 그 금액은 매년 빠르게 성장하고 있다. 또한 국내 판매자 역시 외국 소비자 대상으로 인터넷쇼핑몰을 개장하여 외국 소비자들을 끌어들이기 시작하는, 소위 해외역직구현상 역시 나타나고 있다.

제1절 정의와 특징

1. 정의

국경 간 전자상거래(cross-border e-commerce)는 국내 소비자가 해외쇼핑몰에서 상품을 구입하는 형태의 국제무역이다. 과거에는 이를 단순히 전자상거래의 일종으로 파악하여 B2C가 해외로 확장된 것으로 보았으나 현재는 그 규모가 갈수록 커지고 있어서, 국제무역의 새로운 조류로 받아들여지고 있다. 보통 국내 소비자가 해외쇼핑몰에서 상품을 구입하는 형태를 해외직구라고 부른다. 한편 국내 판매자가 해외고객들을 대상으로 인터넷쇼핑몰을 개설하여 해외소비자로 하여금 자사의 상품을 구매하도록 하는 유형이 해외역직구이다. 그러므로 해외직구는 우리 입장에서 보면 수입이고 해외역직구는 수출에 해당된다.

2. 특징

국제무역의 개념은 전통적 무역에서 전자무역으로 전자무역에서 다시 전자상거래무역으로 진화하고 있다. 1960년대 들어 컨테이너운송이 도입되고, 제트화물기가 취항함에 따라서 운송수단의 고속화가 이루어졌다. 이는 전통무역의 활황세로 이어졌다. 그 다음 인터넷의 등장과 함께 사이버공간에서 수출상과 수입상의 거래가 가능해지고 EDI가 도입됨에 따라서, 종이문서가 전자문서로 바뀌었다. 이천년대 들어서는 소비자들이 국내 쇼핑몰뿐만 아니라 해외쇼핑몰에서도 직접 상품을 구매하는 B2C전자상거래가 활성화되기 시작하였다. 그 특징은 다음과 같다.

첫째, 출현 시기 면에서는 과거 전통무역이 1960년대부터 시발하였다면, 전자무역은 1990년대 시작하였고 이에 반해 전자상거래무역은 이천년대 들어서 본격화되었다.

둘째, 주된 변화로는 전통무역의 활황은 컨테이너선의 도입으로 운송의 단위비용이 감소되고, 제트화물기의 출현과 고속선의 출현으로 운송의 신속성이 확보된 데 기인한다. 한편 전자무역은 종이문서를 전자문서로 전환하는 데 기인한다. 전자상거래무역은 소비자의 상품구매행위의 국제화이다.

셋째, 의사소통수단 관점에서는 전통무역은 면대면, 전화, 텔렉스, 종이문서였다면, 전자무역은 데스크톱 컴퓨터가 주요 의사소통수단이었다. 한편 전자상거래무역은 모바일 휴대폰이었다.

| 표 9-1 | 국제무역의 진화[01]

구분	전통무역	전자무역	전자상거래무역
시기	1960년대	1990년대	2000년대
주된 변화	운송수단의 컨테이너화, 운송수단의 고속화	종이문서의 전자화, 무역거래알선사이트	개인소비목적거래의 국제화, 전자화
주된 결과	거래량 증가	거래비용 감소, 거래기간 단축	다양한 상품 소비가능
의사소통수단	면대면, 전화, 텔렉스, 서신	데스크톱 컴퓨터	모바일 휴대폰
거래 당사자	전문무역기업	다양한 기업	개인
거래형태	B2B	B2B	B2C
문서형태	종이	전자문서	접속
결제수단	신용장, 송금, 추심	볼레로, 트레이드카드, 전자신용장	알리페이, 신용카드, 전자화폐

| 표 9-2 | 전 세계 해외직구 이용 추이 전망

구분	2014년	2015년	2016년	2017년	2018년	2019년	2020년
전 세계 온라인쇼핑 구매자 중 해외직구 B2C 이용객 비율	28.5%	24.7%	28.1%	32.7%	37.4%	41.7%	44.6%
전 세계 해외직구 거래량	233억 달러	304억 달러	400억 달러	530억 달러	676억 달러	826억 달러	994억 달러
해외직구 이용객 수	309억 명	361억 명	451억 명	576억 명	715억 명	848억 명	943억 명

출처: 김세진 · 김은미, "중국역직구 활성화방안에 관한 연구: 신통관정책을 중심으로", 『관세학회지』, 제18권 제1호, 2017, p.217.

넷째, 거래 당사자 측면에서 보면 전통무역은 오퍼상 등 전문무역기업이었다면, 전자무역은 일반기업이라 할 수 있고, 전자상거래무역은 개인 소비자들이다.

다섯째, 거래행태는 전자무역과 전통무역의 경우 수출상과 수입상이라는 기업체 간 거래라면(B2B), 전자상거래무역은 소비자 대 기업 간(B2C) 거래이다.

여섯째, 결제수단은 전통무역의 경우, 신용장결제방식이 주된 결제방식이고 그 외에 송금결제방식과 추심결제방식 등이 사용되어왔다. 그러나 전자무역의 경우, 볼레로, 전자신용장, 트레이드카드 등의 전자결제방식이 도입되어 시도되고 있다. 한편 전자상거래무역의 경우, 신용카드, 알리페이 등 전자화폐 등이 사용되고 있다.

일곱째, 주된 성과로는 전통무역의 경우, 1960년대 이후 거래량의 증대로 나타났고, 이때 세계경제는 호황을 누리게 되었다. 한편 전자무역의 도입으로 거래비용이 감소하고 거래기간이 단축되었다. 한편 전자상거래무역의 출현으로 다양한 상품 소비가 가능해졌다.

전 세계 해외직구 이용 추이 전망을 보면 인터넷쇼핑몰 중에서 해외직구를 이용하는 비중을 살펴보면, 2015년 이후 지속적으로 증가하고 있음을 보여주고 있다. 해외직구 거래량 역시 크게 증가하여 2014년 233억 달러였던 것이 2020년에는 994억 달러에 달할 것으로 전망되고 있다. 즉 7년 기간 동안 해외직구 거래량은 거의 4배 이상 증가하고 있음을 알 수 있다. 이와 더불어 전 세계 해외직구 이용객 수도 2014년에 비하여 2020년에는 3배로 증가하고 있음을 나타내고 있다.

표 9-3 | 지역별 B2C 거래량

(단위: 10억 달러)

지역	2013년	2014년	2015년	2016년	2017년	2018년
아시아 · 태평양	349	459	568	675	780	881
북미	430	484	539	598	658	721
서유럽	326	374	418	459	499	535
남미	52	63	71	79	84	87
동유럽	51	59	65	67	71	75
중동아프리카	27	34	39	46	51	59
세계	1,223	1,471	1,700	1,922	2,143	2,356

출처: 김세진 · 김은미, "중국역직구 활성화방안에 관한 연구: 신통관정책을 중심으로", 『관세학회지』, 제18권 제1호, 2017, p.217.

지역별로 살펴보면 아시아 · 태평양지역이 국경 간 전자상거래를 주도하고 있는 것으로 나타나고 있다. 그 뒤를 이어서 북미지역의 국경 간 전자상거래 규모가 큰 것으로 나타나고 있다. 제3위 지역으로는 서유럽을 들 수 있다. 이와는 대조적으로 남미지역과 동유럽지역은 상대적으로 국경 간 전자상거래 규모가 작은 것으로 나타나고 있다.

제2절 전자상거래무역 수입(해외직구)

1. 해외직구 유형

1) 해외직접구매형

아마존과 같은 해외온라인쇼핑몰에서 국내 소비자가 직접 구매절차를 진행하는 경우를 말한다. 거래 당사자는 국내 소비자와 온라인쇼핑몰을 운영하는 해외사업자 또는 플랫폼으르 제공하는 해외사업자를 경유하여 직접 물건을 거래하는 상대방과 거래절차를 진행한다. 이때 이루어지는 구매절차와 배송절차는 수입통관과정을 제외하고는 국내 인터넷쇼핑몰에서 물건을 구매하는 경우와 차이가 없다.

2) 해외배송대행형

국내 소비자가 해외온라인쇼핑몰에서 구매와 배송절차를 진행하나 소비자가 제품을 주문할 때 배송지를 대송대행자의 물류창고 주소로 입력하면 배송사업자가 소비자를 대신해서 제품을 수령하고 검수한 후 국내 소비자에게 배송하는 구매형태이다. 이 경우 국내 소비자와 해외사업자 간에 이루어지는 매매계약과 국내 소비자와 배송업자 간에 체결하는 해외배송에 관한 계약이 별도로 이루어지게 된다.

해외직구 사례

2013년에 10억 달러 수준이던 해외직구가 2017년에는 21억 달러를 상회하는 수준으로 증가하였다. 현대 소비자들이 스마트 소비자로 진화함에 따라서 이들은 자국의 오프라인 매장뿐만 아니라 자국의 온라인쇼핑몰, 더 나아가 타국의 온라인쇼핑몰 등 여러 다양한 유통채널을 고려하여 소비행위를 하고 있다. 해외직구 초기에 비교해서 구매물품이 다양해짐에 따라 소비자들은 해외 온라인쇼핑몰에서 TV, 카누, 카약, 고가 산악자전거, 3D프린터 등 다양한 제품을 구매하고 있다. 해외직구는 가격이 저렴한 점이 강점이지만, 애프터서비스가 약하고, 근본적으로는 물품을 직접 보고 구매하는 것이 아니라서 한계점이 있다. 또한 구매자가 원하지 않은 물품의 배송이나 품질 불량으로 어려움을 겪는 경우도 있다. 따라서 이에 대한 A/S도 쉽지 않은 문제점이 있다. 더구나 예를 들어 원하지 않은 물품이 배송되었을 때, 판매처가 외국이므로 구매자와 판매자 간의 분쟁 해결이 용이하지 않다.

그림 9-1 해외직구모델

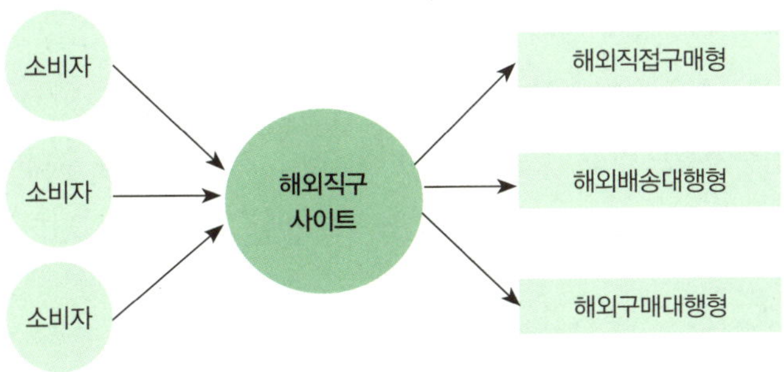

3) 해외구매대행형

국내 소비자가 구매대행사업자에게 원하는 구매대행을 의뢰하면서 제품의 금액과 업체에서 책정한 수수료와 배송료를 결제하면 구매대행사업자는 소비자를 대신해서 제품에 대한 구매와 결제를 진행하고 소비자에게 물품을 배송해주는 구매행태이다. 이 유형은 소비자가 인터넷쇼핑몰에서 구매하고자 하는 제품을 선택하기만 하면 나머지 모든 과정은 대행자가 대행해주므로 소비자에게는 가장 편리한 제도이다.

2. 현황

1) 개관

해외직구를 위한 전자상거래물품 수입국은 2010년 19개 국가에서 2014년 38개 국가로 2배 이상 증가하여 수입국가 다변화가 이루어지고 있다. 한국소비자원에서 설문조사한 바에 의하면 응답자의 52.5%가 해외직구 1회당 20만 원 미만의 금액을 지출하고 있으며 관세청 자료에서도 총구매금액이 미화 200달러 미만인 경우가 전체의 97%로 나타나고 있다. 따라서 2014년 전자상거래물품 수입통관 중에서 면세통관이 전체의 96%를 차지하고, 과세통관 건수는 전체 수입통관 중 4%에 불과한 것으로 나타나고 있어 현재 해외직구에 의한 물품수입은 주로 작은 규모 거래에 중심이 있는 것으로 보인다.[02] 한편 미화 1천 달러를 초과하는 고가물품의 경우는 전체 해외직구 건수에서 차지하는 비중은 0.3%로 매우 작지만, 2009년에 대비하여 볼 때 2014년에 767% 증가하여 전체 해외직구 증가율인 330%에 비하여 상대적으로 수입증가속도가 큰 것으로 나타나고 있다. 이러한 점은 우리 소비자들이 점차 중저가상품에서 고가상품으로 눈을 돌리고 있는 것으로 사료된다.[03]

2) 산업현황

(1) 해외직접배송

최근 국내 소비자들의 해외직구 경험축적으로 인하여 구매대행업체 위주의 이용에서 벗어나 점차 해외온라인쇼핑몰을 직접 방문하여 구매하는 직접배송형태의 해외직구가 증가하고 있다. 중국직구는 의류, 신발, 정보통신기기 등 제품의 가격이 저렴하고 지리적으로 가까워서 상대적으로 신속하게 배송을 받을 수 있어 최근 이용자가 급증하고 있다. 유럽직구는 미국이나 중국 등 기존 해외직구 주요 대상국가에 비하여 현지와 국내 판매가격 차이가 커서 향후 이용이 더욱 늘어날 것으로 예상되고 있다. 해외온라인쇼핑몰들은 국내 이용자가 급증하자 한국어 지원, 한국 직배송서비스 등 다양한 이벤트로 한국 소비자들을 유인하고 있다.

| 표 9-4 | 온라인쇼핑몰

온라인쇼핑몰 명칭	주요 품목	국가	한국어 지원
AliExpress	전 품목	중국	–
Ashford	시계류	미국	지원가능
Rakuten	전 품목	일본	지원가능
Bloomingdale's	백화점 온라인몰	미국	–
ASOS	의류, 잡화	영국	지원가능
Stylebop	의류, 잡화	독일	–

(2) 해외배송대행

해외배송대행은 한국직배송이 되지 않는 해외쇼핑몰을 이용하는 경우나 직 · 배송비용이 비쌀 경우 주로 이용한다. 해외직구시장이 급성장한 최근 몇 년 동안 관련업체 수가 늘어나고 있다. 해외직구 대상국가가 늘어나면서 배송대행업체의 현지물류창고(배송대행지)도 미국, 중국, 일본 등 주요국 외에 독일, 영국, 프랑스 등 유럽국가로 확대되고 있는 추세이다.

(3) 해외구매대행

① 일반적 형태

해외구매대행은 해외온라인쇼핑몰에서 제품을 구매하는 절차나 언어 등에 어려움을 느끼는 국내 소비자들이 결제, 배송 등 전구매절차에 대하여 대행업체에 의뢰하는 경우를 의미한다. 구매대행은 대다수가 국내를 기반으로 운영되고 있으나 해외에서 직접 운영하는 업체도 존재하며 형태에 따라서 수입대행형과 수입쇼핑몰형으로 구분된다.

첫째, 수입대행형은 일반적인 구매대행서비스형태로 구매대행사이트를 통하여 소비자가 원하는 제품 구입에 필요한 경비수수료 등 견적을 받아 제품을 구매하는 형태이다.

둘째, 수입쇼핑몰형은 업체에서 국내 소비자가 선호하는 제품들을 사이트에 게재하여 국내 쇼핑몰을 이용하는 것과 유사한 형태로 제품을 판매하고 있다.

② 오픈마켓 구매대행

옥션은 2013년 3월 원클릭 직구서비스를 개시하였다. 옥션은 해외직구관을 별도로 운영하고 있으며 11번가 역시 해외쇼핑관을 운영하고 있다. G마켓, 인터파크, 티몬에서도 해외배송제품을 판매하고 있다.

③ 온 · 오프라인 혼합형

해외온라인쇼핑몰과 제휴하여 국내 오프라인 매장에서 직접 제품을 보고 인터넷으로 주문할 수 있는 시스템을 구축한 경우이다.

④ 모바일구매대행

대형 포털사이트인 네이버는 자회사인 (주)라인을 통해 해외직구모바일 전문몰인 라인딜(Line Deal)을 운영하고 있다. 여기에서는 매주 화, 목 3~4개의 해외직구 인기제품을 기간 한정하여 판매하고, 결제는 모바일결제 송금시스템인 라인페이로만 결제가 가능하다.

3. 내역

1) 품목별 내역

국내 소비자가 해외에서 구매하는 품목도 변화를 보이고 있다. 2005년과 2006년에는 의류(30.2%), 신발(9.0%), 서적(7.7%) 등이 전체 해외직구물품의 47.6%를 점유하였으나, 2017년에는 소득수준 향상 및 건강에 대한 지속적 관심으로 건강기능식품이 497만 건(20.8%), 화장품이 287만 건(12.2%), 식품류가 282만 건(11.8%), 의류가 272만 건(11.6%), 전자제품이 211만 건(9.0%), 신발류가 165만 건(7.0%)을 차지하고 있다. 그 외에도 컴퓨터 그래픽카드, 스마트폰 보조배터리, 진공청소기 등 전자제품류가 2016년 대비 약 80% 증가하였다.[04]

표 9-5 해외직구 품목별 수입현황 (단위: 천 건)

순위	품목	2016년	2017년	전년 대비 증감
1	건강식품	3,506	4,974	42%
2	화장품	2,429	2,867	18%
3	기타 식품	2,276	2,821	24%
4	의류	2,153	2,722	26%
5	신발	1,341	1,648	80%
6	전자제품	1,174	2,112	23%
7	완구, 인형	801	1,212	51%
8	핸드백, 가방	583	825	42%
9	시계	174	159	30%
10	서적	143	186	-9%
11	기타 품목	2,815	4,066	44%
합계		17,395	23,592	36%

출처: 김종덕 · 김율성, "해외직구물품 급증에 따른 통관제도 개선방안연구", 『해사법연구』, 제31권 제1호, 2019.

2) 지역별 내역

국가별 점유율을 보면 2004년 관세청이 해외직구 통계를 작성한 이래 2004년부터 미국이 1위를 차지하고 있다. 그러나 2015년 73%에서 2016년 65%, 2017년 56%로 점진적으로 비중은 하락하고 있는 추세이다. 한편 이와는 대조적으로 중국, 독일, 일본에서 물품을 구입하는 비중은 점차 늘고 있는 것으로 나타났다. 따라서 해외직구시장이 미국 중심 시장에서 중국, 유럽, 일본 등으로 다변화하고 있는 것으로 나타나고 있다.[05]

| 표 9-6 | 해외직구 국가별 수입현황

(단위: 천 건)

국가	2014년	2015년	2016년	2017년
미국	11,412	11,640	11,345	13,302
중국	1,697	1,250	1,937	4,088
유럽	1,182	1,817	2,531	3,506
일본	365	784	992	2,015
기타	4	372	590	681
합계	15,530	15,863	17,395	23,592

출처: 김종덕 · 김율성, "해외직구물품 급증에 따른 통관제도 개선방안연구", 『해사법연구』, 제31권 제1호, 2019.

4. 문제점

1) 현황

국경 간 전자상거래무역, 특히 해외직구가 늘어남에 따라 소비자의 불만 및 피해도 꾸준히 증가하는 것으로 나타나고 있다. 2014년도 소비자원에 접수된 피해구제 접수 건수는 전년 대비 약 3배 증가하는 등 급격하게 늘어나고 있다. 이 중에서 대부분은 해외구매대행과 관련된 소비자피해인 것으로 나타나고 있다. 해외직구 관련 상담 건수는 2012년 1,181건에서 2013년 1,551, 2014년 2,781건으로 증가하고 있으며, 해외직구 관련 피해구제 건수는 2012년 48건, 2013년 47건으로 비슷한 수준이었다가 2014년 150건으로 급격하게 증가하고 있다.

| 표 9-7 | 해외직구 관련 상담 · 피해구제 건수

연도	해외직구 관련 상담건수	해외직구 관련 피해구제[illegible]
2012	1,181	48
2013	1,551	47
2014	2,781	150

2) 내역

국경 간 전자상거래무역, 특히 해외직구 관련 불만사항 중 가장 많은 불만을 차지하는 것은 배송지연과 오배송 분실과 같은 배송 관련 불만으로 2,781건 중 27.3%를 차지하고 있다. 이어서 취소, 환불, 교환, 지연 및 거부가 22.3%로 불만사항 중 2위를 차지하고 있다. 그리고 반품, 취소, 추가수수료 요구가 그 뒤를 잇고 있다.

| 표 9-8 | 해외직구 관련 불만사항 건수

불만사유	2012년	2013년	2014년
배송지연, 오배송, 분실	265	313	758
반품, 취소, 추가수수료 요구	343	454	525
제품불량, 파손, A/S불만	307	380	621
사업자 연락두절	82	89	229
기타 미상	77	131	281
합계	1,181	1,551	2,781

불만상담 사례

■ 구매대행

배송 관련 불만

광주에 거주하는 김 모 씨는 해외구매대행업체를 통해 60인치 TV를 약 230만 원에 구입했다. 업체에서는 구입물품의 무게에 따라 비용이 추가된다는 설명과 만약 파손 시에는 보상받을 수 있는 보험가입비 10만 원이 필요하다고 해서 추가비용을 지불하기로 합의하였다. 그러나 며칠 후 무게가 많이 나가는 제품은 별도의 포장을 해야 보상보험이 적용된다며, 추가로 40만 원을 요구하였다. 또한 국내 배송 시에도 화물운송비 20만 원의 추가부담이 있다고 안내를 받았다. 이에 총비용 면에서 해외에서 구입하나 국내에서 구입하나 별 차이가 없다고 판단하여 업체에 주문취소를 했으나 업체에서는 취소 시 소비자가 손해배상을 해야 한다고 한다.

■ 직접구매

반품 어려움

부산의 이 모 씨는 해외온라인쇼핑몰에서 바지를 구입하였으나 배송받은 후 제품에 하자가 있음을 발견하고 사업자에게 이메일을 보내서 반품 동의를 받았다. 사업자는 반품 시 배송업체인 UPS의 일반운송장을 이용하라고 했으나 UPS에서는 일반운송장으로는 반품이 불가하다고 하여 한달 넘게 메일만 보내고 있다. 해외온라인쇼핑몰이나 UPS나 모두 해외업체여서 이메일로만 문의가 이루어지고 있으나 해결 기미가 없다.

■ 판매자 연락두절

서울에 거주하는 장 모 씨는 해외온라인쇼핑몰에서 전기자전거 5대를 주문했으나 주문한 제품과 다른 자전거 4대가 배송되었다. 구매한 사이트에 연락했으나 해당 판매자가 연락되지 않는다.

■ 배송대행

배송 중 분실

경기도에 거주하는 정 모 씨는 블랙프라이데이 시즌에 미국의 의류판매사이트에서 의류 4벌을 구입한 후 배송대행업체에 배송대행을 요청하였다. 다음 달 중순, 배송대행업체로부터 물류창고로 의류가 3벌만 도착했다는 연락을 받고 판매사이트에 문의를 하였다. 그러나 판매업체는 의류 4벌을 정확히 보냈으며 이로 인한 재배송이나 구입가 환급은 할 수 없다고 통보하였다. 한편 배송대행업체는 나머지 의류 1벌을 수령하지 않았으므로 손해배상을 해줄 수 없다고 하고 있다.

출처: 소비자원, 『2014년 해외직구 소비자피해 실태조사』, 2015.4.

제3절 전자상거래무역 수출(해외역직구)

1. 비즈니스모델 구분

해외역직구 비즈니스모델은 운영거점과 사업형태에 따라서 다섯 가지 비즈니스 모델로 구분해볼 수 있다.

첫째 비즈니스모델은 초기사업자가 선택하는 모형으로서 사업자가 국내 인터넷 쇼핑몰에 입점하는 국내 오픈마켓 입점모델이다. 대표적인 사례로는 G마켓 글로벌 샵, 영문 11번가 등에 해외소비자가 접속하여 구매하는 형태이다.[06] 동 비즈니스모형은 기존의 오픈마켓과 유사하지만, 해외고객을 주요 목표로 하여 새로운 온라인 페이지를 구축하거나 외국어로 서비스를 제공하는 차별성이 있다. 판매자는 오픈마켓에 입점하므로 자체적으로 쇼핑몰을 구축하는 비용을 절약하는 장점이 있다. 따라서 홍보나 마케팅보다는 자사 제품의 경쟁력을 높이는 데 역량을 집중할 수 있는 장점이 있다. 그러나 동 비즈니스모형의 단점으로는 오픈마켓에 입점비 거래수수료를 지불해야 하는 추가비용 부담의 단점도 있다. 또한 자체 브랜드를 개발하기 어려운 단점도 존재한다.[07]

둘째 비즈니스모델은 사업자가 자체적으로 온라인쇼핑몰을 설립하고 외국 소비자들을 대상으로 서비스를 제공하는 국내 독립몰 운영모델이다. 예를 들어 글로벌 롯데닷컴(global.lotte.com)이 대표적인 사례이다.[08] 롯데 측은 기존의 롯데닷컴 온라인쇼핑몰을 확장하여 온라인페이지를 영어, 중국어 등 다양한 외국어로 번역하여 세계 각국의 고객들이 접근이 가능하도록 개편하였다. 소비자 입장에서는 결제에서 배송까지 책임자가 명확하기 때문에 높은 신뢰도를 가지는 장점이 있다. 반면에 오픈마켓 유형 쇼핑몰에 비하여 상대적으로 상품 수가 제한되어 있으므로 비교구매에 한계점이 있다.[09]

셋째 비즈니스모델은 사업자가 해외로 진출하여 해외글로벌 온라인쇼핑몰에 입점하는 비즈니스모델이다. 해외글로벌 온라인쇼핑몰로는 알리바바나 이베이 등을 들 수 있다. 현재에는 이 세 번째 비즈니스모델이 해외역직구모델 중에서 가장 대표적인 모델이라고 할 수 있다. 시장 규모가 가장 크고 급속하게 성장하고 있어 우리나라 중소기업에 많은 기회가 열리고 있는 유형이다.[10]

넷째 비즈니스모델은 사업자가 해외로 진출하여 해외직판쇼핑몰에 입점하는 비즈니스모델이다. 동 비즈니스모델의 가장 큰 특징은 해외에 법인을 설립하거나 해외에 서버를 두고 판매 및 서비스를 한다는 점이다. 이를 통하여 해외역직구의 가장 큰 문제점 중의 하나인 결제와 현지고객의 불만해결 등을 해소하는 데 장점이 있다.[11] 해외에 현지법인을 설립하는 경우 해당국 소비자들에게 신뢰를 줄 수 있으며 진출한 국가의 각종 규제에서 자유로울 수 있다. 이와 아울러 역직구의 가장 큰 문제점 중의 하나인 결제시스템 역시 해당국의 결제시스템을 활용할 수 있으므로 상대적으로 고객의 편의성이 도모된다.[12] 예를 들어보자. 국내 판매자가 일본에 법인을 설립하고 현지법인명으로 일본어로 된 온라인쇼핑몰을 개설하고 일본소비자들에게 물건을 팔고 운영은 국내에서 하는 방식이다. 일본의 인터넷전화를 사용하고 국내에서 일본어가 가능한 직원을 채용해서 일본고객의 불만사항도 상담해준다. 결제와 배송도 모두 일본업체를 이용한다. 따라서 일본고객 입장에서는 자국 안의 온라인쇼핑몰을 이용하는 셈이므로 일반적인 역직구모델에서 경험하는 문제들을 피하게 된다.[13] 네 번째 유형의 대표적 사례로는 한국무역협회가 2014년 6월 개발하여 개통한 중소기업 전용 온라인 해외직판쇼핑몰인 Kmall24가 이에 해당된다. Kmall24는 우리나라 중소기업과 중견기업의 온라인수출을 지원하기 위한 목적으로 개발되었다. 2015년 3월 기준으로 중소기업 1,000개사, 8,000개 상품이 입

표 9-9 | 해외역직구 비즈니스모델

유형	지역	비즈니스모델
제1유형	국내	국내 오픈마켓 입점모델
제2유형	국내	국내 독립몰 운영모델
제3유형	해외	해외글로벌 온라인쇼핑몰 입점모델
제4유형	해외	해외직판쇼핑몰 입점모델
제5유형	해외	해외보세구역모델

출처: 김창봉 · 민철홍 · 박상안, "해외역직구시장에서 중소기업의 참여와 성과에 영향을 미치는 결정요인에 관한 실증연구", 『통상정보연구』, 제18권 제4호, 2016, p.7.

점한 상태이다.[14] 대기업의 경우는 동방CJ온라인몰(www.OCJ.com)이 현지에 법인을 세워 4,000만 명 이상의 고객을 확보한 성공사례가 있다.

다섯째 비즈니스모델은 해외보세구역에 들어가는 비즈니스모델이다.

2. 현황

1) 전체 개관

글로벌시장에서 해외직구시장의 성장과 함께 국내 해외직구도 견고한 증가세를 보이고 있다. 또한 이와 아울러 국내 해외역직구시장도 크게 성장세를 보이고 있다. [표 9-10]에서 보듯이 국내 해외역직구시장은 2014년 6,791억 원에서 2015년에는 그보다 2배 가까이 증가한 1조 3,000억 원 규모로 증가하고 있다. 또한 2016년에는 전년 대비 1.8배 정도 증가하고 있어서 해외역직구 역시 크게 증가하고 있다.

표 9-10 전자상거래 수출입 규모

구분	2014년	2015년	2016년
해외역직구	6,791억 원	12,544억 원	22,824억 원
해외직구	16,471억 원	17,014억 원	19,078억 원

출처: 김창봉 · 민철홍 · 박상안, "해외역직구시장에서 중소기업의 참여와 성과에 영향을 미치는 결정요인에 관한 실증연구", 『통상정보연구』, 제18권 제4호, 2016, p.8; 김승철 · 이건희, "한국전자상거래무역의 수출입구조 및 기여도 분석연구", 『전문경영인연구』, 제20권 제2호, 2017년, p.134를 저자가 합산함

2) 품목별 현황

전자상거래수출의 품목별 기여도를 살펴보면, 최근 3~4년 기간 동안 가장 눈에 띄게 성장하고 있는 품목은 화장품이다. 2016년에는 화장품이 전체 전자상거래 수출에서 차지하는 비중이 70%를 넘어서고 있다. 그 다음으로는 의류패션 관련 상품군이 전체 수출액 중에서 15.4%를 차지하여 2위를 기록하고 있다. 3위 수출품목으로는 가전, 전자, 통신기기제품들이다. 문제점으로는 전체 전자상거래 수출 중에서

해외역직구 성공사례

중소기업들의 해외역직구는 2018년 32억 5천만 달러를 기록하여 25% 증가하였다.

중소기업벤처창업부와 한국무역협회가 중소기업의 역직구 진흥을 위하여 배송, 통관, 보험 등을 한번에 해결하는 통합플랫폼 구축방안을 논의하였다. 관세청도 소액다건 결제가 주류인 해외역직구 전용 통관플랫폼 구축을 알렸다.

한국무역협회는 2014년 온라인해외직판 플랫폼인 'Kmall24'를 출범시켰다. 한편 아마존 글로벌셀링은 DTC(Direct To Consumer)모델을 도입하였다. 이와 아울러 동남아 최대 쇼핑몰인 'Shopee', 러시아 유망 쇼핑몰인 'my Mall'도 출범하였다.

화장품의 비중이 너무 높은 반면에, 가전, 전자, 통신기기제품의 비중이 2014년의 8.1%에서 급격하게 감소하고 있다는 점이다. 또한 의류패션 관련 상품도 2014년에 25.7%를 점유하다가 불과 2년 만인 2016년에는 15.4%로 감소하여 수출품목 다변화라는 관점에서는 바람직하지 않다.

표 9-11 전자상거래수출의 품목별 기여도[15]

(단위: %)

품목	2014년	2015년	2016년
컴퓨터 및 주변기기	2.4	1.1	0.6
가전, 전자, 통신기기	8.1	4.6	2.9
소프트웨어	0.2	0.2	0.0
서적	0.9	0.7	0.6
사무 · 문구	2.7	0.4	0.2
음반, 비디오, 악기	3.3	2.1	1.1
의류 및 패션 관련 상품	25.7	21.3	15.4
스포츠, 레저용품	1.6	1.1	0.9
화장품	37.8	57.1	71.7
아동, 유아용품	1.5	1.3	1.0
음식료품	4.8	2.9	1.4
농축수산물	2.3	1.4	0.0
생활용품 및 자동차용품	4.4	3.6	2.3
기타	4.2	2.5	1.7

제4절 정책적 지원

1. 시장 다변화 노력 필요

한국상품 역직구시장 이용자의 70%는 한류열풍이 부는 중화권 등 일부 국가에 몰려 있고 판매품목도 화장품 등에 치우쳐 있다.[16] 따라서 다국적 글로벌 직판모형으로 진화해야 할 필요성이 제기되고 있다. 이를 달성하려면 서비스, 언어, 상품 종류 다변화를 이루어야 할 것이다.

2. 결제문제 해소

해외직구의 특징은 소량거래인 동시에 빈도수가 높은 반면 결제금액이 작으므로 전자결세를 시행하는 빙향으로 개선되어야 한다. 또한 국제적으로 통용되는 전자결제서비스를 추진해야 한다.

3 통관문제 해소

해외직구물품은 특송화물로 분류되어 통관절차를 밟고 있다. 과거에는 기업물품이 대부분이었으나 현재는 해외직구물품이 주류를 이루고 있다. 해외직구물품은 사후세액 심사에서 제외하도록 하여 통관의 원활화를 시행해야 한다.

요약

summary

글로벌시장에서 해외직구시장의 성장과 함께 국내 해외직구도 견고한 증가세를 보이고 있다. 또한 이와 아울러 국내 해외역직구시장도 크게 성장세를 보이고 있다. 국내 해외역직구시장은 2014년 6,791억 원에서 2015년에는 그보다 2배 가까이 증가한 1조 3,000억 원 규모로 증가하고 있다. 또한 2016년에는 전년 대비 1.8배 정도 증가하고 있어 해외역직구 역시 크게 증가하고 있다.

인터넷의 보급과 글로벌경제가 심화됨에 따라서 소비자가 전자상거래사이트에서 물건을 구입하는 B2C 전자상거래는 국내에서만 이루어지는 것이 아니라 국제적으로도 활성화되고 있다. 최근 들어 소비자들의 교육수준이 높아져서 영어 해독능력을 갖춘 소비자들은 국내 · 국제 간 가격을 비교하고, 적극적으로 외국 인터넷쇼핑몰에서 물건을 구입하기 시작하고 있다. 소위 해외직구현상이 나타나고, 그 금액은 매년 다르게 성장하고 있다. 또한 국내 판매자 역시 외국소비자를 대상으로 인터넷쇼핑몰을 개장하여 외국 소비자들을 끌어들이기 시작하는, 소위 해외역직구현상 역시 나타나고 있다.

해외직구는 해외직접구매형, 해외배송대행형, 해외구매대행형으로 구분된다.

해외직접구매형은 아마존과 같은 해외온라인쇼핑몰에서 국내 소비자가 직접 구매절차를 진행하는 경우를 말한다.

해외배송대행형은 국내 소비자가 해외온라인쇼핑몰에서 구매와 배송절차를 진행하나 소비자가 제품을 주문할 때 배송지를 대송대행자의 물류창고 주소로 입력하면 배송사업자가 소비자를 대신해서 제품을 수령하고 검수한 후 국내 소비자에게 배송하는 구매형태이다. 이 경우 국내 소비자와 해외사업자 간에 이루어지는 매매계약과 국내 소비자와 배송업자 간에 체결하는 해외배송에 관한 계약이 별도로 이루어지게 된다.

해외구매대행형은 국내 소비자가 구매대행사업자에게 원하는 구매대행을 의뢰하면서 제품의 금액과 업체에서 책정한 수수료와 배송료를 결제하면 구매대행사업자는 소비자를 대신해서 제품에 대한 구매와 결제를 진행하고 소비자에게 물품을 배송해주는 구매행태이다.

실습문제

01 해외직구를 시행하시오.

02 해외역직구를 시행하시오.

토론주제

01 해외직구에 대하여 토론하시오.

02 해외역직구에 대하여 토론하시오.

일 반 문 제

01 국제B2C전자상거래의 의의에 대하여 설명하시오.

02 해외직접구매형 해외직구에 대하여 설명하시오.

03 해외배송대행형 해외직구에 대하여 설명하시오.

04 해외구매대행형 해외직구에 대하여 설명하시오.

05 해외역직구 비즈니스모델에 대하여 설명하시오.

06 해외역직구 품목별 특징에 대하여 설명하시오.

07 해외역직구 국가별 특징에 대하여 설명하시오.

08 해외역직구 활성화방안에 대하여 설명하시오.

참고문헌과 미주

01 안병수, "전자상거래무역 확산을 위한 법률개정방안에 관한 연구", 『통상정보연구』, 제19권 제1호, 2017, pp.3-21.

02 한국소비자원, 『2014년 해외직구 소비자피해 실태조사』, 2015.

03 한국소비자원, 『2014년 해외직구 소비자피해 실태조사』, 2015.

04 김종덕 · 김율성, "해외직구물품 급증에 따른 통관제도 개선방안연구", 『해사법연구』, 제31권 제1호, 2019, p.192.

05 김종덕 · 김율성, 전게 논문, 2019, p.192

06 김창봉 · 민철홍 · 박상안, "해외역직구시장에서 중소기업의 참여와 성과에 영향을 미치는 결정요인에 관한 실증연구", 『통상정보연구』, 제18권 제4호, 2016, p.7.

07 임규건 · 홍승초, "해외역직구 비즈니스모델 유형분류 및 분석", *Journal of Information Technology Application & Management*, 제24권 제1호, 2017, p.100.

08 임규건 · 홍승초, 전게 논문, p.99.

09 임규건 · 홍승초, 전게 논문, p.99.

10 김창봉 · 민철홍 · 박상안, 전게 논문, p.7.

11 임규건 · 홍승초, 전게 논문, p.100.

12 임규건 · 홍승초, 전게 논문, p.100.

13 임규건 · 홍승초, 전게 논문, p.97.

14 김창봉 · 민철홍 · 박상안, 전게 논문, p.8.

15 김승철 · 이건희, "한국전자상거래무역의 수출입구조 및 기여도 분석연구", 『전문경영인연구』, 제20권 제2호, 2017, p.140.

16 임규건 · 홍승초, 전게 논문, p.94.

Chapter 10

디지털무역

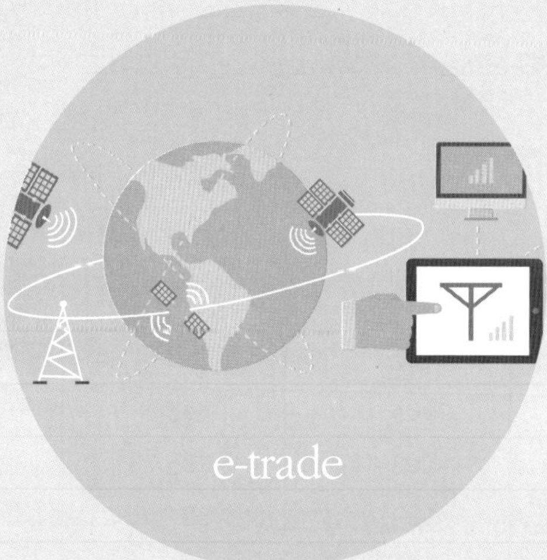

앞으로 30년은 데이터기술혁명이 주도할 것이다.

– 마윈, 알리바바 CEO

인터넷과 정보통신기술의 발달로 국제무역의 관점에서 가장 극적인 패러다임의 변화를 겪고 있는 분야는 디지털제품이다. 디지털제품이란 전통적으로 음악 CD, 영화 DVD, 영화필름, 서적, 소프트웨어 등 물리적 매체에 체화되어 오프라인상으로 교역되었던 물품들이 이제는 디지털변환이 이루어져서 온라인상에서 거래되는 경우를 의미한다. 2012년 현재 미국 내에서 디지털음반의 매출액은 약 41억 달러로 전체 음반 매출의 57%가량을 차지하고 디지털형태로 거래되는 게임과 비디오는 각각 전체 매출의 약 40%와 30%를 차지할 정도로 성장하였다. 국제적으로 교역되는 디지털제품도 이에 못지않게 급속히 성장하고 있다.

제1절 배경

전통무역에서는 고속 컨테이너선으로 상품을 실어날랐다면,[01] 디지털경제 시대에서는 3D프린팅과 핀테크를 활용하여 상품과 서비스를 무형의 재화로 변환시켜 국제적으로 교역하고 있다. 미 경제분석국(US Bureau of Economic Analysis)이 최근 발표한 서비스무역 통계에 따르면 1999년부터 2014년 동안 미국의 전통적인 형태의 서비스 수출이 연간 5% 성장한 데 비해, 정보통신기술 관련 서비스 수출은 연간 8.4% 성장하여 ICT 관련 서비스무역이 미국경제의 성장을 이끌고 있다. 특히 최근에는 디지털변환에 힘입어 새로운 콘텐츠로 거듭난 상품들이 국제적으로 교역되는 디지털무역(digital trade)이 출현하고 있다.[02] 디지털무역의 배경이 되는 디지털경제는 다음과 같은 특징을 가지고 있다.

1. 지식과 정보의 중요성

최근 경제는 전통경제에서 디지털경제로 전환하고 있다. 디지털경제에서는 무형의 지식과 정보를 생산하고 이를 디지털화하여 쉽게 전송·배포함으로써 산업의 지형을 바꾸고 있다. 예를 들어보자. 과거에는 대학도서관은 소장하고 있는 종이책의 숫자, 즉 장서 숫자로 권위를 뽐내었다. 그러나 현대 대학도서관들은 종이책을 기증한다고 해도 거부하고 있는 실정이다. 공간이 부족해지는 현재, 상당수 책들은 이미 종이책과 더불어 전자책(e-book)으로 변환되어 동시에 출간되기도 한다. 연구자들이 사용하는 저널들은 이미 전자저널로 바뀐 지가 오래이다. 피카소의 그림과 무명화가의 그림은 두 작품 모두 작품을 그리는 데 들어간 물감, 캔버스 등 재료의 차이는 크지 않을 것이다.[03] 무명화가의 작품은 가난한 작가의 생활비를 벌기도 빠듯한 반면, 피카소의 작품은 그림당 수백만 달러를 호가하는 가격에 팔리기도 한다. 창의성과 새로운 지식에 대한 가치는 그만큼 높게 평가되고 있다.

2. 네트워크의 중요성

최근 경제는 네트워크경제로 진화하고 있다. 특히 네트워크 중에서도 페이스북, 카카오톡과 같은 가상공간상에서 구축된 네트워크의 힘이 강력해지고 있다. 물리적 네트워크와 가상 네트워크 간의 본질적 차이는 물리적 네트워크를 확대하는 데는 많은 비용이 들지만, 가상공간상에 구축되는 네트워크를 확대하는 데는 비용이 거의 들지 않는다는 점이다.[04] 친구 사귀기를 예로 들어보자. 실체가 있으며 자주 만나는 친구를 사귀려면 많은 시간과 비용과 노력이 들어갈 것이다. 그러나 링크드인과 같이 온라인상에서, 소위 인맥구축사이트를 통해서 연락을 주고받는 사람을 구하는 데는 비용과 노력이 거의 들지 않는 점을 비교해보자. 이러한 네트워크의 중요성은 네트워크의 크기가 커질수록 외부경제효과가 커진다는 점이다. 예를 들어 알리페이 등 전자결제수단의 힘은 가입자 수가 많을수록 네트워크의 가치는 커진다.

3. 디지털 컨버전스

디지털경제의 또 다른 특징의 하나는 디지털 컨버전스(digital convergence)를 통한 산업의 융·복합현상이 두드러지게 나타나고 있다는 점이다. 즉 과거에는 서로 호환되지 않았던 기기 및 제품들이 호환성을 가지게 되었다. 그 결과 생산물의 가치사슬이 통합됨으로써 전통산업 간 경계가 허물어지고 있다.[05] 예를 들어보자. 건강 관련 보약시장의 경우, 예전에는 한의원에서 지어주는 녹용과 인삼이 들어간 보약이 전통적으로 선호되었다. 그러나 이천년대 들어서 홍삼 엑기스제품이 출시되면서 한의원에서 지어주는 보약을 구매하는 사람들은 크게 줄어들었다. 보약은 달이는 데 시간이 많이 들고 비싼 반면, 홍삼 엑기스는 약탕기에 넣고 달일 필요도 없고 가격도 보약에 비하여 저렴하고 휴대도 간편해서, 보약시장을 평정하였다. 사실 보약시장과 드링크시장은 처음에 서로 독립적인 별개의 시장이었으나 홍삼 엑기스가 출시되면서 양시장은 통합되었다. 휴대폰시장도 마찬가지이다. 과거에는 휴대폰은 서로 통화만 가능하였으며 컴퓨터시장은 PC시장이 따로 있었다. 그러나 스마트폰이 나오면서 컴퓨터시장과 휴대폰시장이 통합되었다. 더구나 스마트폰의 등장은 도서시장에도 큰 영향을 미치고 있다. 과거에는 지하철을 타면 누군가는 책을 읽고 있었다. 그러나 지금은 대부분 스마트폰 화면만 쳐다보고 있다.

제2절 디지털무역

4차 산업혁명 시대의 도래와 디지털무역의 등장에 따른 파급효과는 전산업영역에서 나타나고 있다. 이러한 파급효과는 개별 산업부분에서 구체적으로 나타나는 부분도 있으며, 동시에 전체 산업영역에서 공통적으로 확인되는 부분도 있다.

1. 디지털재화의 정의

1) 한미 FTA의 정의

한미 FTA(Free Trade Agreement, 자유무역협정)는 디지털제품을 "전달매체에 고정되는지 또는 전자적으로 전송되는지 여부에 관계없이" 디지털방식으로 부호화되고 상업적 판매 또는 배포를 목적으로 생산된 컴퓨터프로그램, 문자열, 동영상, 이미지, 녹음물 그 밖의 제품으로 정의한다.[06] 한미 FTA는 "전달매체에 고정되는지 또는 전자적으로 전송되는지 여부에 관계없이" 디지털제품으로 인정하는 데서 보듯이 한미 FTA는 전달방식의 차이에 따른 구별을 인정하지 않으므로 암묵적으로 기술중립성 개념을 인정하고 있다.

기술중립성

기술중립성이란 소비자에게 전달되는 공급방식에 따라 제품 간에 차별적인 정책을 취하지 않는 것을 의미한다. 다시 말해서 디지털제품이 물리적 매체에 체화되어 공급되느냐 아니면 전자적으로 공급되느냐에 따라서 관세부과여부가 달라지지 않는 것을 의미한다.

한미FTA(Free Trade Agreement)

2007년 타결된 한국과 미국 간 자유무역협정이다. 내용을 살펴보면, 공산품의 경우 시장접근을 개선하였으며, 민감한 분야인 농업분야에서는 세이프가드제도를 도입하였다. 섬유산업의 경우 미국의 섬유관세를 철폐하며, 자동차에 대한 미국 측 관세도 철폐하였다. 통관절차 신속화에 합의하였다. 전자상거래분야에서는 디지털제품에 대한 무관세를 지향하고 있으며, 무역에 대한 기술장벽위원회를 설치하기로 합의하였다.

2) TPP 정의

TPP(Trans-Pacific Partnership, 환태평양경제동반자협정)에서 디지털제품은 "디지털방식으로 부호화되고 상업적 판매 또는 배포를 목적으로 생산된 컴퓨터프로그램, 동영상, 이미지, 녹음물 그 밖의 제품으로서 전자적으로 전송될 수 있는 것"으로 정의한다. TPP는 '전자적으로 전송될 수 있는 것'만을 디지털제품으로 정의하고 있다. TPP는 디지털제품의 정의에 있어 기술중립성 개념을 인정하지 않는 입장을 취한다.

표 10-1 | 디지털재화의 종류

HS분류	상품내용
37	영화
3702	사진플레이트 및 필름
3706	영화용 필름
49	인쇄물
4901	인쇄서적, 소책자
4902	신문, 잡지 및 정기간행물
4903	아동용 그림책과 습화책
4904	악보
4905	지도, 해도 등 차트
4906	설계도와 도안
4907	우표, 수입인지

4908	전사지
4909	인쇄된 엽서와 그림엽서
4910	캘린더
4911	기타 인쇄물, 인쇄된 서화와 사진
8524	음성과 매체
852410	축음기용 레코드판
852431	컴퓨터 소프트웨어 수록 레코드, 테이프
852432	음성재생 CD
852439	데이터 음성 및 영상 재생용 CD
852440	마그네틱 테이프
852460	마그네틱 스트라이프 자장카드
852491	컴퓨터 소프트웨어 수록한 기타
852499	기타 비디오 녹화
950410	비디오 게임용구

출처: Susanne Teltscher, *The Impact of Electronic Goods Trading on Customs Resume*, 2001, p.543; 문영수 · 박복재, "주요 FTA 상대국과의 디지털제품 국제경쟁력 분석", 『통상정보연구』, 2011, p.210에서 재인용.

TPP(Trans Pacific Partnership)

환태평양경제동반자협정을 의미한다. 2005년 싱가포르, 뉴질랜드, 칠레, 브루나이가 협의를 시작하였다. 그러나 그 후 미국, 캐나다, 멕시코, 호주, 뉴질랜드, 싱가포르, 브루나이, 베트남, 말레이시아, 칠레, 페루, 일본까지 포함된 거대 메가FTA로 변화되었다. TPP는 다수의 국가가 참여하는 FTA이지만, 관세철폐가 협상 의제에 포함되면서, 높은 수준의 포괄적 자유화를 목표로 하고 있다. 즉 마치 하나의 경제권처럼 움직일 가능성이 커지고 있다. 한편 2017년 1월 미국이 탈퇴함으로써, 명칭을 CPTPP로 바꾸었으며 2018년 12월 30일 정식으로 발효되었다.

3) USITC보고서 정의

2017년 USITC보고서는 디지털무역을 산업분야에서 기업에 의하여 인터넷을 통한 상품과 서비스의 전송 및 스마트폰과 인터넷 연결기기 등에 의한 관련 상품 전송으로 정의한다. 주목할 점은 디지털무역은 전자상거래 플랫폼과 관련 서비스의

USITC(United States International Trade Commission)

미국국제무역위원회를 의미한다. 동 기관은 미국이 다른 나라와 국제무역을 하는 과정에서 발생하는 문제, 즉 대외교역이 국내생산, 고용 및 소비에 미치는 영향을 조사하는 업무를 담당하고 있다. 미국국제무역위원회는 운영상 독립성을 가지는 준 사법기관이다.

제공을 포함하는 반면에, 온라인으로 주문된 물리적 상품과 디지털 복사본(CD 또는 DVD형태로 판매되는 책, 영화, 음악, 소프트웨어 등)의 판매는 디지털무역의 정의에서 제외한다.

2. 디지털무역의 특징

1) 새로운 유형의 상품 출현

4차 산업혁명 시대를 맞아 인공지능(AI), 사물인터넷(IoT), 스마트센서 등을 장착한 새로운 상품의 개발과 판매가 속속 이루어지고 있다. 드론, 자율주행자동차, 인공지능기술이 구현된 전자제품 등 새로운 상품들은 시장의 주요 품목으로 등장하고 있다. 이 새로운 유형의 상품들은 AI와 IoT를 통해 새로운 기능이 부가되었다. 예를 들어 드론을 활용하여 택배를 하고, 자율주행자동차는 단순한 이동수단이 아니라 사실상 개인의 움직이는 사무실 내지 휴게공간으로서의 역할을 수행할 수 있게 되었다. 상품을 매개로 한 이러한 역할 수행은 과거에 보지 못하던 특징이며 현상이다.

2) 상품 · 서비스의 동시 공급 · 소비

디지털무역의 또 하나의 특징은 상품과 서비스가 동시에 제공되고 동시에 소비되는 점이다. 디지털재화들은 데이터 취합, 분석 및 전송능력을 바탕으로 상품 · 서비스의 제공과 소비가 동시에 발생하는 형태로 나타나고 있다. 앞으로 IoT가 더욱

스마트의류

의류산업에서도 인체의 활동 및 주변상황과 연동된 기능을 확보한 스마트의류 신상품이 등장하였다. 의류를 소비하는 고객정보가 곧바로 생산자에게 전달되어 새로운 제품개발을 위한 자료로 활용되는 것을 물론, 건강관리정보도 의류를 통하여 취합하게 되었다. 최근 일본에서는 Iot를 활용한 맞춤형 의류브랜드 ZOZO가 출현하였다. 마커가 인쇄된 신체 측정용 의상을 입고 앱의 안내에 따라서 스마트폰 카메라로 사진을 촬영하여 전송하면 정장에서부터 일반의류까지 개인의 신체적 특징을 반영한 맞춤형 옷 주문이 가능하다.

출처: 이재민, "디지털 교역과 통상 규범: 상품, 서비스 교역 '일체화'의 통상협정에 대한 함의", 『국제경제법연구』, 제16권 제2호, 2018, p.98.

빌진하고 네트워크를 통한 연결이 더욱 강화됨에 따라 이러한 상품 · 서비스의 동시 공급 · 소비현상은 가속화될 것이다. 즉 상품 및 서비스의 '일체화' 내지 '통합화' 현상이라고 볼 수 있다. 사실 이러한 일체화현상을 가능하게 해주는 핵심기제인 빅데이터의 데이터베이스 자체도 상품과 서비스의 양측면을 모두 포함하고 있다.[07] 따라서 현재의 상황은 상품과 서비스의 구분이 모호해지면서 양자를 결합한 새로운 형태의 교역이 등장할 가능성을 시사하고 있다.

3) 물류비용의 감소

디지털재화가 주로 수출입됨에 따라 물류비용이 획기적으로 감소한다. 사실 전통적으로 국제무역에서 물류 국제운송비용이 차지하는 비중은 적지 않다. 경제학의 아버지 애덤 스미스 이래로 비교생산비설에서는 물류비용 역시 무시할 수 없는 수준이었다. 대항해 시대 동서양을 잇는 국제무역이 활발하게 이루어진 것은 나침반의 발명과 더불어 크리스토퍼 콜럼버스, 바스코 다 가마 등이 인도항로를 개척했기 때문이다. 그러나 디지털무역에서 주로 거래되는 상품은 디지털화된 상품이어서 수출국에서 수입국으로 온라인으로 전달이 가능하다. 더 나아가서 아예 설계도와 디자인을 수출하고 실제 물품은 3D프린팅기술로 수입국에서 생산이 가능하다. 따라서 물류운송비용은 획기적으로 절감된다.

글로벌 가치사슬무역에서는 제품을 생산하는 공장을 다른 국가에 두고 있다. 따

제너럴 일렉트릭의 서비스회사로의 변신

미국의 제너럴 일렉트릭사는 제트여객기 엔진을 생산해오고 있는 전통적인 제조업에 속한 기업이었다. 그러나 최근 제너럴 일렉트릭사는 서비스 전문회사로 거듭나고 있다. 제트 여객기 엔진에 센서를 부착하여, 엔진의 상태를 실시간으로 체크하고 이를 항공기회사에 제공하는 서비스 회사로 변신하고 있다. 이 경우, 제너렐 일렉트릭사에 수익을 창출하는 부문은 항공기 엔진이라는 상품 자체가 아니라, 공급한 엔진의 유지보수서비스이다. 그리고 이때 보고서는 모두 전자파일형태로 항공기회사에 공급될 것이기 때문에 이 역시 데이터의 국경 간 무역으로 나타나는 디지털무역의 형태를 가지고 있다.

라서 기획과 생산이 분리되었다. 즉 기획은 국내 본사에서 하지만 생산은 해외에 설립한 공장에서 담당한다. 그러나 디지털무역에서는 물품과 서비스가 결합한 패키지상품이 등장하고 생산과 물류가 분리된다. 글로벌 가치사슬무역에서는 공장을 해외에 건설하였으므로 국내에 공장이 있을 때와 비교해서는 수입국으로의 운송비용이 감소한다. 글로벌 가치사슬무역에서는 무역과 투자가 연계되는 형식을 가진다. 공장을 해외에 건설해야 하므로 해외직접투자를 시행해야 한다. 그리고 해외공장에서는 국내 본사로부터 핵심부품을 조달받아야 하므로 무역과 투자는 서로 연계된다. 이에 비해서 디지털무역에서는 디지털연결성이 중요해진다. 그리고 보안문제가 중요한 문제로 부상하게 된다.

4) 디지털플랫폼

디지털경제에서 하드웨어와 소프트웨어를 결합한 상품과 원거리통신망이 합쳐지면서 기업과 기업, 기업과 소비자, 소비자와 소비자 간 허브 역할을 하는 디지털플랫폼이 형성되었다. 형성된 디지털플랫폼을 통해 플랫폼 참여자들에 대한 정보수집이 용이해지면서 이를 통한 새로운 부가가치창출이 가능해졌다. 예를 들어 구글이나 페이스북은 막대한 양의 이용자정보를 가지고 있어 이를 빅데이터로 활용하여 새로운 부가가치를 창출하고 있다. 또한 참여자 간 네트워크 형성이 용이해지고 상대방으로부터의 요구사항에 대해서 신속하게 반응할 수 있게 되었다.

3D프린팅과 디지털무역

3D프린팅기술이 제조혁명이라 일컬어지는 이유는 상품이나 물건을 조립이나 중간과정 없이 바로 생산하기 때문이다. 전통적 생산기술이란 재료 덩어리를 잘라내고 구멍을 뚫고 불필요한 부분을 제거하는 과정이라고 볼 수 있다. 그러나 3D프린팅은 그러한 공정이 없이 최종제품에 필요한 재료만 쌓기만 하면 된다. 따라서 자원을 절약할 수 있다. 3D프린팅방식은 첫째 재료를 압출하여 층을 하나씩 쌓아가는 방식이고, 둘째 광플리머라는 액체를 빛에 노출하여 응고하는 방식이며, 셋째 고운 분말을 물체의 모양대로 굳히는 방식이다. 대부분의 3D프린터는 컴퓨터로 제어하는 프린터 헤드 노즐에서 반쯤 용융된 물질을 압출하여 물체를 만들어낸다. 최근에는 3D프린팅을 활용하여 2인승 하이브리드 자동차인 어비도 생산되었다. 어비는 엔진, 전자장치 새시는 3D프린팅으로 만들지 않았지만 차량의 몸체를 열 가지 영역으로 나누어 열가소성 수지로 출력한 제품이다.

출처: 크리스토퍼 바넷(길이훈 · 김상태 역), 『3D프린팅 넥스트 레볼루션』, 한빛비즈, 2014, p.39, p.52, p.103.

3. 디지털무역의 진화

첫째, 전통적 무역에서는 그 특징이 생산과 소비가 지리적으로 분리되어 있다. 예를 들어 스마트폰을 한국에서 생산하고, 실제 소비는 수출을 통해 인도에서 이루어지는 형식이다. 또한 전통적 무역에서는 주로 최종재(final good)가 교역되었다. 여기서의 주요 이슈는 시장접근문제였다. 따라서 시장을 개방하느냐 여부가 중요해지며 자유무역, 보호무역 등이 통상정책의 주요 의제였다.

둘째, 글로벌 가치사슬무역에서는 수출기업이 본사와 공장이 분리되는 특징을 보인다. 이 경우 본사가 위치해 있는 국가의 임금이 상대적으로 비싸기 때문에 기

중간재(Intermediate Good)

중간재는 최종재와 구분되는 개념이다. 중간재란 최종재를 생산하기 위하여 들어가는 부품을 의미한다. 예를 들어, 자동차를 만들 때 타이어는 필수 부품이다. 이때 자동차가 최종재라면 타이어는 자동차산업 입장에서는 중간재이다. 최근 들어 글로벌생산가치사슬이 구축됨에 따라서, 하나의 제품을 생산할 때, 여러 나라의 부품이 사용되고 있다. 따라서 중간재교역량이 증가하고 있다.

비교역재(Non-traded Good)

과거에는 재화를 교역재와 비교역재로 구분하였다. 교역재는 국제무역을 통하여 다른 국가로 수출되거나 수입할 수 있는 물품이나 서비스를 의미한다. 비교역재는 교역재와는 달리 국제무역을 통하여 이동할 수 없는 물품이나 서비스를 의미하였다. 그러나 최근에는 경제블럭이 형성됨에 따라서 과거에 비교역재였던 물품이나 서비스가 다른 국가로 이동하고 있다. 대표적으로는 노동서비스를 예로 들 수 있다. 유럽연합 내 프랑스 근로자가 독일에 쉽게 취업하는 것이 그 사례이다.

업은 공장 등 생산시설을 임금이 저렴한 개발도상국으로 이전한다. 이때 다국적기업은 전 세계 전체적 관점에서 글로벌 가치사슬을 구축한다. 이때 교역되는 재화는 중간재(intermediate good)일 경우가 많다. 또한 과거에 비교역재였던 서비스도 교역대상이 되어 서비스무역도 나타난다. 여기서의 주요 이슈는 해외직접투자문제였다. 글로벌 가치사슬무역에서는 해외에서 공장을 운영해야 하므로 본사에서 파견된 경영층과 현지근로자 간의 문화적 충돌문제가 주요 이슈 중의 하나이다.

셋째, 디지털무역에서는 생산과 물류가 분리된다. 디지털무역에서는 수출품이 내용면에서는 콘텐츠이고, 형식면에서는 전자파일이다. 따라서 인터넷으로 물류비용 없이 수출이 가능해진다. 전통적인 무역에서는 운송물류비가 전체 무역부대비용에서 차지하는 비중이 컸다. 그러나 디지털무역에서는 생산과 물류가 분리되고 상품과 서비스가 결합되는 특징을 보인다. 이러한 상황에서 주요 이슈는 데이터가 국경을 넘어서 순조롭게 흘러갈 수 있느냐의 문제이다. 만약 경제외적 이유로 인해서 국경을 넘어서는 데이터 이동이 규제를 받는다면 디지털무역은 어려워질 것이다.

❙ 표 10-2 ❙ 국제무역의 진화내용

구분	전통적 무역	글로벌 가치사슬무역	디지털무역
특징	국경을 넘어 생산과 소비 분리, 최종재무역	국경을 넘어 공장 분리, 중간재, 서비스무역	생산과 물류의 분리, 상품과 서비스 결합
동인	거래비용 감소	운송비용 감소	물류비용 대폭 감소, 디지털화
정책	시장접근	무역-투자 연계	디지털연결성, 데이터흐름
이슈	보호무역과 관세장벽	문화적 적응문제	전자상거래 과세

출처: 윤상철(2018), "디지털전환시대의 도전과 새로운 무역패러다임", 『무역보험연구』, 제19권 제1호, 2018, p.242 저자가 확장

제3절 디지털무역현황

1. 디지털재화 총수출

디지털재화의 총수출 규모는 이천년대에 들어서 10년간 추이를 보면, 2000년에 비하여 2009년의 경우는 2배 이상 증가한 것으로 나타나고 있다. 주목할 현상은 비디오게임의 국제거래는 2000년 24억 5,600만 달러에 비하여 2009년 129억 6,300만 달러로 5배 이상 증가하고 있음을 알 수 있다. 음성과 매체부문은 10년 동안 약 2배 증가하였으며, 영화와 인쇄물도 적지 않게 증가하고 있음을 알 수 있다.

2. 디지털재화 국가별 총교역량

디지털재화의 국가별 총교역량 추이를 보면, 즉 수출량과 수입량을 합한 총교역량 규모를 보면 미국이 1위를 차지하고 있으며, 그 뒤를 이어 독일이 2위를 점유하고 있다. 중국은 4위를 기록하고 일본은 9위를 차지하고 있다. 그러나 대한민국은

| 표 10-3 | 디지털재화 전 세계 총수출 규모

(단위: 백만 달러)

연도	영화	인쇄물	음성과 매체	비디오게임	합계
2000	672	15,632	10,690	2,456	29,450
2001	752	15,842	10,304	2,431	29,329
2002	900	15,802	10,342	5,548	32,592
2003	1,050	17,220	11,252	4,444	33,966
2004	1,198	19,855	11,637	4,762	37,452
2005	1,257	21,247	12,812	6,137	41,453
2006	1,301	22,905	13,164	8,584	45,954
2007	1,371	24,510	21,357	12,883	60,121
2008	1,342	29,225	22,364	17,941	70,872
2009	1,135	24,881	20,319	12,963	59,298

출처: 문영수 · 박복재, "주요 FTA 상대국과의 디지털제품 국제경쟁력 분석", 『통상정보연구』, 2011, p.211.

디지털무역 총교역량 전체 순위에서 24위를 차지하여 디지털무역에서는 상당히 뒤처져 있음을 알 수 있다. 대한민국이 전 세계 전체 무역량에서 7위권임을 고려할 때, 디지털무역의 양은 미미한 수준이라고 할 수 있다. 국별 수출량을 보면 독일이 1위를 차지하고 미국이 2위, 중국이 3위를 차지하고 있음을 알 수 있다. 그리고 싱가포르도 상당한 양을 수출하고 있음을 알 수 있다. 이에 비하여 한국의 수출량은 매우 적은 양에 그치고 있다. 따라서 향후 디지털무역의 교역량을 늘릴 필요가 있다.

디지털재화의 자국 총교역량 중 디지털 국제거래량이 차지하는 비중을 살펴보면, 미국이 총수출량과 총수입량을 합한 총교역량 중 디지털재화 교역량의 점유 비중이 13.2%로 가장 높게 나타나고 있다. 그 다음으로는 독일이 자국의 총교역량 중 디지털재화의 교역량이 차지하는 비중이 11.3%로 2위를 차지하고 있다. 중국의 경우는 6.5%를 차지하고 있다. 그러나 대한민국은 전체 교역량 중 디지털재화의 교역이 차지하는 비중이 1.5%에 불과해서 향후 디지털무역의 비중을 늘릴 필요성이 요청되고 있다.

| 표 10-4 | 국가별 디지털무역 거래량(2009년) (단위: 백만 달러)

순위	국가	총교역량	자국 총교역량 구성비(%)	수출량	수입량
1	미국	25,722	13.2	12,196	13,526
2	독일	22,055	11.3	14,095	7,960
3	영국	12,619	6.5	5,842	6,777
4	중국	12,619	6.5	8,586	4033
5	홍콩	10,472	5.4	5,736	4,736
6	네덜란드	9,056	4.7	4,737	4,319
7	프랑스	8,726	4.5	3,298	5,428
8	캐나다	7,474	3.8	1,802	5,672
9	일본	6,698	3.4	3,565	3,133
10	싱가포르	6,615	3.4	5,014	1,601
24	한국	2,055	1.5	586	1,469
	세계 전체	194,598		94,389	100,509

출처: 문영수 · 박복재, "주요 FTA 상대국과의 디지털제품 국제경쟁력 분석", 『통상정보연구』, pp.212-213.

제4절 디지털무역규범

디지털무역에 대한 관심은 21세기 들어서 소위 디지털경제에서 데이터와 경제사회의 디지털화(digitization)의 중요성이 커진 데 기인한다. 미국과 유럽연합(EU)은 디지털무역의 규범 형성에서도 선도적인 역할을 하고 있다. 미국과 EU는 2011년 4월 4일 디지털무역에 관한 기본원칙이라고 볼 수 있는 'EU · 미국의 정보통신기술 서비스를 위한 무역원칙'(European Union-United States Trade Principles for Information and Communication Technology Services)을 채택하였다.

1. 미국

미국 상무부는 2015년 '디지털경제 어젠다'(Digital Economy Agenda)로서 개방성, 신뢰 구축, 접근성, 기술혁신의 네 가지 분야를 다음과 같이 설정하였다. ① 인터넷은 데이터와 서비스가 국경을 넘어 방해받지 않고 이동할 수 있어야 한다는 개방성의 원칙을 제시하였다. ② 온라인 신뢰 증진, 안전과 프라이버시는 전자상거래의 활성화를 위하여 필수적이라고 보았다. ③ 근로자, 가족, 기업의 접근성 보장이 필요하다고 보았다. ④ 지식 재산권규범이 필요하다고 보았다.

한편 데이터의 국경 간 이동을 제한하는 데이터현지화정책에 대응하여 2018년 4월 상무부는 중국, 인도, 베트남 등에서 시행되는 보호주의적인 데이터 현지화정책에 대응하는 전략을 수립함으로써 미국 ICT분야의 경쟁력을 보호하고자 하는 것이다.

무역협상에서의 디지털통상 이슈에 대응하기 위하여 미국 의회는 2015년 6월 무역협상에서 디지털무역 정책목표를 다음과 같이 제시하였다. "오프라인무역에 대해 차별대우를 받지 않도록 보장하는 기존 WTO 약속이 디지털무역환경에서도 적용되도록 보장하고, 디지털통상과 데이터 이동에 대해 강제적인 현지화요건과 제한을 금지하며, 전자적 전송물에 대해 면세를 유지하고, 관련된 정당한 규정들이 가능한 한 최소한으로 무역제한적이 되도록 보장한다.[08]

2. EU

EU는 유럽위원회 Junker 위원장의 주도로 2015년 5월 6일 디지털단일시장(digital single market)전략을 채택하였다. EU는 데이터의 자유로운 이동을 중심으로 디지털경제를 활성화하면서 동시에 개인정보의 처리에서 자연인, 즉 정보주체의 보호 신장을 함께 추구하고 있다. 개인정보보호를 통한 디지털경제의 활성화에 더하여 EU는 개인정보가 아닌 정보, 즉 비개인정보(non-personal data)의 보호를 통한 디지털경제의 활성화도 도모하고 있다. 2015년 제시된 유럽위원회의 디지털단일시장전략의 16개 주요 요소들 중의 하나는 비개인정보의 자유이동을 활성화하는 입법제안이었다. 2017년 9월 13일 유럽위원회는 국경 간 비개인정보의 자유이동에 대한 장벽의 제거를 목적으로 하는 'EU에서 비개인정보의 자유이동을 위한 프레임워크'(framework for the free flow of non-personal data in the European Union)에 관한 규칙을 제안하였다. EU의 개인정보에 이어서 비개인정보의 자유이동을 위한 전략과 입법조치는 관련 국제규범의 발전에 큰 영향을 줄 것으로 전망된다.[09]

3. 중국

중국은 2016년 4월 국경 간 전자상거래에 관한 규정들을 개정하였다. 중국 재정부, 관세청, 국가세무총국이 공동 제정하여 2016년 4월 8일 발효된 '국경 간 전자상거래 소매 수입에 관한 조세정책 통지'가 반포됨에 따라서 직접 배송상품과 보세구역상품에 모두 관세, 수입부가세, 소비세를 포함하는 수입세를 부과하고, 1회 거래당 국경 간 전자상거래 소매상품 거래는 2,000RMB으로 제한되며, 개인 소비자당 연간 거래는 20,000RMB으로 제한되는 내용이 포함되었다. 또한 2016년 4월 7일과 15일에는 관세청, 국가세무총국 등 중국 11개 정부기관이 공동으로 '국경 간 전자상거래의 소매용 수입상품 목록'을 발간하였는데 식음료, 의류, 신발, 모자, 화장품, 장난감 등 중국 소비자들이 전자상거래를 통해 많이 구매하는 1,142개 품목들과 육류, 과일, 곡물, 건강식품, 의료장비 등 151개 품목을 포함하였다. 동 목록은 특정 분야의 상품의 전자상거래를 금지할 수 있게 되어, 전자상거래에 잠재적으로 부정적인 영향을 미칠 것으로 우려되고 있다.

중국은 인터넷을 '안전하고 통제가능하도록' 하는 목적을 이행하기 위하여 2016년 11월 7일「사이버안전법」을 제정하였고, 2017년 6월 1일부터 시행하고 있다. 사이버안전법은 사이버안전 보장과 사이버공간에서의 주권, 국가안보, 공익 수호, 중국사회 정보화의 건전한 발전을 촉진하기 위하여 제정되었으며, 중국에서의 사이버공간 구축, 운영, 유지, 사용 및 감독관리에 적용된다.「사이버안전법」제37조는 중국 본토에서 운영되는 핵심정보기반시설 운영자에 수집되거나 생성된 '개인정보'와 '기타 중요한 데이터'는 중국 본토 내에 저장되어야 한다고 규정한다. 이러한 규정은 데이터의 국경 간 이동을 필연적으로 수반하는 디지털무역의 관점에서 제한을 가하는 입장이라 할 수 있다.[10]

제5절 한미 FTA와 TPP에서의 디지털무역규범[11]

1. 영구적 무관세선언

한미 FTA와 TPP는 공히 WTO에서 법적 지위와 의미가 불확실하였던 무관세선언을 명확히 하고 이를 영구화하였다. 한미 FTA는 제153조에서 "전달매체에 고정된 디지털제품이 원산지상품인 경우 또는 전자적으로 전송된 디지털제품의 수출입에 대하여 관세를 부과하여서는 아니된다"고 명시하고 있다. 즉 무관세선언의 적용대상이 물리적 전달매체에 체화된 디지털제품과 온라인으로 전송되는 디지털제품으로 한정시켰다.

반면 TPP는 "전자적으로 전송되는(transmitted electronically) 콘텐츠를 포함하여 전자적 전송(electronic transmission)에 대해 무관세를 적용"한다. 이는 TPP가 디지털제품을 "전자적으로 전송될 수 있는 것"으로 정의한 것에 상응한 것이다.[12]

2. 디지털제품에 대한 내국민대우의무

양협정은 디지털제품에 대한 내국민대우의무 대상을 체결 당사국의 디지털제품과 인(人)으로 제한한다. 예컨대, 한미 FTA에서 일방 당사국은 "다른 쪽 당사국의 영역에서 창작, 제작, 발행, 저장, 전송, 계약, 발주 또는 상업적 조건으로 최초로 이용가능하게 된 것" 또는 "디지털제품의 저작자, 실연자, 제작자, 개발자, 배포자

내국민대우(National Treatment)

타 국민과 타국으로부터의 수입상품을 자국에서 생산하는 동일한 종류의 상품과 차별 없이 동등하게 대우한다는 것을 의미한다. 내국민대우조항은 GATT 제3조에 규정되어 자유무역을 촉진하는 주요원칙으로 작동하여왔다. 우루과이라운드에서 서비스무역협정이 발효되면서, 금융서비스, 항공서비스 등 서비스산업에서도 외국기업이 국내에서 동일한 조건으로 경쟁하는 효과를 가져오고 있다.

또는 소유자가 다른 쪽 당사국의 인(人)인 일부 디지털제품"에 대해 국내 동종 디지털제품에 부여하는 것보다 불리한 대우를 부여할 수 없다.

한미 FTA는 타방 당사국의 영토 내에서 실질적으로 생산된 것이 아니고 단순히 '저장, 전송된' 디지털제품과 디지털제품의 단순 '배포자'에 불과한 타방 당사국의 인(人)에게는 내국민대우를 부여하지 않을 것임을 명확히 하였다.

TPP도 한미 FTA와 마찬가지로 협정 당사국 내에서 디지털제품이 단순히 '저장', '전송' 또는 '배포'되는 경우에는 내국민대우 부여대상에서 제외하기 때문에 제3국의 디지털제품과 인(人)에 대해서는 내국민대우혜택이 배제된다.[13]

3. 디지털제품에 대한 최혜국대우의무

한미 FTA와 TPP 두 협정은 최혜국대우의무에 관해 다르게 규정하고 있다.

한미 FTA의 제15.3조 제3항 (가)호는 디지털제품이 협정 당사국 영역에서 실질적으로 생산되지 않고 단지 '상업적 조건으로 최초로 이용하게 된' 경우나 협정 당사국의 사람이 해당 디지털제품을 생산하거나 소유하지 않고 단순히 '배포자'일 경우에도 한미 FTA전자상거래 장이 규정하는 최혜국대우혜택을 누릴 수 있게 하고 있다.[14]

한편 TPP는 "비당사국의 디지털제품이 동종 디지털제품으로 인정되는 한 제1항의 기타 동종 디지털제품에 해당한다"고 명시하여 제14.4조 제1항이 내국민대우의

최혜국대우(Most Favored Nation)

어떤 국가가 타국의 사람과 물건에 대하여 제3국의 사람과 물건에 대한 대우보다 불리하지 않게 대우하는 것을 의미한다. 최혜국대우조항의 특징은 A국, B국, 두 국가가 통상협정을 체결할 때, 일방의 체약국(A국)이 제3국(C국)에 부여한 혜택은 자동적으로 통상협정 체결 상대방 국가인 B국에게도 부여된다는 점이다. 최혜국대우조항은 GATT에 규정된 조항으로 타국에 대한 무차별 대우를 의미하기 때문에 자유무역을 촉진하여왔다.

무뿐만 아니라 최혜국대우의무도 포함하고 있음을 밝히고 있다. 따라서 내국민대우의무의 적용대상인 당사국영역 내의 디지털제품과 인(人)이 동일하게 최혜국대우의무의 적용을 받게 된다. 이는 디지털제품이 제3국에서 생산되고 당사국 영역 내에서 단순히 '저장', '전송', '배포'된 경우에는 TPP전자상거래 장이 규정한 최혜국대우혜택에서 배제됨을 의미한다.[15]

4. 전자적 서비스 공급에 대한 서비스무역규범 적용

한미 FTA와 TPP 모두 협정상의 서비스무역규범 및 이에 대한 준수의무, 해당 의무에 적용되는 비합치조치, 의무에 대한 예외가 전자적으로 공급되는 서비스에도 적용됨을 명시한다. 예를 들어 한미 FTA 제15.2조에 따르면 전자적으로 전달되거나 수행되는 서비스의 공급에 영향을 미치는 조치는 "제11장 내지 제13장(투자, 국경 간 서비스무역, 금융서비스)의 관련 규정에 포함된 의무의 대상이고 이 의무는 해당 의무가 적용가능한 이 협정에 규정된 모든 예외 또는 비합치조치를 조건"으로 한다. TPP도 제14.2조 제4항에서 동일한 내용을 다루고 있다.[16]

5. TPP에 등장한 신규 디지털무역규범

1) 전자적 수단에 의한 국경 간 정보의 이전 의무화

TPP 전자상거래 장에서 가장 주목할 만한 규범 중 하나는 '전자적 수단에 의한 국경 간 정보의 자유로운 이전 의무화'규범이다. 디지털 시대와 빅데이터시대에는 상품, 소비자, 시장상황 등에 대한 정보가 기업의 생산활동, 영업활동, 연구개발활동 등에 필수적인 요소로 투입되기도 하고 그 자체가 상업적 가치를 지니기 때문에 정보의 자유로운 흐름은 IT서비스산업과 금융서비스산업의 성장의 전제조건이다.

국경 간 정보의 자유로운 이전에 대한 논의는 이미 한미 FTA에서 이루어졌지만 국경 간 정보가 자유롭게 이전될 수 있도록 노력한다는 수준에 머물렀다. 이에 반해 TPP는 "개인정보를 포함하여 전자적 수단에 의한 국경 간 정보의 이전을 허용해야 한다"고 명시하여 국경 간 정보의 이전을 의무화하였다.[17]

2) 컴퓨팅설비 현지화금지

TPP 제14.24조에 규정되어 있는 컴퓨터설비 현지화금지조항은 GATT/WTO에서는 물론 기존 지역무역협정에서도 찾아볼 수 없었던 새로운 통상규범이다. 동 조항에 의하면 각 체결 당사국은 "통신의 보안과 비밀을 보장하기 위한 요건을 포함하여 컴퓨터설비의 사용에 대해 규제적인 요건을 보유"할 수 있지만 "자신의 영토 내에서 사업을 수행하기 위한 조건으로 대상인에게 그 영토 내의 컴퓨팅설비를 이용하거나 컴퓨팅설비를 그 영토 내에 수립"하도록 요구할 수 없다고 규정하고 있다.

컴퓨팅설비의 현지화조치가 시행되는 국가의 소비자는 외국 중소기업이 제공하는 혁신적인 디지털제품과 온라인서비스상품에의 접근이 제한되는 불편함을 겪게 된다. 전자적 수단에 의한 국경 간 정보의 이전의무화규정과 더불어 컴퓨팅설비 현지화금지규정은 디지털무역자유화를 달성하기 위해 필수적인 규정으로서 향후 디지털무역 관련 통상협상에서 중요한 이정표 역할을 할 것으로 보인다.[18]

요약 summary

한미 FTA는 디지털제품을 "전달매체에 고정되는지 또는 전자적으로 전송되는지 여부에 관계없이" 디지털방식으로 부호화되고 상업적 판매 또는 배포를 목적으로 생산된 컴퓨터프로그램, 문자열, 동영상, 이미지, 녹음물, 그 밖의 제품으로 정의한다. 한미 FTA는 "전달매체에 고정되는지 또는 전자적으로 전송되는지 여부에 관계없이" 디지털제품으로 인정하는 데서 보듯이 한미 FTA는 전달방식의 차이에 따른 구별을 인정하지 않으므로 암묵적으로 기술중립성 개념을 인정하고 있다.

TPP에서 디지털제품은 "디지털방식으로 부호화되고 상업적 판매 또는 배포를 목적으로 생산된 컴퓨터프로그램, 동영상, 이미지, 녹음물 그 밖의 제품으로서 전자적으로 전송될 수 있는 것으로 정의한다. TPP는 "전자적으로 전송될 수 있는 것"만을 디지털제품으로 정의하고 있다. TPP는 디지털제품의 정의에 있어 기술중립성 개념을 인정하지 않는 입장을 취한다.

인터넷과 정보통신기술의 발달로 국제무역의 관점에서 가장 극적인 패러다임의 변화를 겪고 있는 분야는 디지털제품이다. 디지털제품이란 전통적으로 음악 CD, 영화 DVD, 영화필름, 서적, 소프트웨어 등 물리적 매체에 체화되어 오프라인상으로 교역되었던 물품들이 이제는 디지털변환이 이루어져서 온라인상에서 거래되는 경우를 의미한다. 2012년 현재 미국 내에서 디지털음반의 매출액은 약 41억 달러로 전체 음반 매출의 57%가량을 차지하고 디지털형태로 거래되는 게임과 비디오는 각각 전체 매출의 약 40%와 30%를 차지할 정도로 성장하였다. 국제적으로 교역되는 디지털제품도 이에 못지않게 급속히 성장하고 있다.

실습문제

01 디지털무역에 대하여 설명하시오.

02 디지털재화의 종류를 조사하시오.

03 수출할 디지털재화를 지역별로 시장조사하시오.

04 수출할 디지털재화를 발굴하시오.

05 수출할 디지털재화를 제작해보시오.

06 교실에서 학우와 수출할 디지털재화를 이메일로 발송하시오.

토론주제

01 디지털무역에 대하여 토론하시오.

02 3D프린팅에 대하여 토론하시오.

03 디지털무역 국제무역규범에 대하여 토론하시오.

일반문제

01 디지털무역에 대하여 설명하시오.

02 디지털 컨버전스에 대하여 설명하시오.

03 디지털재화를 정의하시오.

04 디지털재화의 종류를 설명하시오.

05 우리나라가 많이 수출하는 디지털재화의 종류를 설명하시오.

06 우리나라가 많이 수입하는 디지털재화의 종류를 설명하시오.

07 세계 각국의 디지털무역량을 비교하시오.

08 디지털재화의 관세부과에 대한 미국의 입장을 설명하시오.

09 디지털재화의 관세부과에 대한 EU의 입장을 설명하시오.

10 3D프린팅을 설명하시오.

11 디지털무역에 대한 한미 FTA 국제무역규범을 설명하시오.

12 디지털무역에 대한 TPP 국제무역규범을 설명하시오.

참고문헌과 미주

01 컨테이너선의 출현과 대형화, 고속화는 아날로그경제의 최정점을 나타내준다고 하겠다. 우리나라 조선소에서 건조되는 컨테이너선들은 한 번에 컨테이너 박스 6,000개를 실어나를 만큼 대형화되고 있다. 그리고 그 크기는 축구장 20개 크기이다.

02 국경 간 데이터 이동에 의한 디지털무역은 2005년부터 2014년 기간 동안 45배 증가하고 2014년 시점에서 2조 8,000억 달러의 경제적 가치를 생성하였다. 이는 상품무역의 세계 GDP에 대한 영향보다 큰 것이다. 한편 한국은 세계 6위의 상품수출 강국이지만 디지털무역에서는 말레이시아와 멕시코에 뒤진 세계 44위를 기록하고 있다.
박노형 · 정명현, "디지털통상과 국제법의 발전", 『국제법학회논총』, 제63권 제4호, 2018, p.201; 이재민, "디지털 교역과 통상 규범: 상품, 서비스 교역 '일체화'의 통상협정에 대한 함의", 『국제경제법연구』, 제16권 제2호, 2018, p.96.

03 윤상철, "디지털전환시대의 도전과 새로운 무역패러다임", 『무역보험연구』, 제19권 제1호, 2018, p.230.

04 윤상철, 전게 논문, p.230.

05 윤상철, 전게 논문, p.231.

06 곽동철 · 안덕근, "아날로그체제하의 디지털무역: 디지털무역 자유화와 무역협정의 역할", 『통상법률』, 2016, p.74.

07 이재민, "디지털 교역과 통상 규범: 상품, 서비스 교역 '일체화'의 통상협정에 대한 함의", 『국제경제법연구』, 제16권 제2호, 2018, p.96.

08 박노형 · 정명현, "디지털통상과 국제법의 발전", 『국제법학회논총』, 제63권 제4호, 2018, p.201.

09 박노형 · 정명현, 전게 논문, p.203.

10 박노형 · 정명현, 전게 논문, p.204.

11 본 절은 곽동철 · 안덕근 논문의 핵심부분을 요약하였다.

12 곽동철 · 안덕근, 전게 논문, p.75.

13 곽동철 · 안덕근, 전게 논문, p.77.

14 제3국의 디지털제품이나 제3국의 자연인 또는 법인에게는 동협정 제15.3조 제2항상의 내국민대우의무가 적용되지 않는 데 비해 협정 비당사국의 자연인 또는 법인이 실질적으로 소유하는 디지털제품에도 최혜국대우의무가 적용된다는 사실은 디지털제품의 무역자유화를 촉진한다는 측면에서 주목할 만하다.

15 곽동철 · 안덕근, 전게 논문, p.78.

16 곽동철 · 안덕근, 전게 논문, p.79.

17 곽동철 · 안덕근, 전게 논문, p.80.

18 곽동철 · 안덕근, 전게 논문, p.81.

Chapter 11

ODR과 분쟁해결

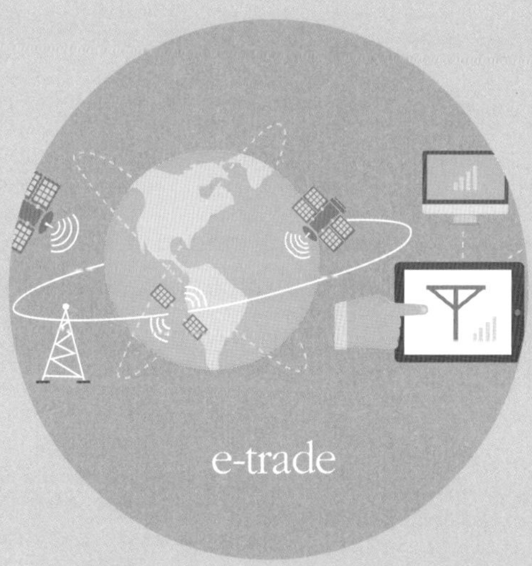

제1절 | ADR 개관

제2절 | 온라인 분쟁해결의 절차

제3절 | 온라인 ADR

제4절 | 전자상거래와 온라인 ADR

제5절 | ODR운영사례

제6절 | 온라인 ADR의 평가

국제거래가 사이버공간상에서 이루어지므로 분쟁해결도 사이버공간상에서 이루어진다.

– 카우프만 콜러, 토마스 슐츠

온라인 분쟁해결절차에서 가장 기본적인 분쟁해결방법은 협상, 조정과 중재이다. 협상은 분쟁 당사자가 외부의 도움을 받지 않고 분쟁을 종료시키려고 시도하는 것이다. 조정은 분쟁 당사자가 결정권 없는 중립적 제3자의 도움을 받아 분쟁해결을 시도하는 것이다. 중재는 분쟁 당사자가 결정권을 가진 중립적 제3자에게 분쟁해결을 맡기는 것이다. 또 하나의 기법으로 조정–중재(med–arb)가 논의되고 있다. 이것은 중립적 제3자가 분쟁해결절차의 초기단계에는 조정자가 되고 이후의 단계에서는 중재인이 되거나 또는 초기 이후의 단계에서 분쟁 당사자가 중재절차를 선택하는 경우에 다른 중재인을 영입하는 것이다.

제1절 ADR 개관

온라인 분쟁해결절차에서 가장 기본적인 분쟁해결방법은 협상(또는 화해), 조정과 중재이다. 협상(negotiation)은 분쟁 당사자가 외부의 도움을 받지 않고 분쟁을 종료시키려고 시도하는 것이다. 조정(mediation)은 분쟁 당사자가 결정권 없는 중립적 제3자의 도움을 받아 분쟁해결을 시도하는 것이다. 중재(arbitration)는 분쟁 당사자가 결정권을 가진 중립적 제3자에게 분쟁해결을 맡기는 것이다. 또 하나의 기법으로 조정–중재(med–arb)가 논의되고 있다. 이것은 중립적 제3자가 분쟁해결절차의 초기단계에는 조정자가 되고 이후의 단계에서는 중재인이 되거나 또는 초기 이후의 단계에서 분쟁 당사자가 중재절차를 선택하는 경우에 나른 중재인을 영입하는 것이다. 온라인 분쟁해결의 새로운 절차로서 가상공간 법정의 품질을 가진 전통적인 재판제도를 포함한 전통적인 분쟁해결방식의 특징을 결합시키려는 시도가 있다.

1. 협상

협상(negotiation)은 분쟁 당사자가 직접 분쟁을 종료시키려고 시도하는 것으로서 가장 단순하고 보편적인 분쟁해결방법이다. 협상은 구속력이 없는 모든 분쟁해결절차의 근원이 된다. 협상에서는 협상절차에서 좋은 결과를 얻기 위하여 협상이 시작되기 전에 전략을 세우는 것이 매우 중요하다. 순수한 협상절차에서는 분쟁 당사자가 합의에 도달하도록 조력하는 중립적 기관이 없고, 양당사자가 서로 합의된 결과(예를 들면 양측에서 받아들일 수 있는 가격)에 도달하기 위하여 의견을 교환하며 토론을 한다. 이러한 토론은 당사자 스스로에게 자신의 운명을 통제하고 있다는 느낌을 스스로에게 주는 중요한 의미가 있다. 화해(compromise)는 자주적 분쟁해결방법으로서 온라인 분쟁해결에서는 사법상의 화해(재판 외의 화해)가 도입될 수 있다. 사법상의 화해는 당사자가 서로 양보하여 분쟁을 끝낼 것을 약정하는 것을 말하고(「민법」 제731조 이하), 계약의 일반적 요건을 구비하면 유효하다.[01]

2. 조정

조정(mediation)은 제3자가 분쟁 당사자를 중개하고 양쪽의 주장을 절충하여 화해에 이르도록 알선 · 협력하는 것이다. 온라인 분쟁해결절차에서는 중립적 제3자의 개입이 없이 '자동화된 조정절차'가 도입될 수 있다. 이 절차는 책임이 문제되지 않는 경제적 협상을 결정하기 위한 소위 '블라인드 입찰'절차에 적용할 수 있다. 대표적인 예로는 CyberSettle에 의한 분쟁조정절차를 들 수 있다. 조정과 유사한 절차로 알선(conciliation)이 있는데, 조정과의 차이점은 당사자가 합의에 도달하기 전에 조정자는 대안을 제시할 수 있다는 것이다. 따라서 논자에 따라서는 알선을 조정에 대한 다른 용어라고 주장하기도 한다.

3. 중재

중재(arbitration)는 분쟁 당사자가 분쟁을 중재인의 판정에 따라 해결하기로 합의하고, 이에 따라 중재인이 행하는 심판절차이다. 중재의 특징은 중립적 제3자인 중재인이 분쟁에 관하여 양당사자에게 종국적이고 구속력 있는 결정을 내리는 절차라는 점이다. 중재판정은 사법적 판단을 대체하기 때문에 준사법절차로 정의될 수 있다. 중립적 제3자는 긴장된 자세로 분쟁 당사자와 교섭하지 않아도 되기 때문에 중재절차는 온라인으로 수행하는 것이 조정절차의 경우보다 더 쉽다.

온라인 중재는 소비자분쟁의 해결, 특히 국제적 수준에서의 분쟁해결방법으로는 인기가 없는 절차인 듯하다. 그 이유는 일단 분쟁이 발생하면 타방 당사자의 동의를 확보하는 것이 어렵기 때문이다. 온라인 중재의 가장 주된 장애는 사법적 강제가 요구된다면 이것은 곧 제3자의 개입 없는 분쟁해결, 신속하고 저렴한 분쟁해결 등 온라인절차의 목적을 부분적으로 훼손한다는 점에 있다. 그럼에도 불구하고 현재 대부분 이 ODR서비스 제공자들은 당사자가 온라인 중재절차의 일부(예, 신청양식의 다운로드, 이메일을 통한 서류제출, 전화에 의한 심리의 이용 등)를 수행하는 것을 허용하고 있다.

4. 조정-중재

위에서 살펴본 분쟁해결방법은 다른 유형으로 변경하여 적응시킬 수 있으며, 최근에는 조정-중재(med-arb)의 방법이 많이 이용되고 있다. 조정- 중재란 중립적 제3자가 분쟁의 초기단계에서 조정자로서 행위하고, 그 후의 단계에서 당사자가 조정기간에 합의에 도달하지 못하는 경우에 중재인이 되어 분쟁해결을 하는 절차를 말한다. 일부 분쟁해결시스템은 조정-중재이기는 하지만 최초의 조정자에 의하여 내려진 판정은 구속력이 없는 것으로 하고, 당사자가 구속력 있는 중재절차를 시작하기로 선택하는 경우에는 중립적 요구가 충족되는 것으로 하고 있다.[02]

제2절 온라인 분쟁해결의 절차

1. UNCITRAL의 ODR 주석의 원칙

UNCITRAL의 '온라인 분쟁해결에 관한 기술적 주석'은 온라인 분쟁해결절차의 토대가 되는 원칙은 공정성, 투명성, 정당한 절차 및 책임을 포함한다고 보면서, 구체적으로 투명성, 독립성, 전문성, 당사자의 동의를 설명하고 있다. 또 ODR은 국경초월의 전자상거래에 대처할 수 있으며, 단순하고 신속하며 능률적이어야 한다고 설명한다.

2. 분쟁해결의 구체적 절차

온라인 분쟁해결(Online Dispute Resolution: ODR)은 법원 밖에서 분쟁해결을 시도하는 제도인 점에서 대체적 분쟁해결(Alternative Dispute Resolution: ADR)과 같다. 온라인 분쟁해결은 대면회의를 설정하기 위하여 이메일을 이용하는 것과 같이 초보적일 수도 있고, 당사자를 대리하는 변호사로부터 모든 공식적인 논쟁을 듣는 온라인 분쟁해결은 컴퓨터에 의하여 관리되는 자동협상절차를 포함할 수도 있으며, 구속력 있는 중재절차를 관리하는 최고급 전문가를 제공할 수도 있다. 온라인 분쟁해결에서 분쟁해결을 위한 보조적 장치로는 이메일, 인스턴트 메시지, 대화방, 음성회의, 화상회의 등이 도입될 수 있다. 온라인 분쟁해결절차의 과정은 협상단계, 해결촉진단계, 최종단계의 3단계로 구성되는 것이 보통이다.[03]

1) 절차 개시 통지

온라인 분쟁해결절차를 개시하기 위해서는 신청인이 ODR관리자에게 절차의 진행에 필요한 정보(신청인 및 피신청인의 성명, 전자주소와 신청인의 대리인이 있는 경우 그 대리인, 청구이유, 제안되는 해결방안 등)를 포함하는 통지를 하여야 한다. 온라인 분쟁해결절차는 신청인의 통지에 따라 ODR관리자가 피신청인에게 통지함으로써 개시된다.

위의 통지에 대하여는 신청인의 청구에 대한 피신청인의 반대 청구도 가능하다. 당사자가 해당 사건에 대하여 다른 법적 구제절차를 밟고 있는 경우에는 그 절차에 관한 정보를 제공하는 것이 바람직하다. 피신청인은 신청인의 통지 후 상당한 기간 안에 관리자에게 회신하도록 하는 것이 바람직하다.

2) 협상

온라인 분쟁해결절차의 1단계는 ODR관리단을 통하여 당사자 사이에 수행되는 협상(negotiation)이 될 수 있다. 이 절차단계는 ODR관리단에 대한 피신청인의 회신에 따라 시작되며, 이 회신은 신청인에 대한 통지 또는 이에 대한 회신이 없는 경우 피신청인에 대한 통지 후의 상당한 기간의 경과를 포함한다. 상당한 기간 안에 협상으로 분쟁이 해결되지 않을 경우 ODR절차는 다음 단계로 이행되는 것이 바람직하다.

3) 해결촉진

온라인 분쟁해결절차의 2단계는 해결촉진이며, 이에 의하여 중립적 조정자가 선정되고 분쟁해결을 가져오기 위하여 당사자와 교신을 한다. 이 단계는 협상이 어떤 이유(당사자의 불참이나 상당한 기간 안에 미해결)로 실패한 경우 또는 당사자의 일방 또는 쌍방이 직접 다음 절차단계로 이행할 것을 요청한 경우에 개시된다. 이 절차단계가 개시되면 ODR관리자는 중립적 조정자를 선정하고, 즉시 양당사자에게 중립인의 성명 및 관련 정보를 통지하는 것이 바람직하다. 절차의 능률을 높이고 비용을 줄이기 위하여 ODR관리자는 적용가능한 온라인 분쟁해결규칙에 부합하는 분쟁해결절차를 위하여 요구되는 때에만 중립적 조정자를 선정하는 것이 바람직하다. 중립적 조정자는 분쟁해결을 가져오기 위하여 당사자와 교신을 하는 것이 필요하다.

4) 최종단계

중립적 조정자가 상당한 기간 안에 해결촉진에 의한 분쟁해결을 가져오지 못하면 온라인 분쟁해결절차는 최종단계로 이행된다. ODR관리자 또는 조정자가 최종단계의 성질 및 최종단계가 취할 수 있는 방식을 당사자에게 알리는 것이 필요하다. 중립적 조정자는 해당 분쟁을 취급할 수 있는 분쟁해결기술과 함께 관련된 전문직업적 경험을 가질 것이 필요하지만, 전문직업의 규제 아래 반드시 자격 있는 법률가일 필요는 없다. 중립적 조정자는 공정성과 독립성을 가져야 하고, 공정성과 독립성에 의심을 가져올 수 있는 사실이나 환경을 어느 때이든지 공개하는 것이 필요하다.

제3절 온라인 ADR

1. 협상

1) 정의

'온라인 협상'은 '자동화협상'(automated negotiation)과 기술부가협상(assisted negotiation)으로 구분된다.[04] 자동화협상방식은 당사자들이 허용가능한 해결범위를 결정하고 그 후에 이 청약, 즉 자신들의 요구사항을 컴퓨터에 입력하여 웹기반 플랫폼에 전송하는 것이다.[05] 예를 들어 보험회사의 경우, 수년간 자동차 재산 관련 분쟁해결에 이러한 온라인 분쟁해결방식을 활용하여왔다. 예를 들어 온라인 ADR 제공회사인 Cybersettle이 보험산업에 온라인 분쟁해결서비스를 제공하고 있으며 이들은 7만 건 이상의 분쟁을 처리하였다.[06] 한편 기술부가협상은 기술적으로 원활한 협상이라고도 불린다. 이 온라인 ADR은 이메일 외에 당사자들이 온라인 회의관리기술, 게시판, 데이터 저장기술 등을 활용하여 당사자 쌍방 간 의사소통을 통하여 합의에 도달하도록 하는 방법이다.

2) 절차

자동화된 협상절차를 살펴보면 다음과 같다. 자동화된 협상방식에서는 분쟁 당사자 중 일방이 자동화협상 제공회사를 접촉하여 협상신청을 함으로써 개시된다. 자동화협상 제공회사는 분쟁의 상대방에게 접촉하여 협상을 통한 분쟁해결방식을 받아들일지 여부를 문의한다. 상대방 당사자는 자동화협상 제공회사의 관할에 들어갈지 여부를 결정할 수 있다. 분쟁의 상대방이 자동화협상절차 개시를 승낙하면, 당사자들은 협상절차에 들어간다.

즉 당사자 각자는 분쟁해결을 위하여 특정 액수의 금액을 제시하거나 특정 액수의 금액을 요구한다. 이때 제안되는 금액은 비밀에 붙여진다. 즉 당사자들이 제시하는 금액은 외부로 공표되지 않으며, 제3자가 알 수 없도록 하고 있다. 만약 당사자들이 제시하는 오퍼금액과 요구금액이 상당히 비슷해지면 이 사건은 두 금액의 평균금액을 주고받는 것으로 해결된다. 일반적인 경우 양금액의 격차가 30% 이내의 차이이면, 두 금액의 차이가 근접한 것으로 간주한다. 한편 양당사자들이 타결에 이르는 시간한도도 정해지는데, 보통 시간한도는 15일에서 90일 기간으로 되어 있으며 어떤 경우는 12개월을 한도로 한다.

기술부가협상의 경우에는 ODR 제공회사가 단지 안전한 사이트에서 저장수단 등을 제공하지만, 실제로 협상서비스를 제공하지 않는다는 점에서 자동화된 협상과는 차이가 있다. 기술부가협상에서는 자동화된 협상과는 달리 당사자들은 외부 개입이 없이 자체적으로 합의에 도달한다. Assisted Negotiation 제공회사는 사건을 결정할 능력은 갖추고 있지 않으며 단지 당사자들이 서로 의사소통하도록 도와준다. 이와 함께 쟁점정리를 도와주고, 당사자들이 건설적인 토론을 하도록 도와주며 해결책을 식별하고 평가해주고 합의안을 제작해준다.

그림 11-1 분쟁해결절차

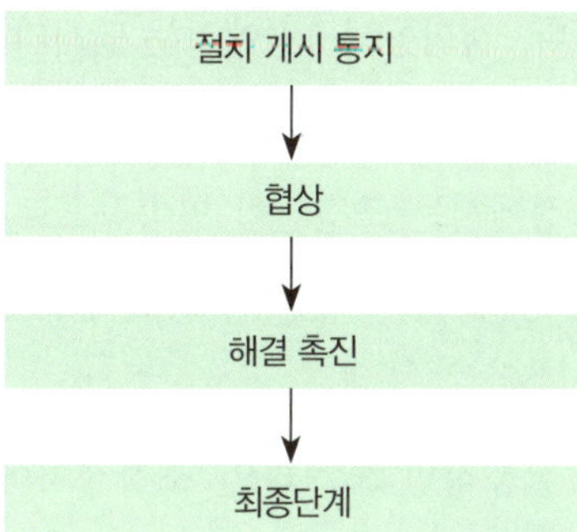

3) 평가

전자적 수단을 통한 협상의 이익은 절차의 단순성이다. 온라인 협상절차는 당사자 입장에서는 아무 것도 필요로 하지 않는다. 당사자들은 협상이 진행되는 중립적 장소로 여행할 필요가 없다. 왜냐하면 시간적 · 공간적 차원에서 실제로 회합을 가질 필요가 없기 때문이다.

온라인 협상절차의 단순성으로 인해서 당사자들은 동시에 연결할 필요가 없기 때문에 비용이 절감되고 편리함이 보장된다. 이러한 점은 전통적인 오프라인 협상과는 대비되는 점이다. 그러나 온라인 협상의 이러한 장점이 동시에 단점이기도 하다. 온라인 협상은 복잡한 협상의 경우에는 적합하지 않다. 왜냐하면 온라인 협상에는 인간적 요소가 결핍되어 있기 때문이다. 직접대면(face-to-face) 회합에서는 분쟁 당사자 상대방의 보디랭귀지, 커피브레이크 때의 힌트와 같은 비언어적 인식이 상대방의 의도와 목표, 욕구 등을 이해하는 데 중요한 역할을 한다.

2. 온라인 조정

1) 정의

조정의 궁극적 목표는 당사자들 간이나 당사자와 조정인과의 의사소통을 원활하게 하는 것이다. 전통적인 오프라인 조정에서는 개회동석조정(opening joint session), 별석조정(caucus), 종국동석조정(closing joint session)을 활용하여 의사소통을 원활화를 도모한다. 개회동석조정에서는 당사자, 변호사, 중재인 등 관계당사자 모두가 참석하여, 당사자들이 자신의 견해를 밝히고 조정인은 쟁점사항을 정리한다. 그 다음 별석조정에서는 조정인이 연속적으로 당사자들과 사적으로 만난다. 종국동석조정에서는 당사자들이 만나서 서로의 분쟁타결조건을 확인하고 분쟁해결에 노력한다.

그러나 온라인 조정은 전통적인 오프라인 조정절차에서 활용된 것들을 반영하지 못하고 있는 것이 사실이다. 예를 들어 대부분의 온라인 조정회사들은 여러 기구나 협회들이 만든 조정 가이드라인을 사용하고 있지 않다. 예외적으로 OnlineMediation회사가 미국 변호사협회와 분쟁해결전문가협회(SPIDR), 미국중재협회(AAA)와 공동으로 개발한 조정실무규정을 적용하고 있을 뿐이다.[07] 더구나 오프라인 조정과는 달리 온라인 조정절차는 동석조정, 별석조정, 종국동석조정 등을 단순화시켜 신기술로 이를 제공할 수 있는 여지만 남겨두고 있다. 더구나 조정인과 당사자 간의 실시간 논의는 거의 행해지지 않는다. 그리고 공동의사 소통장소나 개별의사 소통장소도 있는 경우가 많지 않다.

2) 절차

온라인 조정절차는 신청인이 전자 조정서비스를 제공하는 ODR 사이트에 등록하면서 개시된다. 일부 인터넷쇼핑몰에서는 온라인 ADR과 연결되어 링크를 클릭하는 것만으로도 ODR서비스 신청서를 완성하는 것이 된다. 양당사자가 합의한 조정인이 사건에 배정된다. 만약 당사자들이 그들 스스로 합의를 볼 수 없다면 온라인 ADR 제공자가 조정인을 선정해준다. 조정인은 피신청인과 접촉하기 위하여 신청인이 제공한 정보를 활용하여 피신청인이 온라인 ADR에 참여하도록 요청할 수 있다. 조정인은 이메일로 당사자들과 연락하여 판단이 내려져야 할 쟁점들의 범위를 정하고 의사소통방식에 대해서 합의한다. 사실 조정인은 이메일 외에도 화상회의, 대화방, 전화 등 다양한 미디어를 활용할 수 있다. 전통적인 조정과는 달리 온라인 조정에서는 당사자 전부가 참석하는 첫 번째 회의가 없다. 여기서는 온라인 조정서비스회사인 Mediate-Net의 조정절차를 중심으로 온라인 조정절차를 살펴보기로 한다.

온라인 조정절차의 1단계에서 최초의 온라인 의사소통이 이루어진다. 여기서 모든 당사자들은 조정절자 전반에 관하여 일게 될 기회를 갖는다. 조정인은 조정원치과 조정절차에 대한 질문에 답변한다. 조정인은 조정과정에서 제시되는 양측의 타협안들은 비밀에 붙여질 것임을 알린다.

2단계에서 조정인은 사실 확인에 들어간다. 이때 각 당사자는 금융정보 관련 문서들을 제출한다.

3단계에서 조정인은 해결조건을 당사자들에게 제시하고, 이에 대한 당사자들의 최초 대응을 평가한다. 조정인의 해결책은 이메일로 당사자들에게 제시된다. 이때 조정인은 개별적으로 각 당사자에게 서면으로 해결책을 설명한다. 이 단계에서 각 당사자는 조정인이 제시한 해결책에 대한 상대방의 반응을 알 수 없다.

4단계에서 Shuttle Diplomacy가 이루어진다. 이는 조정인의 해결안을 당사자들이 받아들이지 않을 경우 이루어진다.

조정의 마지막 단계에 들어가면 조정인은 Dispute Closure Form을 기재하고 이는 성과를 명확하게 하고 합의가 이루어졌음을 알린다. 만약 당사자들 중 일방이 요청하면 조정을 종료할 수 있다. 원칙적으로 양당사자는 이유를 제시하지 않고도 언제든지 조정절차를 거부할 수 있다.[08] 다른 말로 하면 양당사자는 반드시 조정절차를 통하여 합의를 해야 할 의무가 없다. 또한 조정인은 만약 조정인이 보기에 조정절차가 당사자 일방에게 편견을 갖게 하거나, 당사자 일방이 상대방에게 해를 끼치면서 절차를 지연시키거나 신의성실에 원칙에 근거하지 않는다고 판단되면 조정절차를 종료할 수 있다.

그림 11-2 온라인 조정절차

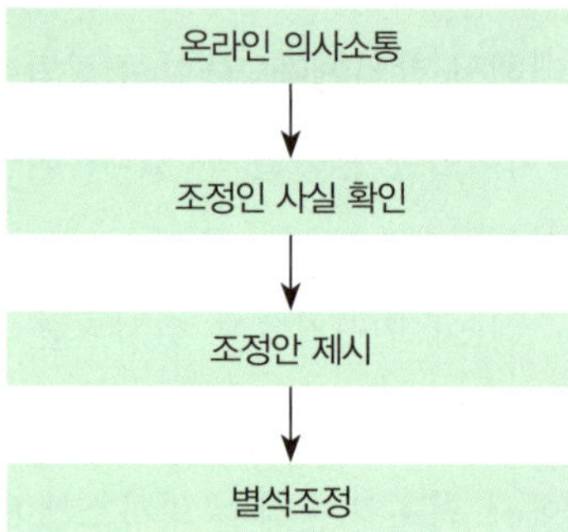

3) 온라인 조정의 단점

(1) 의사소통

온라인 조정은 의사소통상의 문제가 있다. 당사자 간이나 조정인과의 상호작용 빈도나 강도는 신뢰의 강도, 합의에 도달하고자 하는 의지, 당사자의 진정한 관심을 나타내는 지표이다. 이러한 상호작용의 정도가 조정이 성공하느냐 마느냐 여부를 결정한다. 전통적인 조정전문가들은 조정을 진행하는 과정에서 농담을 활용하여 스트레스나 갈등을 줄인다.

그러나 온라인환경에서는 이러한 수단들이 효력이 떨어진다. 왜냐하면 온라인환경에서는 서로 간 유머를 전달하는 데 있어서의 사람 간 의사소통의 효율성이 떨어지기 때문이다. 이처럼 온라인환경에서 의사소통의 효과가 감소하는 것은 분쟁 당사자 간에 직접대면을 할 수 없기 때문이다.

(2) 정보의 모호성

온라인환경에서의 의사소통은 전달되는 정보 자체에 모호성을 내포하게 만든다. 왜냐하면 온라인환경에서 당사자 간 의사소통수단이 감소함에 따라서 당사자들은 의사소통을 해석하는 데 자신들의 목표나 가정 마인드세트에 더 중점을 두기 때문이다. 더군다나 대부분의 온라인환경에서 의사소통수단의 수가 줄어듦에 따라서 의사소통의 모호성이 훨씬 증가하게 된다. 이처럼 모호성이 증대하면 분쟁 당사자 일방은 상대방에 대하여 오해하게 되고 상대방이 분쟁을 해결할 의지가 적다고 해석할 가능성이 커지게 된다.

(3) 조정인의 한계

조정인은 분쟁 당사자들에게 어떤 결과를 강요하거나 판정을 제시할 권한이 없다. 다른 말로 하면 절차나 실체적 사항에 대한 의사결정권한은 당사자들이 갖고 있다. 즉 조정인은 집행력을 갖고 있지 않다. 왜냐하면 조정인의 결정은 구속력이 없기 때문이다. Haloush and Malkawi(2008)는 이러한 구속력이 없는 것이 조정의 가장 큰 단점이라 보고 있다. 이러한 조정인이 내린 결정의 비구속성으로 인하여 당사자들은 조정절차를 시간낭비로 보고, 그 시간에 다른 ADR을 사용하는 것이 더 낫다고 보아서 조정절차를 시도하지 않을 위험이 크다.

(4) 당사자의 낮은 참여도

조정절차는 당사자의 참여도가 낮을 위험이 있다. 일부 학자들은 자발성과 비정형성으로서의 조정의 특성은 무능력하고 조심성 없는 조정인이 이를 남용할 커다란 위험이 존재한다고 주장한다. 이러한 조정의 문제점은 특히 인터넷을 통한 분쟁해결의 관점에서 더욱 두드러진다. 인터넷 사용자는 가상공간상에 실체적으로 존재하지 않기 때문에 그들의 참여나 몰입수준이 오프라인환경과 비교하여서 더 낮을 가능성이 높다.[09] 따라서 비록 Squaretrade.com과 같은 온라인 ADR 제공회사가 피신청인 측에게 조정절차에 참여하도록 권유하고 있지만, 조정절차가 전적으로 자발적이기 때문에 피신청인이 참여하는 것을 보장하지 못한다. 그 결과 인터넷

도메인 이름 관리에 대한 WIPO 최종보고서에서는 조정과 같은 자발적인 분쟁해결절차는 도메인 이름 분쟁해결수단으로 바람직하지 않다는 의견을 내고 있다.

4) 온라인 조정의 장점

(1) 물리적 분리로 인한 협상력 제고

온라인 조정은 위에서 언급한 단점이 있는 반면 장점도 존재한다. 전자적 조정의 경우 분쟁 당사자는 직접대면을 하지 않으므로 오히려 서로 간 이득이 될 수도 있다. 분쟁 당사자들이 서로 물리적으로 분리되어 있으므로 서로 간 효과적으로 협상에 임할 수 있는 측면이 있다. 왜냐하면 물리적으로 분리되어 있으므로 직접대면협상의 경우 수반되는 분쟁 당사자 간의 감정적 격화가 제거되기 때문이다. 직접대면협상의 경우에는 종종 분쟁의 해결방향과는 관련이 없는 문제들과 씨름하는 경우가 많다.

(2) 당사자 간 갈등 감소

인터넷을 통하여 분쟁해결에 임하게 되면 인터넷은 분쟁 당사자 양자에게 하루 24시간, 일주일에 7일 내내 활용가능한 분쟁해결수단을 제공한다. 온라인 조정은 당사자들이 개인적인 갈등이 배제된 상태에서 분쟁을 실질적으로 생각해보게 하는 장소를 제공한다. 컴퓨터 스크린은 분쟁 당사자들을 격리시키기 때문에 당사자들은 상대방에 대하여 신경을 쓸 필요가 없게 된다. 분쟁 당사자들은 상대방에 신경쓰는 대신에 컴퓨터 스크린에 나타나는 실질적 쟁점사항들에 대하여 집중할 수밖에 없다.

온라인 조정의 이러한 특성으로 인하여 분쟁 당사자 간의 갈등은 감소하게 된다. 더군다나 온라인 조정에 참여하는 분쟁 당사자들은 직접대면을 통한 조정과는 달리 상대방에게 즉시 응답을 할 필요가 없다. 온라인 조정에 참여한 당사자들은 상대방의 제안에 대하여 철저하게 생각해보고 대응책을 마련할 충분한 시간을 가질 수 있다. 당사자들이 직접 대면하는 오프라인 조정의 경우에는 조정인이나 당사자 일방이 제시하는 해결책이 반드시 최상의 해결책이 아닐 수도 있다. 오프라인 조정의 경우에 있어서도 대부분 조정인은 의도적으로 별석조정기간을 가진다. 왜냐하면 상대방의 시선을 의식하지 않고 일방이 쟁점에 대하여 생각해보게 하는 것이 분쟁해결에 도움이 된다는 점을 알고 있기 때문이다.

3. 온라인 중재

1) 정의

중재가 정보처리면에서 조정과 유사하게 보이나 중재는 절차적 측면에서 조정과는 차이가 있다. 중재는 조정에 비하여 의사소통과성이 널 복잡한 ADR절차이다. 중재절차는 전적으로 변론(pleading), 증거, 기타 문서들의 교환에 기초하여 진행된다. 온라인 중재에서는 인간적 요소가 중요하지 않을 수도 있다. 왜냐하면 직접 대면을 통한 심리가 필요하지 않을 수도 있기 때문이다. 더군다나 조정의 경우에는 당사자들 간에도 의사소통을 개선하려고 노력하기 때문에 정교한 의사소통수단이 필요하지만, 온라인 중재의 경우에는 당사자들의 포지션을 진술하고 문서들이 공유되는 것이 가능하다면 충분히 중재절차의 진행이 가능하다.

온라인 중재회사가 제공하는 중재는 구속력이 있는 경우와 구속력이 없는 경우로 구분할 수 있다. 사실 온라인 중재 제공회사나 서비스 이용자가 중재사실을 비밀에 부치려는 의사가 있기 때문에 온라인 중재에 관한 통계를 얻기기 힘들다. 그러나 대체적으로 온라인 중재판정이 구속력이 없는 경우가 빈번하게 행해지고 있는 반면, 구속력이 있는 중재판정은 매우 드물게 나타나는 것으로 보인다.[10]

2) 절차

중재절차는 오늘 날 정보기술의 등장과 전자상거래의 발전으로 말미암아 도전을 받고 있다. 글로벌경제 시대에 인터넷의 등장으로 말미암아 인간 간 통신이 전 지구적으로 실시간으로 행해짐에 따라 중재절차도 이러한 변화에 적응해야 할 상황이다.

일반적인 경우, 온라인 중재절차는 신청인이 온라인 중재회사에 등록하면서 개시된다. 일부 경우에는 전자상거래 웹사이트에 온라인 중재가 링크되어 있는 경우도 있다. 이러한 경우 온라인 중재신청인은 단지 그 링크를 클릭함으로써 신청서 기재를 완료하게 된다. 만약 온라인 중재에 들어간 분쟁 당사자들이 중재인(arbiter) 선정에 합의할 수 없는 경우에는 온라인 중재회사가 중재인 한 명을 선정해준다. 중재인은 온라인 중재 신청인이 제공한 정보를 사용하여 피신청인과 접촉한다. 중재인이 피신청인에게 온라인 중재절차에 참여할 것을 권고한다. 이러한 단계가 완료되면 당사자들은 온라인 심리에 들어가서 사건에서의 쟁점을 도출해내고 자신들의 증거를 제시한다. 심리가 종료되면 전자적 중재인(electronic arbiter)은 사건에 대하여 결정(decision)을 하여서 적절한 시간 내에 판정을 내린다. 온라인 중재절차에서 최종적 결과는 제3자가 강제한 중재판정이다.

그림 11-3 온라인 중재절차

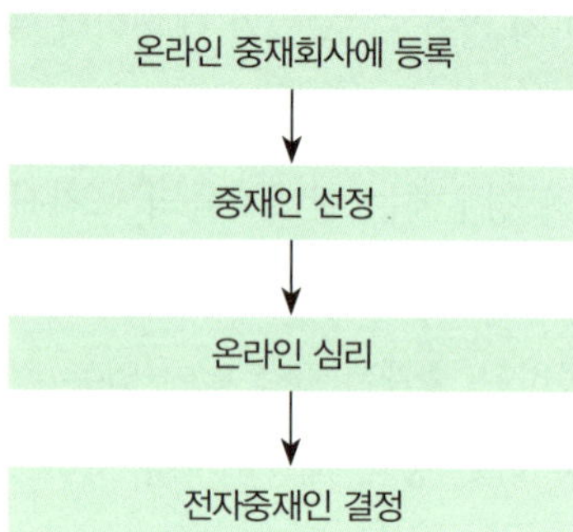

3) 평가

(1) 서면요건의 미충족

현재의 법질서 내에서 온라인 중재판정이 구속력을 갖기 위해서는 여러 가지 실행상의 문제점이 존재한다. 먼저 온라인상에서의 중재합의는 중재합의 또는 중재계약의 서면요건이 문제가 된다. 보통의 경우 온라인 중재의 중재합의는 온라인상에서 이루어지는데, 대부분의 국가법과 국제조약은 중재합의가 서면으로 이루어지는 것을 승인요건으로 하고 있다. 중재판정의 승인 및 집행에 관한 뉴욕협약의 경우, 중재합의가 종이문서로 되어 있을 것을 요구하고 있다. UNCITRAL 모델법(7조 2항)과 영국 중재법(5조 6항), 독일 민사소송법(1031조 1항) 등이 전자적 수단으로 문서화한 것도 서면요건의 충족으로 보고 있으나 그 외의 대부분의 국가에서는 이를 허용하고 있지 않다.

(2) 전자서명의 진정성

중재합의가 유효하기 위해서는 전자문서가 당사자들의 신원, 중재합의문 자체, 중재합의내용 등이 포함되어야 한다. 이러한 정보가 나중에 참조하고 증거로 활용할 수 있도록 접근성이 보장되어야 한다. 다른 말로 하면 이러한 정보는 조작될 수 없도록 안전하게 저장되어야 한다. 이를 위해서는 메시지의 진정성을 확보할 수 있도록 전자서명 등이 부가되어야 한다. 그러나 기술적 수단이란 서로 상이한 법체계하에서 다른 의미를 가지기 때문에 온라인 정보기술은 법적인 문제들을 야기할 수 있다.

(3) 중재적격의 문제

만약 온라인 중재의 대상이 되는 사건이 소비자 관련 사건이라면 중재절차는 중재적격의 문제가 야기된다. 즉 중재가 성공적으로 시행되었다고 하더라도 집행력이 없을 수도 있다. 왜냐하면 상당수 중재법의 경우, 당사자들이 서로 협상력에 현저한 차이가 있는 경우에는 중재할 수 없는 사건으로 간주하고 있어 법원이 집행에 대한 승인을 거부하기 때문이다. 왜냐하면 이러한 경우는 공서위반사항에 해당되기 때문이다.[11]

(4) 적법절차

구속력을 가지는 온라인 중재절차는 적법절차(due process) 관점에서 문제가 있다. 당사자들은 온라인 중재의 안전보장수단을 요구할 것이다. 그러면 정보기술은 ODR절차가 진행되는 동안 당사자들의 신원을 보장하기 위하여 진정성을 확보해야 하며, 상대방과 중재인기능이 보장되도록 인증(authorization)되어야 한다. 또한 절차가 진행되는 과정에 당사자들에 대한 기밀이 보장되도록 해야 하며 기록내용이 변조될 수 없도록 진실성이 보장되어야 한다. 그리고 파일이 상대방에게 전송되었을 때 상대방이 거부하지 않아야 한다. 그러나 문제는 온라인 중재를 활용하는 동기인 분쟁해결속도와 경제성이다. 온라인 중재가 속도를 가지려면 절차를 단순화해야 한다. 그리고 비용을 줄이기 위해서는 안전보장을 위한 투자를 경제적으로 실현가능하지 않게 만들게 된다. 따라서 적법절차와 안전보장과 속도와 비용절감은 양립할 수 없는 개념이다.

제4절 전자상거래와 온라인 ADR

1. B2C시장과 온라인 ADR

B2C 전자상거래시장이 활성화되는 데는 온라인 ADR 제공회사의 기여가 크다. 전자옥션장터인 이베이(eBay)의 성공이 분쟁해결회사인 SquareTrade를 통한 분쟁해결보장에 힘입은 바 크다. 대표적인 전자상거래 분쟁해결회사인 SquareTrade는 2000년 이후 전 세계 120개 국가에서 5개 언어를 사용하여 2백만 건 이상의 분쟁을 처리하고 있다. 이처럼 SquareTrade가 전자상거래 관련 분쟁해결에 성공적인 이유는 시간이 많이 소요되는 전통적인 소송절차가 신속성을 특징으로 하는 전자상거래 분쟁해결에 적합하지 않기 때문이다. 민사소송법을 중심으로 하는 법원 소송절차는 피고와 원고 간의 형평성의 보장을 생명으로 하기 때문에 복잡한 절차를 필요로 한다. 따라서 분쟁해결에 있어서 상대적으로 시간이 많이 걸릴 수밖에 없다.

그런데 전자상거래의 장점은 거래의 신속성이다. 만약 전자상거래를 통해서 거래는 신속하게 이루어졌지만 분쟁해결에는 수개월에서 수년간이나 소요된다면, 소비자 입장에서는 전자상거래 만족도는 하락할 것이다. 글로벌 마켓플레이스인 이베이는 소비자와 중소기업(SME)들 간 온라인 옥션이나 상거래 연결서비스를 제공하며, 그 대가로 거래 건당수수료를 지불하는 비즈니스모델이다. 이베이가 전자상거래시장에서 성공할 수 있었던 요인으로는 구매자와 판매자 간 상호 평가시스템(mutual rating system)을 활용하고, 에스크로지불방식을 통하여 마켓플레이스의 명성을 제고한 데도 이유가 있다.[12] 그러나 분쟁이 발생할 경우 이를 신속하게 해결해주는 SquareTrade의 역할도 무시할 수 없다. 인간생활에 보험이 필수적인 이유는 불가항력적인 사건이 발생할 불확실성이 존재하기 때문이다.[13] 국제무역의 경우 보험이 필수적인 것도 그러한 경우이다. Frank Knight(1971)가 오래전에 제시한 바와 같이 국경을 넘어서 시행되려면 국제무역과 같이 예상치 못한 불확실성의 존재를 인정해야 할 것이다. 만일 분쟁이 발생하여도 신뢰할 만한 기관에서 분쟁이 신속하게 해결된다면 소비자들은 안심하고 국경 너머의 다른 국가의 마켓플레이스에서 물건을 구매할 것이다.

B2C 전자상거래시장에서 분쟁해결절차를 SquareTrade를 중심으로 살펴보면 다음과 같다. 이베이 전자장터에서 불만이 생긴 당사자는 SquareTrade 홈페이지에 접속하여 분쟁해결을 신청한다. 홈페이지에 접속하면 신청인은 자동화된 다문항 선택지에 유도된다. 여기서는 상품 미결제, 배송 미비, 제품결함, 분쟁의 성격을 결정한다. 그러고 나서 피신청인에게 이메일로 온라인 분쟁해결절차에 참여할 것인지 물어본다. 협상단계에 들어가면 다시 다문항 설문지에 대한 답변의 형태로 해결방안을 선택한다. 협상단계에서는 무료이다. 대부분의 분쟁은 협상단계에서 해결된다. 오로지 당사자들이 합의에 실패할 경우 이는 조정단계로 들어간다.

또한 SquareTrade는 분쟁이 발생할 경우 SquareTrade절차에 따라서 해결하고 타협할 때 신의성실원칙에 따라서 행동하고, 도출된 해결책을 준수할 것을 사전에 약속하는 판매자에게는 신뢰마크(trust mark)를 부여한다. SquareTrade에 의하면 분쟁이 해결된 사건의 98%의 경우 분쟁 당사자들이 제시된 해결책에 순종하였다고 밝히고 있다.[14] 이처럼 SquareTrade의 분쟁해결책이 집행력(enforceable)이 높은 것은 분쟁해결기구의 해결책에 따르지 않는 경우, 판매자에 대한 신뢰마크가 철회되는 측면도 있고 이와 동시에 상대방 구매자가 판매자에 대하여 부정적 견해를 유포하여서 결과적으로 판매자의 명성을 훼손시킬 위험이 있기 때문일 것이다.

2. 글로벌 전자상거래시장에서의 분쟁해결

21세기 들어서 B2C 전자상거래시장이 전 세계로 확대됨에 따라 전 세계적 차원에서의 소비자보호문제가 화두로 등장하였다. 왜냐하면 국경을 넘어서 타국이 운영하는 전자상거래사이트에서 상품 거래 관련 분쟁이 발생했을 때, 소송절차를 통하여 분쟁을 해결하려 하면, 국가 간 계약법이 충돌하고 분쟁의 관할권이 중첩되는 등 어려운 문제가 발생하기 때문이다. 전자상거래에 대한 소비자 신뢰를 고양하여 글로벌 전자상거래를 활성화하기 위하여 각국의 소비자단체들과 기업 관련 협회들이 신뢰마크 도입을 추진하였다. 이러한 운동의 예로는 약 2만 개 인터넷쇼핑몰이 동의하여 성공적으로 운영되고 있는 BBBOnline 신뢰인증을 들 수 있다.[15] 여기서는 인터넷쇼핑몰을 사전 심사하여 신뢰인증을 부여함으로써 인터넷쇼핑몰의 신뢰도를 제고하고 있다. 일본에서는 Online Shopping Trust라고 불리는 신뢰인증제도가 운영되고 있는데 그다지 성공적이지는 못하고 있다.

2004년 9월까지 신뢰인증을 받은 인터넷쇼핑몰 수가 640개로서 전체 5만 개 이상의 중소 규모 인터넷쇼핑몰 중에서 1.3% 정도에 불과한 것으로 나타나고 있다.[16] 이러한 노력들은 국내에 국한된 경우지만, 2004년에는 전 세계적 차원에서 신뢰인증을 부여하는 글로벌 신뢰마크 합동조직위원회(Global Trustmark Alliance Organizing Committee: GTA)가 출범하였다.[17]

GTA는 신뢰마크를 전 세계적 차원에서 부여하기 위하여 미국의 BBBOnline, 아시아의 신뢰마크연합(ATA), 유럽의 OC 간 협의체이다. GTA의 목적은 공동의 법적 · 기술적 기준을 마련하여 온라인 ADR제도가 국가 간 거래에도 효력을 발휘하도록 하기 위한 것이다. GTA가 출범한 이후, 2002년 미국과 일본이 협력하여 두 나라 중 한 국가 소비자가 다른 국가의 쇼핑몰에 대하여 불만을 제기할 경우, 양국이 협력하기로 합의하였다. 2004년 10월까지 미국기업에 대한 일본소비자의 불만사항은 45건이 제기되었으며 이 중에서 22건이 해결되었다. 또한 미국소비자가 일본쇼핑몰에 제기한 12건의 분쟁사례 중에서 2건이 해결되었다.[18]

제5절 ODR운영사례

1. eBay

신뢰인증을 위해 이베이는 소비자들에게 무료로 ODR을 제공해오고 있다. 이베이 내에는 여러 가지 ODR시스템이 있다.

1) Money Back Guarantee

소비자가 제품을 받지 못하거나 약속대로 이행이 되지 않은 경우, 물품인도 최종일로부터 30일 이내에 온라인 클레임을 제기할 권리가 부여된다. 이때 판매자는 온라인 분쟁해결센터를 통하여 3일 이내에 회신을 해야 한다. 만약 판매자가 3일 이내에 회신을 하지 못하거나 적합한 해결책을 제시하지 못하면, 소비자는 클레임을 해결하기 위하여 이베이 측에 ODR 중재자를 지명해줄 것을 요청할 수 있다.[19]

2) Unpaid Item Policy

소비자가 물품을 수령했는데도 불구하고 판매자가 거꾸로 소비자로부터 대금지급을 받지 못하는 경우에는 2일 이내에 온라인 분쟁해결센터를 통하여 소비자에게 클레임을 제기할 수 있다. 만약 소비자가 대금지급에 대한 증거를 제시하지 못하거나 미지불에 대한 타당한 이유를 제시하지 못할 경우, 이베이는 판매자에게 최종가격에 대한 수수료를 제공하고, 웹상에서 제품 재등록비용을 환불해준다.[20]

3) Verified Rights Owner Program

지식재산권 소유자는 이베이에서 판매된 제품에 관하여 온라인으로 자신의 지식재산권이 침해되었다는 통지문을 제출할 수 있다. 이러한 통지문이 이베이에 도착하면 이베이 측은 지식재산권 침해제품을 판매 · 금지한다.[21]

4) 중재조항

이베이는 이용자들과 합의서에 구속력 있는 중재조항을 두고 있다. 만약 당사자들이 온라인상에서 분쟁을 해결하지 못하면 중재를 시행한다.

2. PayPal

페이팔(Paypal)도 이베이와 유사하게 ODR프로그램을 제공하고 있다. 제품을 받지 못하거나 계약과 현저히 다른 제품에 대한 클레임이 제기되면 ODR을 제공하고 있다. 페이팔은 우선 당사자들이 분쟁해결센터를 통하여 분쟁을 해결하도록 권고한다. 만약 분쟁해결센터를 통해서도 분쟁이 해결되지 않으면, 제3자의 중재판정에 맡긴다.[22]

3. Alibaba

알리바바(Alibaba)는 소비자와 판매자 간의 분쟁해결을 하기 위하여 ODR을 활용한다. 당사자 한쪽이 알리바바에 클레임을 제기하고, 10일이 다 되도록 양당사자 간의 분쟁이 해결되지 않으면, 동분쟁은 알리바바의 분쟁해결팀(Dispute Resolution Team)에 회부된다. 알리바바는 양당사자가 제공한 증거자료에 의하여 판정을 내린다. 이때 당사자들이 판정 이행을 거부할 경우, 벌금이 부과된다. 미화 300달러 상당의 클레임에 대한 판정에 대하여 당사자들이 따르지 않으면 알리바바는 당사자들이 추후 알리바바를 활용하지 못하게 금지한다.[23]

4. EU 공동플랫폼

유럽연합은 2000년 5월, 유럽연합이사회가 전자상거래를 통하여 발생하는 분쟁을 해결하는 ODR을 실행하기 위하여 법을 제정할 것을 요청하였다. 이에 2013년

유럽연합은 ADR지침과 ODR규정을 입법화하였다. 2016년에는 유럽연합 ODR플랫폼을 구축하였다.[24]

제6절 온라인 ADR의 평가

1. 공정성

중립성은 고상한 목표이기는 하지만, 중립성을 유지한다는 것은 불가능할 뿐만 아니라 중립성을 목표로 삼아서는 ODR분야의 정당성을 취약하게 만든다. 실무적으로는 이베이는 대부분의 분쟁에서 분쟁당사자들에 대하여 객관적으로 중립을 유지하기는 하지만, 이베이 전자장터가 성공적으로 운영되기 위해서는 구매자들을 기쁘게 해주어야 한다. 결국 이베이는 개별 분쟁에 있어서는 중립성을 유지하겠지만, 전체적으로는 구매자와 판매자 간에 전자장터를 다시 균형을 맞추도록 정책적 결정을 내려야 한다. 혹자는 조정인의 행동강령으로 공정성 대신에 균형성(balance)을 강조한다. 만약 조정인이 모든 사람이 심리를 받을 기회를 가지도록 의사소통채널을 균형 있게 유지한다면 당사자들은 보다 정보가 있는 상황에서 결정을 내릴 수 있을 것이다.

2. 기밀성

정보기술 자체가 정보의 흐름을 원활하게 하는 만큼 분쟁해결절차의 기밀성은 취약할 수밖에 없다. ODR시스템은 분쟁 당사자들에 대한 정보를 보호하는 데 있어서 의무를 가지고 있는가? 전통적으로 ADR에서는 절대적으로 기밀성을 강조하고 있지만, 현재 ODR이 자체 생존하기 위하여 노력하고 있는 현실을 고려하면 이는 너무 근시안적인 견해이다. 실제적 차원에서 관계 당사자 간의 의사소통내역이

항구적으로 문서화되는 상황에서 중립인이 기밀성을 유지할 수 있는가의 문제도 존재한다. 사실상 사건이 종료된 이후에 관계 당사자 간에 기록으로 남겨진 의사소통기록들은 접근가능한 상태로 남아있게 된다. 더군다나 분쟁 당사자들이 의사소통기록을 자신의 개인 컴퓨터에 저장하고 있는 경우는 어떻게 할 것인가 하는 미묘한 문제가 남아 있다.

3. 경제성

만약 ODR 중립인들이 보상을 받아야 한다면 어떠한 방식으로 당사자들이 ODR 사용료를 지불할 것인가? 양당사자가 균등하게 나누어서 지불할 것인가? 아니면 신청인이 모든 비용을 부담할 것인가? 비용문제는 ODR에 대한 접근성에 영향을 줄 뿐만 아니라 배분적 정의의 인식에 대해서도 영향을 미친다. 비용을 절감하기 위하여 일부전문가들은 외부의 자원봉사 개념의 중립인들을 선호하나 이는 일관성과 서비스의 질적 관점에서 볼 때는 문제가 있을 수 있다. 더구나 비용문제로 인해서 중립인들이 사건판단에 대한 왜곡이 발생할 수도 있다.

4. 온라인 중립인

일반적인 경우, ADR에는 제3의 중립인이 사건을 다루는 데 있어서 상당한 재량권을 부여한다. 그러나 온라인 ADR에 있어서는 사건 진행관리는 매우 미묘한 분야이다. 왜냐하면 온라인 중립인은 당사자들로부터 권위를 얻어야 하기 때문이다. 이러한 권위는 보통의 경우 개인적인 카리스마로부터 나온다. 그런데 온라인상에서는 서로 상대방을 볼 수 없으므로 이러한 카리스마를 전달하기 어렵다.[25] 더구나 중립인은 일반적으로 당사자들의 외모나 태도로부터 그들의 진실성을 확신한다. 인터넷상에서는 그러한 시각적인 수단이 결여되어 있는 경우가 많다.

5. 정보기술

온라인 ADR에서의 직접대면 결핍으로 인하여 중립인의 사건 진행능력은 오히려 향상될 수 있다. 왜냐하면 중립인들은 당사자들이 실체적으로 분리되어 있는 것을 활용하여 당사자들 간의 갈등을 감소시킬 수 있게 되기 때문이다. 온라인 ADR은 그러한 융통성이 크므로 인해서 중립인이 시간과 공간상의 제약에서 벗어나서 상당한 융통성을 가지게 되는 이득이 있다. 즉 정보기술이 의사소통에 영향을 주므로 인해서 네트워크상에서 단순히 인간의 전문지식을 제공하는 것 이상으로 중립인의 가치가 상승하게 된다. 또한 온라인 ADR은 분쟁해결절차에 전자미디어의 가상능력을 활용함으로써 무궁무진하게 기회가 확대된다. 예를 들어 온라인 ADR절차에 컴퓨터를 통하여 차트, 그림, 그래프, 표와 다이어그램을 활용할 수 있다. 이러한 정보기술의 활용은 분쟁해결절차 전부를 활성화시킬 수 있게 된다.

요약 summary

ADR에는 협상, 조정, 중재, 조정-중재의 유형들이 있다. ODR에도 온라인 협상, 온라인 조정, 온라인 중재, 온라인 조정-중재가 있다. 온라인 분쟁해결(ODR)은 법원 밖에서 분쟁해결을 시도하는 제도인 점에서 대체적 분쟁해결(ADR)과 같다. 온라인 분쟁해결은 대면회의를 설정하기 위하여 이메일을 이용하는 것과 같이 초보적일 수도 있고, 당사자를 대리하는 변호사로부터 모든 공식적인 논쟁을 듣는 온라인 분쟁해결은 컴퓨터에 의하여 관리되는 자동협상절차를 포함할 수도 있으며, 구속력 있는 중재절차를 관리하는 최고급전문가를 제공할 수도 있다.

온라인 분쟁해결에서 분쟁해결을 위한 보조적 장치로는 이메일, 인스턴트 메시지, 대화방, 음성회의, 화상회의 등이 도입될 수 있다. 온라인 분쟁해결절차의 과정은 협상단계, 해결촉진단계, 최종단계의 3단계로 구성되는 것이 보통이다.

이베이에는 다양한 ODR제도가 있다. 소비자가 제품을 받지 못하거나 약속대로 이행이 되지 않은 경우, 물품인도 최종일로부터 30일 이내에 온라인 클레임을 제기할 권리가 부여되는 Money Back Guarantee제도가 있다. 한편 소비자가 물품을 수령했는데도 불구하고 판매자가 거꾸로 소비자로부터 대금지급을 받지 못하는 경우에는 2일 이내에 온라인 분쟁해결센터를 통하여 소비자에게 클레임을 제기할 수 있는 Unpaid Item Policy제도가 있다.

알리바바는 당사자 한쪽이 알리바바에 클레임을 제기하고, 10일이 다 되도록 양당사자 간의 분쟁이 해결되지 않으면, 동분쟁은 알리바바의 분쟁해결팀(Dispute Resolution Team)에 회부된다. 알리바바는 양당사자가 제공한 증거자료에 의하여 판정을 내린다.

실습문제

01 팀별로 온라인으로 분쟁해결과정을 실습하시오.

02 알리바바(Alibaba)를 방문하여 ODR 도구를 검색하시오.

03 이베이(eBay)를 방문하여 온라인으로 분쟁해결제도를 검색하시오.

04 아마존(Amazon)을 방문하여 온라인으로 분쟁해결제도를 검색하시오.

05 EC21을 방문하여 온라인으로 분쟁해결제도를 검색하시오.

토론주제

01 ODR에 대하여 토론하시오.

02 온라인 조정에 대하여 토론하시오.

03 온라인 중재에 대하여 토론하시오.

일반문제

01 오프라인 협상에 대하여 설명하시오.

02 오프라인 조정에 대하여 설명하시오.

03 오프라인 중재에 대하여 설명하시오.

04 오프라인 조정-중재에 대하여 설명하시오.

05 온라인 협상에 대하여 설명하시오.

06 온라인 조정에 대하여 설명하시오.

07 온라인 중재에 대하여 설명하시오.

08 온라인 조정-중재에 대하여 설명하시오.

09 ADR의 장점에 대하여 설명하시오.

10 ADR의 단점에 대하여 설명하시오.

11 ODR의 장점에 대하여 설명하시오.

12 ODR의 단점에 대하여 설명하시오.

참고문헌과 미주

01 정용균, 『무역상무론』, 청람, 2019.

02 정용균, 전게서.

03 이 절차는 기업 · 소비자 간 거래는 물론 기업 간 거래에서 발생하는 분쟁에도 적용할 수 있다. 이하에서는 국제연합국제상거래법위원회의 '기술적 주석'을 참고하여 그 절차단계를 살펴보기로 한다.

04 Kaufmann-Kohler, Gabrielle and Thomas Schultz, *Conflict Resolution in the Age of Internet Online Dispute Resolution: Challenge for Contemporary Justice*, Kluwer International, 2004.

05 Kaufmann-Kohler, 전게서.

06 www.cybersettle.com/about/about.asp.

07 http://www.onlineresolution.com/om-standards.cfm

08 Halousch, Haitham A. and Bashar H. Malkawi, "Internet Characteristics and Online Alternative Dispute Resolution", *Harvard Negotiation Law Review*, Vol. 13, 2008, p.335.

09 정용균, "글로벌 전자상거래 분쟁과 온라인 ADR에 관한 연구", 『e-비즈니스연구』, 제12권 제5호, 2011, pp.397-421.

10 예를 들어 ICANN의 UDRP가 6,000건 이상의 비구속적 중재판정을 내린 바 있으며, 이와는 대조적으로 구속적 온라인 중재판정분야에서 선두를 달리고 있는 Chartered Institute of Arbitrators회사는 구속적 중재판정을 70건 정도 내린 바 있다. 온라인 중재서비스 사용료는 주로 시간당으로 지불하며 당사자 각각 시간당 50달러에서 250달러 사이로 알려지고 있다. 그러나 UDRP하에서는 수수료가 문제시되는 도메인 네임의 수와 패널리스트의 수에 따라서 1,500달러에서 4,000달러 사이이다. UDRP수수료는 신청인이 부담한다. Chartered Institute of Arbitrators의 온라인중재수수료는 300달러 미만 사건의 경우에는 15달러이며 7,500달러에서 15,000달러 미만 사건의 경우에는 250달러이다. 중재절차에는 시간한도가 있는 것은 아니나, 보통 소요되는 시간은 4시간에서 60일 내이다. Chartered Institute of Arbitrators회사의 경우는 중재판정은 평균 7주 후에 내려진다.
정용균, 전게 논문.

11 석광현, "국제상사중재에서 분쟁의 실체에 적용할 준거법", 『국제상사중재연구』, 제1권, 박영사, 2007, pp.140-173.

12 Graf-Peter Galliess, "Online Dispute Resolution: Consumer Redress in a Global Market Place", *German Law Journal*, Vol. 67, No. 8, October 2006, p.652.

13 불확실성(uncertainty)와 위험(risk)의 차이는 불확실성이 사건 자체를 예측할 수 없었던 경우이고 위험은 통계적으로 사건 자체에 대한 확률적 예측이 가능한 경우이다. 따라서 위험(risk)은 어느 정도 대비가 가능하지만, 불확실성은 근본적으로 대비가 쉽지 않다.
Knight, Frank, *Risk, Uncertainty and Profit*, University of Chicago Press, 1971, pp.19–20.

14 분쟁의 거의 80%는 이러한 온라인 협상이나 온라인 조정으로 해결된다.
Graf–Peter Calliess, 전게 논문, p.653.

15 Graf–Peter Calliess, 전게 논문, p.653.

16 Swada, Building Trust in Japanese EC Market, September 22, 2004.

17 정용균, 전게 논문.

18 정용균, 전게 논문.

19 이현정, "모바일 전자상거래에서 분쟁해결연구", 『인터넷전자상거래연구』, 제17권 제6호, 2017, p.404.

20 이현정, 전게 논문, p.404.

21 이현정, 전게 논문, p.404.

22 이현정, 전게 논문, p.405.

23 이현정, 전게 논문, p.405.

24 이현정, 전게 논문, p.406.

25 Halousch and Malkawi, 전게 논문, p.342.

Chapter 12

전자무역 창업

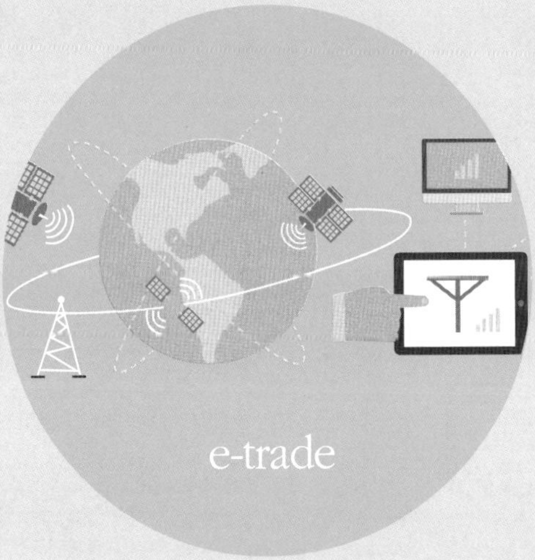

기업의 목적은 고객을 창조하고 유지하는 것이다.

– 테오도르 레빗

전자무역분야 창업을 하기 위해서는 해외시장에 진출하겠다는 남다른 의지가 있어야 한다. 그리고 해외소비자를 자극할 수 있고 호기심을 불러일으킬 수 있는 사업 아이디어가 있어야 한다. 그리고 이미 해외에 많은 인터넷쇼핑몰들이 있는 상황에서 자사의 쇼핑몰에 소비자들이 방문할 수 있도록 홈페이지 구축과 광고 등에 힘써야 하며, 프라이버시 노출이 안 되는 결제수단, 신속한 배송이 가능한 물류시스템을 구축해야 한다. 또한 분쟁이 발생했을 때 이를 신속히 처리해주는 분쟁해결기구 역시 마련해야 한다.

제1절 창업의 개요

1. 창업의 구성요소

1) 창업자

전자무역 관련 인터넷쇼핑몰을 창업하려면 먼저 창업자가 있어야 한다. 창업자는 기업가(entrepreneur)이다. 저명한 경제학자 슘페터(Schumpeter)에 의하면 기업가란 지금까지 다른 기업가들이 도전하지 않은 사업에 도전하여 위험을 부담하여 창의적 모험을 하는 사람이다. 특히 인터넷 비즈니스에 속하는 전자무역쇼핑몰은 기존의 오프라인 매장과 비교해서는 전혀 성격이 다른 사업분야라고 할 수 있다. 우리나라 자동차업계를 구축한 현대그룹이나 삼성전자 초대회장들도 창업자라고 할 수 있다. 그러나 창업자는 반드시 대기업에만 있는 것이 아니다. 오히려 소호 창업자도 많다. 전자무역분야 창업을 하기 위해서는 해외시장에 진출하겠다는 남다른 의지가 있어야 한다.

2) 아이디어

창업을 함에 있어서 사업 아이템이야말로 사업의 성패를 가르는 중요한 요소라고 할 수 있다. 창업자가 아무리 열정이 있다고 하더라도 비즈니스업계를 통찰하여 아이디어를 내고 이 아이디어를 기반으로 새로운 아이템을 개발하지 않는다면 사업은 성공하기 어려울 것이다. 특히 해외소비자들에게 물품을 판매해야 하는 전자무역의 경우 해외소비자들의 흥미를 유발시켜 구매를 불러일으킬 수 있는 아이템이 있어야 한다.

(1) 현장경험

수십 년 전에 한국인 기업가로는 최초로 그린란드를 방문하여 그곳에서 기르던 순록의 뿔을 수입하여 막대한 이익을 창출한 호가 현마(玄馬, 다크호스)인 기업인 사례도 아이디어 및 아이템 개발에 성공한 사례이다. 그는 그린란드 에스키모인들에게는 건축자재로 사용되고 있던 사슴뿔을 국내로 수입하여 녹용, 녹각이라는 보약 원료로 변환시킨 아이디어를 가지고 있었다.[01] 위의 사례는 기업가가 직접 그린란드라는 현장을 방문하였기 때문에 포착한 아이디어이다. 만약 그 기업가가 한국에서 책상 앞에만 앉아 있었다면 순록 뿔의 수입이라는 사업 아이디어는 가지지 못했을 것이다. 오직 그가 그린란드라는 현장에 가보았기 때문에 가능한 것이다.

(2) 신상품 발명

애플의 창업자인 스티브 잡스는 이란계 이민자를 아버지로 둔 사람이다. 그는 대학을 중퇴하였지만, 짧은 대학시절 얻었던 인문학적 교양을 아이폰 제작에 활용하였다. 그리고 통화만 되던 휴대폰에 컴퓨터를 결합시켜 새로운 스마트폰이라는 신상품을 개발하였다. 그러나 꼭 전자제품의 경우에만 기술혁신이 발생하는 것은 아니다. 처음 연필이 나왔을 때는 연필과 지우개를 따로 팔았다. 그러자 발명가는 연필 상단에 고무를 부착시켜 연필과 지우개를 결합한 신상품을 발명하여 한 때 대박을 터뜨린 사례도 있다. 이처럼 신상품이 반드시 고도의 기술을 요하는 것은 아니다.

(3) 취미

취미가 사업에 활용되는 경우도 적지 않다. 낚시를 좋아하는 사람이라면 낚시하는 데 사용되는 낚싯대, 앉는 의자, 텐트 등 관련 기구에 정통하므로 이에 대한 개선을 하여 사업 아이디어를 얻을 수도 있다. 마이크로 소프트 창업자인 빌 게이츠는 하버드대학 재학시절 컴퓨터프로그램에 취미가 있었다. 그는 워즈니악이라는 걸출한 동업자와 의기투합하여 컴퓨터프로그램회사를 창업하였다.

(4) 우연한 발견

일상생활 중에 사업 아이디어를 포착하는 경우도 적지 않다. 우리나라의 경우에도 일상생활의 경험에서 우러나온 수납공간의 활용 아이디어를 개발하여 이를 비즈니스로 확대한 경우가 보고되고 있다.

3) 자금

전자무역 창업을 하는 데 있어서 자금은 기업을 설립하는 데 소요되는 인력, 기계, 기술, 원자재 등을 구입하는 데 필요한 요소이다. 대기업과는 달리 중소기업은 자본, 인력 모두 부족한 상황이다. 전자무역 창업을 하기 위해서는 자본이 부족할 수밖에 없다. 따라서 사업개시단계에서부터 효율적인 자금조달을 위한 계획을 수립해야 한다. 특히 생각한 것보다 예상치 않게 들어가는 비용이 많기 때문에 계획보다 자금을 적어도 30% 이상 더 많이 잡아야 한다.[02]

제2절 전자상거래쇼핑몰 창업

1. 매장시스템 구축

1) 하드웨어 구축

인터넷쇼핑몰을 사이버공간에 설치하기 위해서는 네트워크장비를 포함하여 인터넷 회선, 웹서버, 홈페이지 등을 갖추어야 한다. 네트워크장비의 경우, 콤텍시스템(www.comtec.co.kr), KDC정보통신(www.kdccorp.co.kr), 한국쓰리콤(www.3com.com) 등 네트워크업체들이 불필요한 기능을 제거한 제품을 상대적으로 저렴한 가격에 내놓고 있어 저렴한 가격에 구입할 수 있다.[03] 네트워크장비의 설치와 구입은 전문가와 상의하는 것이 바람직하다. 서버 구입의 경우에는 많은 사용자를 동시에 처리하는 데 장점이 있는 유닉스(UNIX) 서버도 바람직한 대안이며, 인텔기반 서버도 바람직하다. 저가형인 경우 300~400만 원대부터 시작한다. 일반 데스크톱 컴퓨터도 하드웨어로 고려할 수 있으나 고객이 늘어나면 시스템이 다운될 가능성이 커지는 단점이 있다.[04]

2) 소프트웨어 구축

(1) 전자상거래 솔루션

인터넷쇼핑몰은 고객이 인터넷쇼핑몰 홈페이지를 방문하여 상품정보를 검색 확인하고 해당 상품을 구입하는 패턴을 가지고 있다. 예를 들어보자. 인터넷 서점을 방문하여 고객이 원하는 책을 주문하기 위해서는 구입하고자 하는 서적의 키워드를 입력하면 쇼핑몰은 고객에게 정보를 제공한다. 전자상거래쇼핑몰 솔루션은 인터넷상에서 데이터베이스와 웹을 연동하여 온라인페이지를 구축하고 이용자의 주문정보를 처리한다. 그리고 결제정보를 지불처리시스템에 보내어 결제를 가능하게 한다.

(2) 고객관리프로그램

현대 전자상거래에서는 고객에게 맞춤형 서비스를 제공할 수 있다. 따라서 일대일마케팅이 가능하게 되었다. 고객관리프로그램은 회원의 등록, 현황 조회, 회원의 구매실적 조회 등을 알 수 있도록 하는 프로그램이다. 예를 들어보자. 어떤 개인이 인터넷 서점에서 지속적으로 책을 구매하게 되면, 인터넷 서점의 입장에서는 그 사람이 중요 고객이 될 것이다. 인터넷 서점 측에서는 데이터베이스를 구축하여 고객의 책 구입분야 등에 관한 정보를 마케팅에 활용해야 한다.

(3) 장바구니관리프로그램

장바구니관리프로그램은 고객이 인터넷쇼핑몰에서 상품을 구입하면 이를 장바구니에 담아서 구매하기 전에 주문내역을 확인하고 구매수량을 변경하거나 삭제할 수 있는 기능을 제공한다. 예를 들어보자. 인터넷 서점에서 고객들은 책을 검색한 이후 마음에 드는 책을 장바구니에 담는다. 그러나 일차로 검색이 종료한 이후에 다른 데서 더 좋은 책을 발견하면, 주문했던 책을 취소하고자 할 것이다. 그 경우 장바구니프로그램을 통하여 취소나 삭제하면 된다.

해외역직구 창업사례

해외소비자가 국내 인터넷쇼핑몰에서 상품을 구입하는 역직구시장이 커지고 있다. 전자상거래 전문기업 카페24의 지원을 통해 구축된 해외직판쇼핑몰 수가 2019년 6월 현재 4만1천여 개에 이르고 있다. 해외직판쇼핑몰 창업에는 남성보다 여성이 더 적극적인 것으로 나타나고 있고, 연령대별로는 30대가 가장 많았고 그 뒤를 40대가 이었다.

온라인쇼핑몰 '스토레츠'는 고객이 미국 40%, 중동 15%, 유럽 20%, 아시아 10%로 구성되어 있는 패션쇼핑몰이다. 한편 천연화장품 전문몰인 '에이프릴스킨'은 천연비누상품을 수출하고 있다.

출처: 「서울경제」, 2019.7.4, 「디지털타임즈」, 2015.3.10.

(4) 결제처리프로그램

결제처리프로그램은 매일 매일의 상품 주문내역, 취소내역, 정산내역을 집계하여 관련 지불서비스회사 또는 금융기관과 결제정보를 생성하여 수입 및 지출정보로 활용할 수 있도록 지원하는 프로그램이다.[05]

(5) 데이터베이스

인터넷쇼핑몰이 유통혁신을 가져오게 된 근본 이유 중의 하나는 오프라인 상점에서는 가능하지 않았던 일대일마케팅이 가능해졌기 때문이다. 그리고 일대일마케팅은 데이터베이스 구축이 기반이라고 할 수 있다. 과거에는 데이터베이스기술이 없었기 때문에 일대일마케팅이 가능하지 않았다. 전자상거래 인터넷쇼핑몰은 상품 데이터베이스, 고객 데이터베이스, 주문내역 데이터베이스, 결제처리 데이터베이스 등을 관리해야 한다. 이를 위해서는 데이터베이스관리시스템(DBMS)이 필요하다.

(6) AI를 활용한 맞춤형 추가정보 제공

제4차 산업혁명이 궁극적으로 지향하는 바는 인공지능의 활용일 것이다. 이미 유통분야에서는 인공지능이 적용되고 있다. 예를 들어보자. 해외 유명 인터넷 서점인 아마존이나 국내 인터넷 서점들은 인공지능(AI)기술을 활용하여 고객이 어떤 책을 구매하고자 검색하거나 주문을 하면, 바로 이 책을 구매한 사람들이 구매한 관

홈페이지 구축방법

■ 사용자 경험

주된 고객이 디지털 네이티브(digital native)인지 아니면 디지털 이민자(digital immigrant)인지에 따라서 인터넷 검색 숙련도에 차이가 날 것이다. 따라서 홈페이지를 구축하기 전에 주된 고객이 누구인지 파악해야 한다.

■ 알아보기 쉽도록 디자인

홈페이지에서 제공하는 정보는 쉽게 이해할 수 있고 알아보기 쉬워야 한다. 콘텐츠에 대한 접근성을 올리기 위해서는 글자크기가 작아서는 안 된다.

■ 뛰어난 상호작용기능

성공적인 홈페이지일수록 소비자와 상호작용기능이 잘 설계되어 있다. 고객들이 댓글을 달거나 게시판에 의견을 올리면 24시간 내에 답변을 해서, 소비자와 직접 교류해야 한다. 최근 발전하고 있는 인공지능(AI)의 인텔리전트 인터페이스기업을 활용하는 것도 고려할 필요가 있다.

■ 일관성 있는 디자인

웹사이트 내부를 일관성 있게 꾸며서 사용자 경험이 물 흐르듯이 이어지게 해야 한다.

■ 고객의 요청에 즉각 대응

현대 스마트소비자들은 온라인과 오프라인을 넘나들며 실시간으로 가격 등 정보를 검색 · 비교하고 있다. 따라서 우리 매장에서 물건을 구입하게 하려면 신속히 반응해야 한다. 고객이 연락 가능한 시간대를 파악해서 즉각적으로 고객에 반응해야 한다.

■ 지속적인 업데이트

방문자들이 회사에 관심을 가질 수 있도록 꾸준히 회사 소식과 신제품 소식 서비스, 제품정보를 업데이트해야 한다. 그러면 방문자들은 이 웹사이트가 부지런한 웹사이트라고 인정해서 자주 방문하게 될 것이다.

출처: 나탈리 나하이(박선령 역), 『끌리는 온라인 마케팅』, 길벗, 2006, pp.130–131;
Carneiro et. al., "Online Dispute Resolution: An Artificial Intelligence Perspective",
Artificial Intelligence Review, 2014.

련 책에 대한 정보를 추가로 제공하고 있다. 이러한 인공지능기술은 추가구매를 유도한다.

3) 홈페이지 구축

인터넷쇼핑몰을 창업하는 데 있어서 실질적으로 가장 중요한 부분 중의 하나가 홈페이지 화면의 구성일 것이다. 고객은 인터넷쇼핑몰 홈페이지 첫 화면을 보고 심대한 인상을 받게 된다. 따라서 어떤 색상으로 어떤 구조로 홈페이지를 구축할 것인지는 매우 중요한 요소이다. 가능한 한 홈페이지는 뉴로마케팅(neuro marketing) 전문가의 도움을 받아서 고객에게 친밀감과 공감이 가도록 구성을 해야 한다.[06] 전자무역 창업의 경우, 해외고객을 대상으로 해야 하기 때문에 텍스트를 영어, 중국어, 일어 등으로 다양화해야 하며, 목표시장을 중심으로 그 지역의 문화를 반영하여 홈페이지를 구축해야 한다.

2. 결제방식 선택

1) 신용카드

신용카드를 이용하여 결제하는 방식은 인터넷쇼핑몰에서 가장 많이 사용되는 결제방식이라고 할 수 있다. 신용카드는 고객의 입장에서는 물건을 먼저 구입하고 나중에 지불하는 결제방식이므로 고객 입장에서는 편리한 면이 있어서 고객들이 선호하는 결제방식이다. 그러나 신용카드로 결제하기 위해서는 자신의 카드번호와 비밀번호들을 입력해야 하기 때문에 고객이 꺼림칙한 마음이 들게 만들 수 있다.[07] 인터넷쇼핑몰에 대한 연구에 의하면 보안 관련 사항이 구입행태에 영향을 주는 것으로 나타나고 있다.[08] 특히 정용균(2009)의 연구에 의하면 주관적 신뢰에 신상정보 노출이 큰 영향을 주는 것으로 나타나고 있다.

2) 무통장입금

초보적인 인터넷쇼핑몰에서 주로 사용하는 결제방식이다. 무통장입금은 고객이 신용카드를 사용하지 않을 때 사용하는 방식이다. 현재 신용카드사나 은행 등은 18세 미만 사람들에게는 신용카드 발급을 금지하고 있다. 무통장입금의 경우 선입금이 원칙이며 금융기관이 제공하는 전화안내서비스를 이용하여 인터넷쇼핑몰 관리자가 입금을 확인한 후에 상품을 배송하게 된다. 동방식은 거래 때마다 쇼핑몰 관리자가 각각 해당 상품에 대한 입금을 확인해야 하는 부담이 있다.

3) 결제대행서비스 활용

결제대행서비스회사는 복잡한 결제문제를 인터넷쇼핑몰 측이 담당하는 것이 아니라 판매마케팅부문과 결제분야를 분리하는 것이다. 즉 판매와 마케팅은 인터넷쇼핑몰이 담당하고 결제분야는 결제대행서비스회사에 맡기는 방식이다. 현재 메타랜드(www.metaland.com)가 결제대행서비스를 제공하고 있다. 보통 관행은 일주일 정도 기간이 지나면 결제대행서비스회사가 금융기관과 정산하여 해당 전자상거래쇼핑몰에 수수료를 공제하고 입금시켜주는 방식이어서 소규모 인터넷쇼핑몰 입장에서는 유리하다.[09]

3. 물류방식 선택

일찍이 경영학의 대부인 피터 드러커(Peter Drucker) 교수는 전자상거래의 성패는 물류에 달렸다고 갈파한 바 있다. 인터넷쇼핑몰업체 간 경쟁에 있어서 정보통신기술은 모든 인터넷쇼핑몰업체가 공유하고 있으므로 차별성이 적다고 할 것이다. 그러나 온라인 밖에서 실체적 물품을 배송하는 물류시스템은 업체마다 다를 것이다. 어떻게 보면 물류시스템이 얼마나 정확하고 신속하게 고객에게 해당 물품을 배송하느냐에 따라서 고객만족도에 차이가 날 것이다.

4. 인허가사항 관련 제도

인터넷쇼핑몰에서 판매하는 일반적인 생활용품의 경우에는 특별한 인허가사항이 없다. 그러나 식품의 제조, 독극물 취급 고물상이나 전당업은 인허가가 필요하다. 세금관계를 위해서는 사업자 등록이 필요하다 사업자 등록은 사업을 시작한 날로부터 20일 이내에 구비서류를 갖추어 사업장 소재지 세무서 민원봉사실에 신청하면 된다.[10]

5. 상권 및 입지분석

1) 매장 구축

(1) 기존 매장에 입점

초기시장에서 많이 행해졌던 방식으로 전자상거래사업을 하려는 사업자가 인지도가 높은 대형 쇼핑몰에 상품을 공급하고 대형 쇼핑몰 운영자가 공급된 상품을 자신의 고객들에게 판매하는 방식이다. 이 방식은 사업 초기에 전자상거래에 대한 지식이 부족한 경우 많이 사용하는 방식이다. 상점 구축에서부터 운영대금 회수까지 대형 쇼핑몰에서 다 해주기 때문에 편한 대신에, 비용이 많이 들 뿐만 아니라 고객정보와 판매정보가 모두 노출되는 문제점이 존재한다.[11]

(2) 임대

보통 호스팅서비스라고 한다. 이 경우 서버와 네트워크를 갖춘 사업자에게 월별로 일정금액을 내고 임차한 공간을 사용하는 것이다. 전자상거래사업을 시작하는 초기에는 서버관리, 네트워크관리 등 전문인력이 없으면 운영하기가 어려워 이러한 사업자의 공간을 임차하는 것도 하나의 대안이다. 다만 문제점이라고 한다면 실제로 어려움을 겪으면서 전자상거래사업의 장단점을 파악할 기회를 박탈당한다는 단점이 존재하고, 판매량에 관계없이 인터넷쇼핑몰 공간에 대한 임대료를 지불해야 된다는 단점이 있다.[12]

(3) 단독 상점 구축

자신이 직접 인터넷쇼핑몰을 운영하는 방식이다. 장점은 기존 매장에 입장할 때

들어가는 판매수수료, 호스팅 운영비 등을 절감할 수 있다. 보통 판매수수료는 5~10%이며 호스팅 운영비는 월 20~30만 원 수준이다. 또한 자신의 상점을 방문하고 물품을 주문한 고객들의 신상정보를 직접 관리할 수 있어서 사업발전의 토대가 된다. 그러나 문제는 쇼핑몰 운영 경험이 없는 경우 사업실패의 문제점이 존재한다.

6. 사업계획 수립

1) 아이템 선정

어느 국가의 누구에게 팔 것인지 조사해야 한다. 그 국가 소비자가 왜 구매하는지 조사해야 한다.[13] 그리고 아이템은 스토리가 있는 상품이면 바람직하다. 왜냐하면 스토리는 소비자의 감성을 자극하기 때문이다.[14] 예를 들어 나이키 운동화는 단순한 운동화가 아니라 물리적 물품과 이야기가 결합된 아이템이다.

2) 시장환경분석

인터넷쇼핑몰의 내부 역량과 외부 경쟁환경을 분석해야 한다. 이를 위해서는 진출하고자 하는 시장의 특성을 파악해야 한다. 즉 해당국 소비자의 소비행태에 관한 정보를 획득해야 한다. 또한 경쟁 인터넷쇼핑몰도 분석해야 한다. 그 후 SWOT분석을 시행해야 한다.[15]

3) 자금조달

독자적인 쇼핑몰을 구축하는 경우, 소호(SOHO)형태로 가정이나 기존 사무실에 인터넷을 활용하여 상품을 판매하는 경우도 있고, 본격적으로 사무실을 임대하여 기업형으로 운영하는 경우도 있다. 소호의 경우는 300~400만 원부터 가능하며 기업형의 경우 비용이 수억 원까지 소요될 수 있다.[16]

7. 광고홍보전략 수립

인터넷쇼핑몰 수가 많으므로 광고는 고객층을 확보하기 위하여 필수적이다.[17] 키워드광고는 검색엔진에서 특정 키워드를 검색한 사람들을 대상으로 광고주의 쇼핑몰이 노출되도록 하는 광고기법이다. 또한 SNS마케팅 등 다양한 마케팅기법을 활용하여 고객을 확보해야 한다.

8. 창업 유의사항

1) 차별화

하버드대학교 경영석학인 마이클 포터 교수는『경쟁우위』라는 저서에서 차별화가 가장 중요한 경쟁우위를 확보할 수 있는 수단이라고 얘기한 바 있다.『마케팅전쟁』이라는 저서에서 마케팅분야 저명학자인 알 리스는 일등하는 것보다 다른 기업과 차별화하는 것이 마케팅전략이라고 갈파하였다. 자금이나 규모, 경험에서 기존 기업보다 불리한 창업자는 차별화전략이 필요하다.

2) 틈새시장 공략

마케팅분야의 효과적인 전략의 하나는 동종분야에서 기존 기업들과 경쟁하기 보다는 기존 기업이 아직 들어가지 않은 틈새시장을 창출하여 진입하라는 전략을 제시하고 있다. 애플도 기존 휴대폰시장의 강자인 노키아에 맞서서, 스마트폰시장이라는 새로운 틈새시장을 창출하여 휴대폰시장을 석권하였다. 냉장고와 같은 가전제품의 경우, 기존의 3~4명으로 구성된 가구를 대상으로 해서는 경쟁기업들과의 경쟁에서 불리하므로 독신자용 냉장고시장이라는 틈새시장을 공략하는 것도 하나의 방법이다.

3) 홍보매체 활용

기존 언론매체들은 특종을 노리고 있다. 이러한 상황에서 창업자가 새로운 아이템이나 새로운 아이디어로 무장한 제품이나 서비스를 출시한다면, 언론매체에서 이에 관심을 가지게 될 것이다. 요즈음 텔레비전프로그램 중에서 맛집을 소개하는 프로그램이 있다. 이렇게 언론매체를 활용하여 홍보하는 것도 하나의 방법이다.

4) 인증마크 확보

업계전문가들은 성적이나 매출 아이템이 우수한 제품이나 상점에 대하여 인증마크를 부여하고 있다. 우리나라의 경우 전자거래진흥원의 우수 사이버몰과 정보통신부가 후원하는 한국정보통신진흥협회에서 부여하는 인터넷모범상점과 같은 인증마크가 있다.[18] 쇼핑몰의 신뢰도를 제고하기 위해서는 이러한 인증마크를 받아서 아직 소비자가 인지하지 못하는 쇼핑몰이나 아이템의 신뢰도를 올리는 것도 유효한 방법이다.

5) 충성고객 확보

인터넷쇼핑몰의 매출을 확보하기 위해서는 충성고객의 존재가 중요하다. 대체로 쇼핑몰 매출에는 파레토의 20:80법칙이 적용되고 있다. 이탈리아 경제학자였던 파레토는 모든 현상을 관찰한 결과 20:80법칙을 따른다고 설명하였다. 예를 들어 동아제약은 박카스라는 효자상품이 전체 매출의 상당수를 차지한다고 한다. 인터넷쇼핑몰의 경우도 전체 고객의 20%가 쇼핑몰 매출의 약 80%를 차지하고 있다. 따라서 충성고객을 관리하여 지속적으로 매출을 창출해야 할 것이다.

제3절 B2B 전자무역 창업

(1) 해외시장조사

국제무역이란 인종, 문화, 상관습, 법제도, 산업구조 등이 차이가 있는 국가 간에 이루어지는 교역이므로 국내 거래에 비하여 본질적으로 위험이 높은 상거래이다. 따라서 사전에 목표시장(target market)에 대한 철저한 정보 수집을 통하여 위험을 최소화하는 것이 성공의 관건이다. 해외시장조사는 목표시장의 정치, 경제, 사회 등에 대한 전반적인 조사와 수출입 희망상품의 유통구조, 가격, 거래선 등에 대한 구체적 조사로 구분할 수 있다.

가장 확실한 방법은 그 국가나 지역으로 출장을 가서 직접 알아보는 방법이 가장 효과적이지만, 이는 많은 시간과 비용이 소요되므로 인터넷을 통하여 해당 국가에 대한 정보를 수집하여 분석하는 것이 차선책이라 할 수 있다. 국내 대표적인 무역 유관기관은 한국무역협회와 해외무역투자진흥공사(KOTRA)라 할 수 있다. 이 중에서 무역통계는 한국무역협회에서 제공하는 종합무역정보시스템(KOTIS)이 가장 방대한 정보를 제공하고 있으며 해외지역 정보면에서는 KOTRA가 해외공관을 통한 정보축적이 많으므로 이들을 활용하는 것이 효과적이다.

(2) 해외홍보 및 거래선 발굴

전통적인 무역에서는 물품을 직접 들고 해외박람회에 참가하여 알리거나 종이 카탈로그를 제작하여 우편으로 보내는 방법을 사용하였다. 이러한 방법은 많은 비용이 들기 때문에 중소기업으로서는 엄두가 안 나는 방법이다. 그러나 전자무역에서는 해외에 가지 않고서도 자기 회사나 제품을 효과적으로 광고할 수 있는 방법이 있다. 이는 첫째, 인터넷상에 자기 회사를 알릴 수 있는 홈페이지를 구축한다. 둘째, 거래알선사이트에 자기 제품을 등록한다. 셋째, 검색엔진에 등록한다. 넷째, 메일링리스트나 유즈넷을 활용하는 방법이다.

① 홈페이지 제작

홈페이지는 자기 회사의 특성이나 회사 제품을 홍보하는 데 가장 중요한 수단이라 할 수 있다. 홈페이지가 없는 회사라면 해외고객의 입장에서는 신뢰성이 가지 않을 것이다. 따라서 비용이 들더라도 값싸게 보이지 않고, 특화되어 있는 홈페이지를 제작하는 것이 바람직하다. 한편 홈페이지는 모두 영어로 작성되어야 해외의 고객이 읽을 수 있을 것이다. 아무리 멋있게 제작하여도 홈페이지가 한국어로만 되어 있으면 해외의 잠재고객에게는 그림 속의 떡일 수밖에 없다. 그리고 가능한 한 독자적인 도메인을 가지는 것이 바람직하다. 최근에는 일정금액으로 독자적인 도메인 이름의 홈페이지를 관리해주는 웹호스팅서비스가 제공되고 있어 이를 활용하는 것이 바람직하다. 웹호스팅에 대한 정보는 한국인터넷정보센터(www.nic.or.kr/isp/isp.html)에서 알아볼 수 있다.

② 무역거래알선사이트 등록

전자무역기법 중에서 전통무역과 가장 대조가 되며 인터넷을 잘 활용한 수단이 무역거래알선사이트라고 평가할 수 있다. 무역거래알선사이트는 여러 가지 유용한 기능이 있다. 첫째, 전 세계의 수많은 회사들이 수출하고자 하는 물품이나 수입하고자 하는 물품에 대한 정보를 게시한 오퍼게시판을 검색하거나 직접 특정 품목명을 입력하여 관심 있는 품목의 거래선을 찾아볼 수 있다. 둘째, 상대방이 등록한 오퍼를 검색할 뿐만 아니라 회사 스스로가 자기의 오퍼를 등록할 수 있는 기능을 활용하여 세계시장에 자사의 존재를 알릴 수 있다. 셋째, 전자카탈로그에 대한 검색을 통하여 구체적인 상품형태나 가격정보를 알 수 있다. 현재 우리나라는 EC21, Gobiz Korea, BUYKOREA, ECPlaza, 중소기업진흥공단의 거래알선사이트인 SMPIC 등 한국의 거래알선사이트들과 알리바바, 커머스넷 등 해외의 거래알선사이트 등이 있다.[19]

③ 검색엔진에 등록

우리나라의 중소무역업체가 이미 수출이나 수입 실적을 많이 쌓지 않는 한, 해외의 잠재고객들이 그 회사의 홈페이지 주소를 알기가 어렵다. 한국의 기업과 교역을 원하는 해외고객들이라면 검색엔진을 통하여 홈페이지에 접근하는 것이 일반적이다. 검색엔진으로는 주제별 검색엔진과 주제어 검색엔진으로 나누어볼 수 있다.

④ 유즈넷과 메일링리스트 활용

일종의 게시판인 유즈넷공간에 잠재고객들에게 자사의 홈페이지 주소와 함께 간단한 홍보문안을 게시하는 것도 홍보의 한 방법이다. 또한 동일업종에 종사하거나 동일한 관심을 보유한 사용자들의 커뮤니티 주소록인 메일링 리스트에 게시하는 것도 홍보의 한 방법이다.

(3) 신용조사

거래알선사이트에 자사의 홈페이지나 오퍼 등을 등록하였을 경우 거래선, 즉 잠재고객이 이메일을 통하여 조회(inquiry)를 해오게 된다. 이때 상대방 거래선에 대한 신용조사가 필요하다. 더구나 최근에는 결제방식이 수출상에게 대금지급을 확약하는 신용장방식의 비중은 낮아지는 대신 무신용장방식에 의한 대금지급의 비중이 높아져가고 있어 신용조사가 반드시 필요하다.[20] 따라서 수출상은 수입상의 신용상태에 대하여 철저한 사전조사를 할 필요성이 있다. 국내 신용조사기관으로는 한국신용정보(NICE)나 수출보험공사 등을 들 수 있다. 인터넷상에서 신용정보를 제공하는 해외신용조사기관으로는 Kompass, Dun & Bradstreet 등이 있다.

(4) 거래제의 및 계약체결

전통적인 무역에서는 직접 해외출장을 가거나 국제우편이나 국제전화를 사용하여 상담을 진행하거나 계약을 체결하였다. 그러나 이러한 방법은 시간과 비용이 많이 소요되었다. 이제는 이메일을 활용하거나 인터넷폰을 활용하여 과거보다 훨씬 저렴한 비용으로 상담을 진행시킬 수 있게 되었다. 이제 이메일은 단순한 문자뿐만 아니라 동영상 및 소리까지도 전송할 수 있어 획기적인 통신수단으로 각광받고 있다. 또한 표준화된 전자문서인 EDI를 활용하여 공식문서도 얼마든지 전송가능하게 되었다. 인터넷폰을 사용하면 국제전화보다도 저렴한 가격으로 외국의 바이어와 의사소통이 가능해졌다.

전자무역 창업

2017년 미국 내 소매시장에서 8,640여 개의 매장이 문을 닫았다. 이는 근래에 최고치 폐업을 기록한 수치로서, 소비자들의 구매패턴이 온라인시장으로 이동하고 있는 것을 나타낸다. 실제로 일부 오프라인 소매점들이 전자상거래 브랜드로 재진입하는 전략을 세우고 있다. 디지털 클라우드서비스 제공업체 연구보고서에 의하면 전 세계 소매업 전문가의 약 80%가 소매업체들이 향후 2~3년 내에 기존에 판매해오던 방식을 대폭 변경할 것으로 전망하고 있다. 최근 옴니채널이 각광을 받고 있다. 옴니채널이란 소비자가 온라인, 오프라인, 모바일 등 다양한 경로를 넘나들며 상품을 검색하고 구매할 수 있도록 한 서비스를 말한다. 전자무역을 창업하기 위해서는 글로벌 전자물류 실무, 무역수출입절차 숙지, 결제시스템에 대한 이해, 무역영어, 무역서식 작성, 전자무역 마케팅, 해외시장의 지역별 특성분석이 필수적이다.

출처: 미국 실리콘밸리 무역관, 2017.4.18.

(5) 무역자동화를 통한 통관

전통적 무역에서는 수출통관이나 수입통관절차는 서류를 기반으로 실행되었다. 그러나 전자문서교환(EDI)이라는 표준화된 전자문서가 컴퓨터 간 교환됨으로써 수출통관이나 수입통관절차는 대폭 간소화되고 시간도 절약할 수 있게 되었다.

(6) 전자결제

전통적인 무역에서는 신용장결제방식이 가장 보편적으로 사용되어왔다. 그러나 최근에는 신용장결제방식은 우리나라 기업들의 총수출 건수의 30% 미만에 그치고 있으며 송금방식이 주종을 이루고 있다. 앞으로 전자무역이 활성화되면 대금결제방식도 점차 전자자금이체(EFS)시스템이나 전자화폐, 트레이드카드 등으로 변모할 것으로 전망된다. 특히 국제 B2B 거래가 확산됨에 따라 대부분의 정보가 인터넷을 통하여 전자메시지형태로 전달되는데 결제방식은 아직도 종이문서를 사용하고 있기 때문에 전자결제방식이 출현하지 않으면 전자무역의 전체 흐름이 종결되지 않기 때문에 결제방식의 근본적인 변화가 예상되고 있다.

현재까지는 세계은행 간 금융데이터통신협회(Society for Worldwide Inter-Bank Financial Telecommunication: SWIFT)가 전자적으로 신용장을 전송하고 있다. 따라서 현재도 부분적으로는 결제방식이 전자화되었다고 할 수 있다.

(7) 운송과 화물추적시스템

전통적인 무역에서 무역업체들은 해외거래처에 긴급한 서류나 상품샘플을 보낼 때 국제특송서비스를 이용하고 있다. 과거에는 상대방이 해당 서류나 샘플을 받았는지 확인하기 위하여 별도로 국제전화를 하는 등 추가적인 절차가 필요하였다. 그러나 최근에는 자신이 보낸 서류나 물품이 상대방에게 전달되기까지의 전 과정을 화물추적시스템을 활용하여 추적해볼 수 있다. 심지어는 상대 회사의 누가 받았고 언제 화물을 인수하였는지도 알 수 있게 되었다.

제 4 절 전자무역의 미래과제

1. 기업의 e-비즈니스 혁신을 통한 전자무역과의 연계

전자무역이 확대 · 발전하기 위해서는 무엇보다도 기업 자체가 구조변화를 통하여 원료의 구매, 생산, 판매, 유통에 이르는 전과정을 e-비즈니스로 변환시켜야 한다. 지금까지 전자무역이란 주로 기업의 수출입부서가 은행, 보험회사, 운송회사, 관련 정부기관과 교환하던 종이서류를 전자문서로 대체하는 무역자동화에 초점이 맞추어왔다. 그러나 본질적으로 국제무역이란 국내기업과 외국기업 간에 물품이 오가는 교환과정이라 볼 때, 국내기업과 외국기업의 업무프로세스가 e-비즈니스로 전환해서 부서 간 의사소통이 전자정보로 유통될 수 있다면, 국내기업 간에 정보가 유통되나 국내기업과 외국기업 간에 정보가 유통되는 것이나 큰 차이가 없게 된다.

물품의 운송부분은 컨테이너선의 등장으로 국내기업의 창고에서 컨테이너에 실린 물품은 그대로 컨테이너선과 트레일러 등을 통하여 외국기업의 창고까지 일관수송되고 있다. 그러나 무역과 관련된 서류의 전달은 매우 복잡한 과정을 거치고 있어 일관수송되지 않고 있다. 이처럼 수출입에 종사하는 모든 국내외기업들의 업무프로세스가 ERP와 같은 비즈니스모델로 통합되고 국경에서 물품의 반출을 관리하는 세관이나 무역협회 등 무역유관기관들도 인터넷으로 업무를 자동화한다면 무역업무는 국내기업-무역유관기관-외국기업 간을 관통하는 하나의 일관작업으로 변모하여 업무처리속도는 훨씬 빨라질 것이다.

2. 새로운 전자무역 비즈니스모형의 개발

무역자동화 중심의 기존의 전자무역은 이미 사용되고 있는 무역서류들을 전자문서로 바꾸는 데 중점을 두고 있다. 즉 국제적으로 관습화된 무역절차는 그대로 두고 다만 정보전달수단을 보다 신속한 수단으로 바꾼다는 의미이다. 무역프로세스를 계약체결 이전단계와 계약체결 이후의 단계로 구분한다면 무역자동화는 주로 통관, 보험, 상역 등 계약체결 이후단계의 정보화에 집중하고 있다. 이들 계약체결 이후단계의 특성은 업무 자체가 정해져 있다는 특징이 있다. 사실상 국제무역 자체가 수익성이 있는지 여부는 기계적으로 이루어지는 계약체결 이후의 단계보다는 계약체결 이전단계에 있다고 할 것이다. 오퍼상 등 무역업자들이 해외바이어들과 상담을 해서 큰 계약을 성사시키느냐 여부는 계약체결 이전단계이다. 이렇게 보면 전자무역을 활성화시키기 위해서는 계약체결 이전단계의 정보화에 달려 있다고 할 것이다. 따라서 시장을 개척하고 제품을 해외바이어들에게 소개하고 상담을 진행하는 과정에서 업무의 정보화를 통하여 과거보다 수익을 더 낼 수 있게 된다면 이는 분명 국제무역의 수익성과 직접적인 연관을 가지게 될 것이다. 따라서 이러한 계약체결 이전단계에 적용할 수 있는 전자무역 비즈니스모형의 개발이 요청되고 있다.

3. 전자무역 전문인력 육성

전자무역이 가동되기 위해서는 전자무역 전문인력을 양성해야 한다. 현재 대학 무역학과나 국제통상학과에서는 전자무역론 과목이 설치되어 있는 경우가 대다수이다. 어떤 대학은 전자무역론과 전자무역 실습과목이 분리되어 있는 경우도 있다. 그러나 대학의 무역학과에서만 전자무역 전문인력을 양성하기에는 부족하다 할 것이다. 여러 관련 기관에서 협력하여 전자무역 전문인력을 양성해야 할 것이다.

요약 summary

전통적인 무역에서는 물품을 직접 들고 해외박람회에 참가하여 알리거나 종이 카탈로그를 제작하여 우편으로 보내는 방법을 사용하였다. 이러한 방법은 많은 비용이 들기 때문에 중소기업으로서는 엄두가 안 나는 방법이다. 그러나 전자무역에서는 해외에 가지 않고서도 자기 회사나 제품을 효과적으로 광고할 수 있는 방법이 있다. 이는 첫째, 인터넷상에 자기 회사를 알릴 수 있는 홈페이지를 구축하며, 둘째, 거래알선사이트에 자기제품을 등록하며, 셋째, 검색엔진에 등록하며, 넷째, 메일링리스트나 유즈넷을 활용하는 방법이다.

홈페이지는 자기 회사의 특성이나 회사제품을 홍보하는 데 가장 중요한 수단이라 할 수 있다. 홈페이지가 없는 회사라면 해외고객의 입장에서는 신뢰성이 가지 않을 것이다. 따라서 비용이 들더라도 값싸게 보이지 않고, 특화되어 있는 홈페이지를 제작하는 것이 바람직하다. 한편 홈페이지는 모두 영어로 작성되어야 해외고객이 읽을 수 있을 것이다. 아무리 멋있게 제작하여도 홈페이지가 한국어로만 되어 있으면 해외의 잠재고객에게는 그림 속의 떡일 수밖에 없다. 그리고 가능한 한 독자적인 도메인을 가지는 것이 바람직하다.

최근에는 일정금액으로 독자적인 도메인 이름의 홈페이지를 관리해주는 웹호스팅 서비스가 제공되고 있어 이를 활용하는 것이 바람직하다. 웹호스팅에 대한 정보는 한국인터넷정보센터(www.nic.or.kr/isp/isp.html)에서 알아볼 수 있다. 전자무역기법 중에서 전통무역과 가장 대조가 되며 인터넷을 잘 활용한 수단이 무역거래알선사이트라고 평가할 수 있다.

무역거래알선사이트는 여러 가지 유용한 기능이 있다. 첫째, 전 세계의 수많은 회사들 자신이 수출하고자 하는 물품이나 수입하고자 하는 물품에 대한 정보를 게시한 오퍼게시판을 검색하거나 직접 특정 품목명을 입력하여 관심 있는 품목의 거래선을 찾아볼 수 있다. 둘째, 상대방이 등록한 오퍼를 검색할 뿐만 아니라 우리 회사 스스로가 자기의 오퍼를 등록할 수 있는 기능을 활용하여 세계시장에 자기의 존재를 알릴 수 있다. 셋째, 전자카탈로그에 대한 검색을 통하여 구체적인 상품형태나 가격정보를 알 수가 있다. 현재 우리나라는 EC21, ECPlaza, 중소기업진흥공단의 거래알선사이트인 SMPIC 등 한국의 거래알선사이트들과 알리바바, 커머스넷 등 해외의 거래알선사이트 등이 있다.

우리나라의 중소무역업체가 이미 수출이나 수입 실적을 많이 쌓지 않는 한, 해외의 잠재고객들이 그 회사의 홈페이지 주소를 알기 어렵다. 한국의 기업과 교역을 원하는 해외고객들이라면 검색엔진을 통하여 홈페이지에 접근하는 것이 일반적이다. 검색엔진으로는 주제별 검색엔진과 주제어 검색엔진으로 나누어볼 수 있다. 대표적인 주제별 검색엔진으로는 야후가 있으며 주제어 검색엔진으로는 알타비스타가 있다. 일종의 게시판인 유즈넷공간에 잠재고객들에게 자사의 홈페이지 주소와 함께 간단한 홍보문안을 게시하는 것도 홍보의 한 방법이다. 또한 동일업종에 종사하거나 동일한 관심을 보유한 사용자들의 커뮤니티 주소록인 메일링 리스트에 게시하는 것도 홍보의 한 방법이다.

실습문제

01 전자무역 창업에 대하여 실습하시오.

02 알리바바를 방문하여 해외직구 창업에 대하여 수입할 만한 물품을 검색하시오.

03 알리바바를 방문하여 검색한 물품이 우리 오픈마켓에도 있는지 확인하시오.

04 시장조사보고서를 작성하시오.

05 물류배송부분을 어떻게 해결할지 조사분석하시오.

06 B2B 창업에 대하여 보고서를 작성하시오.

토론주제

01 전자무역 창업에 대하여 토론하시오.

02 인터넷쇼핑몰 창업에 대하여 토론하시오.

03 B2B 창업에 대하여 토론하시오.

일반문제

01 창업의 구성요소에 대하여 설명하시오.

02 창업을 위한 기업가의 역할과 기능을 설명하시오.

03 창업을 위한 자금조달방식을 설명하시오.

04 창업을 위한 상품개발방식을 설명하시오.

05 전자무역 창업에 대하여 설명하시오.

06 인터넷쇼핑몰 창업에 대하여 설명하시오.

07 충성고객에 대하여 설명하시오.

08 DBMS에 대하여 설명하시오.

09 B2B 창업에 대하여 설명하시오.

10 파레토의 80 : 20법칙에 대하여 설명하시오.

11 뉴로마케팅을 웹디자인에 적용해보시오.

12 저명사이트를 활용한 해외직구사업을 설명하시오.

참고문헌과 미주

01 정용균, 『무역상무론』, 청람, 2019.
02 구교봉 · 이종호, 『유비쿼터스 시대의 전자상거래와 창업』, 탑북스, 2010, p.171.
03 구교봉 · 이종호, 전게서, p.171.
04 구교봉 · 이종호, 전게서, p.172.
05 구교봉 · 이종호, 전게서, p.174.
06 나탈리 나하이(박선령 역), 『끌리는 온라인 마케팅』, 길벗, p.70.
07 정용균, "인터넷쇼핑몰에서의 주관적 신뢰와 객관적 신뢰의 결정요인에 대한 연구", 『e-비즈니스연구』, 국제e-비즈니스학회, 제10권 제1호, p.124.
08 정용균, 전게 논문, p.124.
09 구교봉 · 이종호, 전게서, p.178.
10 구교봉 · 이종호, 전게서, p.179.
11 구교봉 · 이종호, 전게서, p.182.
12 구교봉 · 이종호, 전게서, p.183.
13 은종성, 『쇼핑몰을 위한 인터넷마케팅 사업계획서 만들기』, 비스북스, 2017, p.33.
14 롤프 옌센(서정환 역, 『드림 소사이어티』, 리드리드출판, 2010, p.55.
15 은종성, 전게서, p.63.
16 구교봉 · 이종호, 전게서, p.188.
17 은종성, 전게서, p.158.
18 구교봉 · 이종호, 전게서, p.194.
19 최경주, 『제4차 산업혁명시대의 전자상거래 혁신』, 에이드북, 2019, p.175.
20 최경주, 전게서, p.178.

찾아보기 index

| 저자소개 |

정용균(鄭容均)

〔학력〕

보성고등학교 졸업

한국외국어대학교 영어과 졸업: 영어학사

한국외국어대학교 대학원 경제학과 졸업: 경제학석사

서강대학교 대학원 경제학과 졸업: 경제학 석사

미국 University of Oregon 대학원 경제학과 졸업: 경제학박사

국립강원대학교 대학원 법학과 졸업: 법학석사

국립강원대학교 대학원 법학과 박사과정 수료

〔경력〕

한국무역학회 부회장 및 편집위원

한국중재학회 부회장 및 편집위원

한국통상정보학회 부회장 및 편집위원

국제e-비즈니스학회 부회장 및 편집위원

한국관세학회 부회장

한국경제학회 및 국제지역학회 이사

한국협상학회 편집위원

한국외국어대학교 동남아연구소『동남아연구』편집위원

한국태국학회『한국태국학회논총』편집위원

대한상사중재원 중재인 및 조정위원

국립강원대학교 산업경제연구소장

Journal of Arbitration Studies, Editor in Chief

International Area Studies Review 편집간사

Journal of Korea Trade 편집위원

(현) 국립강원대학교 국제무역학과 교수

〔수상〕

Marquis Who's Who in the World(33판) 등재(2016)

IBC, Cambridge Certificate for Outstanding Educational Achievement 수상(2016)

Marquis Who's Who, Life Time Achiever 수상(2017)

산업자원부장관상 수상(2018)

〔자격증〕

상공부 '무역사'(1977)

한국생산성본부 '전자상거래관리사'(2002)

한국조정학회 '조정전문가'(2018)

〔논문〕

"Arbitrator Acceptability of International Commercial Arbitration: Trading Firm's Perspective", *International Journal of Conflict Management* (SSCI), 2016

"Temporal Effects of Information from Social Networks on Online Behavior: The Role of Cognitive and Affective Trust", *Internet Research* (SSCI), 2016

"Artificial Intelligence and Virtual Multi-Door ODR Platform for Small Value Cross-Border e-Commerce Disputes", *Journal of Arbitration Studies*, 2019 외 60여 편.

전자무역론

2019년 9월 1일 1판 1쇄 인쇄
2019년 9월 5일 1판 1쇄 발행

저 자 | 정용균
발행인 | 이수영
발행처 | 도서출판 청람
서울시 마포구 독막로 288(대흥동, 세양상가 109호)
전 화 | 02)3272-2601(대)
팩 스 | 02)3272~2603
이메일 | crbooks@daum.net
홈페이지 | http://www.crbooks.co.kr
등 록 | 2000년 8월 26일 제6-0509호

ISBN 978-89-5972-725-4 93320 [정가 23,000원]